|光明社科文库|

人性观视角下
认罪认罚从宽制度研究

谢安平 刘 琦 李奥丝◎著

光明日报出版社

图书在版编目（CIP）数据

人性观视角下认罪认罚从宽制度研究 / 谢安平，刘琦，李奥丝著 . -- 北京：光明日报出版社，2022.12
ISBN 978-7-5194-7062-3

Ⅰ. ①人… Ⅱ. ①谢… ②刘… ③李… Ⅲ. ①刑事诉讼—司法制度—研究—中国 Ⅳ. ①D925.210.4

中国版本图书馆 CIP 数据核字（2022）第 253893 号

人性观视角下认罪认罚从宽制度研究
RENXINGGUAN SHIJIAO XIA RENZUI RENFA CONGKUAN ZHIDU YANJIU

著　　者：谢安平　刘　琦　李奥丝	
责任编辑：杨　茹	责任校对：杨　娜　龚彩虹
封面设计：中联华文	责任印制：曹　诤

出版发行：光明日报出版社
地　　址：北京市西城区永安路 106 号，100050
电　　话：010-63169890（咨询），010-63131930（邮购）
传　　真：010-63131930
网　　址：http://book.gmw.cn
E-mail：gmrbcbs@gmw.cn
法律顾问：北京市兰台律师事务所龚柳方律师
印　　刷：三河市华东印刷有限公司
装　　订：三河市华东印刷有限公司
本书如有破损、缺页、装订错误，请与本社联系调换，电话：010-63131930

开　　本：170mm×240mm	
字　　数：282 千字	印　　张：16.75
版　　次：2024 年 1 月第 1 版	印　　次：2024 年 1 月第 1 次印刷
书　　号：ISBN 978-7-5194-7062-3	
定　　价：95.00 元	

版权所有　　翻印必究

序　言

2018年《刑事诉讼法》的修改，将"认罪认罚从宽"规定为我国刑事诉讼的一项基本原则。此后，随着"两高三部"《关于适用认罪认罚从宽制度的指导意见》《人民检察院刑事诉讼规则（2019）》《最高人民法院关于适用〈中华人民共和国刑事诉讼法〉的解释（2021）》等一系列法律规范的相继颁布与调整，"认罪认罚从宽"制度已经成为一项集实体与程序于一体的综合性法律制度。目前，刑事法学界和法律实务界在认罪认罚从宽制度的研究层面已达成如下两点共识：第一，从比较法视野看，我国的认罪认罚从宽制度从属于协商性司法的范畴，以被追诉人在一定程度上自愿放弃诉讼对抗、追求与公权力机关的诉讼合作为制度的适用场域。但是，认罪认罚从宽制度作为我国一项重大的司法制度创新，肩负着推进国家治理体系和治理能力现代化的历史使命，应切忌全盘吸收的错误倾向。参考、借鉴域外法国家富有成效的制度经验固然重要，但更需立足于我国国情进行制度建构，为世界协商性司法的发展贡献"中国智慧"。第二，认罪认罚从宽制度的功能价值是多元化的，包括强化人权司法保障、提升犯罪人的社会回归效果、化解社会矛盾、促进和谐社会建设、节约司法资源、推动刑事案件繁简分流，适应犯罪趋势变化、准确及时惩罚犯罪等。认罪认罚从宽制度的理论研究和司法运用，唯"程序的经济效益价值"论是片面的，需要在制度设计与实际运行中兼顾多元化的诉讼价值，以实现最佳的社会效果。

为构建协商性司法的"中国方案"、实现制度的预期价值，理论界与实务界同仁在协商性司法的比较法考察、认罪认罚从宽制度的实证分析基础上，进行了有针对性的研究，形成了一系列颇具建树的学术成果。与此同时，研究者亦鲜明地指出了被追诉人屈从型自愿等诸多协商性司法运行过程中的共性问题。然而，在众多认罪认罚从宽制度的对策性研究成果展现的同时，却忽视了从我国本土的历史和社会价值观念出发，对制度改革在深水区遭遇瓶颈背后的根本性原因进行探析。因此，笔者基于多年法学科研究和司法实务工作所总结的经验，提出"人性"二重性对认罪认罚从宽制度的设计、运行具有本质影响的观点，并论证应在"人性恶"和"经验人"的理论指导下，完善认罪认罚从宽制度以此约束刑事司法权。

我国哲学史上，早在春秋时期就开始了关于人性的讨论；经过两千多年的发展，围绕着"性善论"和"性恶论"两个核心议题展开了系统性的争论。西方国家关于人是"理性人"还是"经验人"的假设，实际上未跳出"人性善"和"人性恶"的伦理哲学，与"善恶论"殊途同归。长期以来，我国社会秉持"人性善"的主流观点，对刑事诉讼制度的消极影响可分为对公权力和对公民权利两个方面。第一，我国社会对司法工作人员的道德自律期望过高，导致司法权的运行有时候处于缺乏法治化监督和制约的状态中。在认罪认罚从宽制度项下，公权力内部关系中的求刑权与量刑权冲突、控辩关系中的控辩实质不对等是其典型体现。第二，在"人性善"价值观通常毫无争议地将司法人员定义为秉公执法主体的背景下，我国社会固有的观念倾向是将犯罪嫌疑人、被告人视作"义务人"。这种认识上的误区，导致社会舆论普遍对于被追诉人争取权利的行为评价不高；反映在认罪认罚从宽制度中，表现为以被追诉人充分参与为基础的协商机制运转不畅、辩护方的合理辩解未得到应有重视、办案机关对未认罪认罚的被追诉人进行报复性惩罚等。基于此，在进行认罪认罚从宽制度的优化性构建时，需要注重"人性"二重性对认罪认罚从宽制度的影响，适时转变观念，以"人性恶"为理论基础，实现制度完善。《中共中央关于全面推进依法治国若干重大问题的决定》指出："必须完善司法管理体制和司法权力运行机制，规范司法行为，加强司法活动监督，努力让人民群众在每一个司法案件中感受到公平正义。"完善认罪认罚从宽制度是贯彻中央要求的重要举措之一。具体而言，在对刑事司法权作合理限制层面，必须建立健全司法制约机制，如针对认罪认罚从宽制度易诱发隐性非自愿现象的特点，应完善非法证据排除制度等；同时，需要逐步形成并落实权利监督权力机制，如为确保"少捕慎诉慎押"刑事司法政策在认罪认罚案件中的合理运用，羁押听证制度应切实在人民检察院审查逮捕、审查延长侦查羁押期限、审查羁押必要性过程中发挥司法人权保障功能等。在对公民权利进行合理保障方面，以维护被追诉人自愿认罪认罚和对诉讼进程的充分参与为基础，保证协商性司法的底线公正尤为重要。

在此主张下，本书作为教育部人文社会科学研究规划基金项目"人性观视角下我国认罪认罚从宽制度研究"（18YJA820024）的最终成果，对认罪认罚从宽制度的基本理论、深化改革过程中应坚持的基本立场以及制度可持续发展所依据的优化路径作出合理探索。本书正文部分共分八章：第一章与第二章主要进行认罪认罚从宽制度的理论探寻，涉及制度的演变历程、本质属性、功能价值、成就回顾等层面的探讨，并有针对性地对制度所涉相关概念进行辨析。第三章具体阐释"人性"二重性对认罪认罚从宽制度的影响。第四章通过对英美法系辩诉交易制度与大陆法系量刑协商制度的比较分析，归纳出认罪认罚从宽制度与域外法国家和地区协商性司法典型模式间的共性与不同，提炼出域外法国家相关程序运行中的风险弊端和有益经验。第五章与第六章注重结合我国国情，剖析制度改革进行到"深水区"所产生的实践问题，并综合运用规范分析、比较分析等研究方法，对认罪认罚从宽制度的完善路径和配套制度构建作出有益探索。第七章和第八章则是为顺应时下刑事诉讼的发展潮流，对"职务犯罪案件适用认罪认罚从宽制度""企业刑事合规与认罪认罚从宽制度的融合"两个热点问题进行探讨，以回应学界争议，有效弥补现行制度设计的部分缺失。

本书在写作过程中得到了众多法学界同仁的支持以及笔者所指导研究生的配合。本书的写作分工如下：笔者撰写了第三章第一节、第二节、第三节的内容。笔者正在指导的研究生刘琦同学撰写了第一章、第五章、第六章（除第三节）以及第八章的内容；王浩然同学撰写了第二章（除第四节）的内容；安玉川同学和本人共同撰写了第三章第四节的内容；杨紫琼同学撰写了第四章的内容；李奥丝同学撰写了第七章前三节的内容，周博同学撰写了第七章的第四节；吕腾飞同学撰写了第二章第四节和第六章第三节的相应内容。全书由笔者统稿。此外，本著作亦得到北京工商大学科研项目"学科建设——法学院学科建设"（19008022068）的经费支持，在此表示衷心的感谢。

认罪认罚从宽制度作为协商性司法的"中国方案"，需要与我国刑事法治文明的发展同频共振。笔者希冀本著作可以对读者思考认罪认罚从宽制度中的热点议题有所启发；亦呼吁广大有志于刑事诉讼法学研究的朋友，为这项重大司法制度创新献计献策，共同推动认罪认罚从宽制度发展中政治效果、社会效果和法律效果的有机统一。

谢安平
2022 年 6 月 30 日于北京工商大学

目　录
CONTENTS

第一章　认罪认罚从宽制度的理论探寻及运行成就 …………… 1
　第一节　认罪认罚从宽制度在我国的演变历程 ………………… 1
　第二节　认罪认罚从宽制度的本质属性与功能价值 …………… 5
　第三节　认罪认罚从宽制度运行以来取得的成就 ……………… 14

第二章　认罪认罚从宽制度的相关概念 …………………………… 24
　第一节　关于"认罪"的概念之争 ……………………………… 24
　第二节　关于"认罚"的概念之争 ……………………………… 29
　第三节　关于从宽的幅度 ………………………………………… 32
　第四节　认罪认罚的自愿性 ……………………………………… 36
　第五节　政策、原则维度中的认罪认罚从宽制度 ……………… 42
　第六节　认罪认罚案件中的证明标准 …………………………… 46

第三章　"人性"二重性对认罪认罚从宽制度的影响 …………… 52
　第一节　关于"人性"二重性的假设 …………………………… 52
　第二节　"人性恶""经验人"对认罪认罚从宽制度的影响 …… 59
　第三节　"人性善""理性人"对认罪认罚从宽制度的影响 …… 63
　第四节　"人性"二重性视角下的求刑权与量刑权 …………… 68

1

第四章　认罪认罚从宽相关制度比较研究 ············· 79
 第一节　美国辩诉交易制度 ················ 79
 第二节　德国自白协商制度 ················ 83
 第三节　认罪认罚从宽与辩诉交易制度、自白协商制度的比较 ····· 88
 第四节　辩诉交易和认罪协商制度评析 ············ 94
 第五节　辩诉交易与认罪协商制度对完善我国认罪认罚从宽制度的启示
                96

第五章　认罪认罚从宽制度存在的主要问题 ············ 99
 第一节　控辩不对等导致屈从型自愿 ············· 99
 第二节　认罪认罚共同犯罪中产生"羊群效应"等现象 ······· 104
 第三节　对未认罪认罚行为人进行报复性惩罚 ········· 106
 第四节　导致控辩失衡 ·················· 108
 第五节　认罪认罚案件中求刑权与量刑权的冲突 ········ 114
 第六节　辩护方内部冲突导致"骑墙式辩护" ·········· 119
 第七节　认罪认罚案件中被害人的参与权缺位 ········· 125
 第八节　认罪认罚撤回后有罪供述"照单全收" ········· 128
 第九节　公诉机关擅自撤销具结书或擅自调整量刑建议 ····· 130
 第十节　检察院与法院事前量刑沟通违反刑事诉讼基本原则 ···· 132
 第十一节　司法实务界某些观点存在模糊有罪证明标准的嫌疑 ···· 135

第六章　"人性"二重性视角下我国认罪认罚从宽制度的完善 ······ 138
 第一节　实现合意机制中的控辩对等 ············ 138
 第二节　完善刑事法律援助制度 ·············· 144
 第三节　完善认罪认罚自愿性的保障措施 ··········· 148
 第四节　完善认罪认罚案件证据规则 ············ 151

第五节 建立健全认罪认罚案件的量刑规范 …………………… 155
第六节 完善认罪认罚案件中的被害人参与权制度 …………… 158
第七节 全面贯彻谦抑原则 ……………………………………… 162
第八节 严格遵守证据裁判原则 ………………………………… 169
第九节 以相对独立的辩护观处理认罪认罚案件中的"骑墙式辩护"
　　　　　………………………………………………………… 174
第十节 建立当事人反悔救济机制 ……………………………… 177
第十一节 明确规定求刑权之于法院量刑权无实质约束力 …… 184

第七章 职务犯罪案件中认罪认罚从宽制度的特色构建 …… **190**
第一节 职务犯罪案件认罪认罚从宽制度之法律框架 ………… 190
第二节 职务犯罪案件认罪认罚从宽制度的价值 ……………… 194
第三节 职务犯罪案件与普通犯罪案件认罪认罚从宽制度的异同 ……… 200
第四节 完善职务犯罪案件认罪认罚从宽制度的构想 ………… 212

第八章 以合规为核心的企业认罪认罚从宽制度构建 ……… **221**
第一节 涉企犯罪治理理念的革新 ……………………………… 221
第二节 认罪认罚从宽制度与涉企犯罪治理新理念的契合 …… 224
第三节 合规嵌入企业认罪认罚从宽制度的必要性 …………… 226
第四节 以合规为核心的企业认罪认罚从宽制度构建原则 …… 229
第五节 以合规为核心的企业认罪认罚从宽制度构建的具体路径设计
　　　　………………………………………………………… 231

参考文献 …………………………………………………………… **244**

第一章

认罪认罚从宽制度的理论探寻及运行成就

第一节 认罪认罚从宽制度在我国的演变历程

认罪认罚从宽制度的概念首次出现在中国共产党十八届四中全会《中共中央关于全面推进依法治国若干重大问题的决定》（以下简称《决定》）中，《决定》提出了"完善"该制度的要求，并将其作为一项重大战略部署。2016年9月和11月相继颁布的两个法律文本[①]规定，在全国18个城市开展为期两年的认罪认罚从宽制度试点工作。2018年10月26日，全国人民代表大会常务委员会通过修改《中华人民共和国刑事诉讼法》的决定，正式将认罪认罚从宽制度在《刑事诉讼法》第一章"任务和基本原则"中予以明确规定。[②] 目前，认罪认罚从宽制度的相关规定在《刑事诉讼法》《最高人民法院关于适用〈中华人民共和国刑事诉讼法〉的解释（2021）》（以下简称《最高法院刑诉法解释》）、《人民检察院刑事诉讼规则（2019）》（以下简称《刑诉规则》）、"两高三部"《关于适用认罪认罚从宽制度的指导意见》（以下简称《指导意见》）、《人民检察院办理认罪认罚案件监督管理办法》（以下简称《认罪认罚案件监督管理办法》）等法律规范中均有集中体现。这些规定为公安司法机关办理认罪认罚案件和当事人及其他诉讼参与人适用此项制度提供了较为清晰的

[①] 《全国人大常委会关于授权最高人民法院、最高人民检察院在部分地区开展刑事案件认罪认罚从宽制度试点工作的决定》和《关于在部分地区开展刑事案件认罪认罚从宽制度试点工作的办法》。

[②] 胡云腾. 完善认罪认罚从宽制度改革的几个问题[J]. 中国法律评论，2020（3）：75-86.

1

法律依据。就宏观角度而言，认罪认罚从宽制度归属于协商性司法的范畴，区别于中国法学界以往研究对抗性司法时所依据的职权主义诉讼模式与当事人主义诉讼模式。认罪认罚从宽制度的确立，意味着刑事诉讼的结构性变革，标志着我国刑事诉讼"第四范式"的形成。① 就微观角度而言，有学者认为，认罪认罚从宽制度是一个集实体与程序于一体的综合性法律制度，② 笔者认同此观点。回溯制度的历史渊源和发展脉络不难发现，"认罪认罚"的核心内涵已经从最初的实体法层面的刑事政策逐步法律化并渗透程序法领域。现行法规制的认罪认罚从宽制度体现出"双管齐下"的效果，即被追诉人自愿如实供述自己的罪行，承认指控的犯罪事实，愿意接受处罚的，不仅可以在实体层面获得轻缓量刑、不起诉等从宽处遇，亦可在适用强制措施、简化诉讼流程等程序法层面得以从宽。

认罪认罚从宽制度作为从宏观模式到具体制度设计的系统性改革，首先需要梳理其理论基础的本土化发展脉络，在此前提下着重考察制度在实体法与程序法两个维度的变迁历程，分析其如何演变成为一项综合性的法律制度。此有助于厘清认罪认罚从宽制度的核心内涵，为进一步完善该制度做必要的铺垫。

一、理论基础层面的演进

我国刑事诉讼模式的改革经历过两次转向：③ 第一次以1996年刑事诉讼法修改为标志，是在吸收程序正义、控辩平等武装等要素后，从非对抗性诉讼模式向对抗性诉讼模式的转向。第二次则是以认罪认罚从宽制度为标志的协商性司法的中国化构建。对抗性诉讼模式以国家追诉机关与被追诉人完全对立态势为适用场域，强调以严密的程序控制保障犯罪嫌疑人、被告人的主体性地位。精密的程序必然带来昂贵的司法资源投入和诉讼成本消耗；且若被追诉人主动认罪并寻求合作，对抗性模式将面临适用障碍。我国刑事司法实践认识到了对抗性模式的某些局限，特别是在刑事诉讼第一次转向并强化人权保障后，程序控制提升使诉讼流程的推进需要被追诉人一定程度上的配合。与此同时，美国

---

① 熊秋红. 比较法视野下的认罪认罚从宽制度——兼论刑事诉讼"第四范式"[J]. 比较法研究, 2019 (5): 88-101.
② 顾永忠. 关于"完善认罪认罚从宽制度"的几个理论问题 [J]. 当代法学, 2016, 30 (6): 129-137.
③ 张建伟. 认罪认罚制度的价值功能 [N]. 检察日报, 2020-10-14 (3).

辩诉交易、德国量刑协商等域外国家的协商性司法制度逐步进入了学界和实务部门的视野。认罪认罚从宽制度正式确立之前，各地方刑事司法实践已出现类似污点证人制度、事实不清时的认罪协商、"丢卒保车"与从犯进行交易等非常态情形。① 认罪认罚从宽制度是我国在世界各国推行"放弃审判制度"的潮流背景下，及时总结实践形态，将诉讼理念与理论指引下的"零散"实践规范化、系统化的成果。

二、实体法层面的演进

从陕甘宁边区时期的"镇压与宽大相结合的刑事政策"，到中国共产党第八次全国代表大会提出的"惩办与宽大相结合的刑事政策"，再到21世纪初期的"宽严相济刑事政策"，② 中国共产党都将"宽严相济"作为长期的刑事法理念，指导我国刑事立法和司法。《中华人民共和国刑法》（以下简称《刑法》）自1979年首次颁布以来，经历了1997年的一次全面修订，并陆续制定了单行刑法、刑法修正案、法律解释，在此过程中，逐步确立了自首、坦白、立功、缓刑、减刑、假释等实体法层面的从宽规定。其中，自首、坦白、立功为法定从宽处罚情节，缓刑、减刑、假释为刑罚执行层面的优待。无论是法定从宽处罚情节还是刑罚执行层面的优待，都必须以"认罪""悔罪"为适用的前提条件，这些与《刑事诉讼法》第15条规定的认罪认罚从宽制度的核心内涵相一致。同时，在从宽幅度的把握问题上，《指导意见》第9条明确规定，认罪认罚从宽幅度一般应大于仅有坦白或者虽认罪但不认罚的从宽幅度；在自首、坦白基础上同时具有认罪认罚情节的，应给予更大从宽幅度。这些规定，亦是对原有刑法规定的继承和创新。

三、程序法层面的演进

认罪认罚从宽制度强化了审前程序分流机制和审判阶段程序选择机制。公安机关、人民检察院对于被追诉人认罪悔罪的轻微刑事案件，可最大限度地发

---

① 宋善铭. 认罪认罚从宽制度的实证分析与模式选择［M］. 北京：法律出版社，2020：39.
② 宋善铭. 认罪认罚从宽制度的实证分析与模式选择［M］. 北京：法律出版社，2020：40-43.

挥"预判"职能，作出撤销案件或酌定不起诉的处理决定，此为审前程序的分流机制。对确有必要起诉的案件，认罪认罚从宽制度在区分适用条件与程序简化差异的基础上，完善了速裁程序、简易程序、普通程序简化审等三种程序模式，并赋予了当事人程序选择权。

  程序的繁简分流理念在我国立法及司法实践中早已有之。1996年《刑事诉讼法》规定了简易程序。然而，其中"人民检察院可以不派员出席法庭"等规定①使司法层面的操作出现困难，被告人有效辩护权的行使流于形式。为解决实践困境，有些地方法院探索了"刑事普通程序简化审"模式，即针对事实清楚、没有争议的刑事案件，在保持审判组织与程序完整的基础上，对法庭讯问、举证、质证、辩论、宣判等环节进行简化和调整的审理模式。② 此项探索虽在一定程度上取得了现实效果，但因缺乏必要的程序配套措施，导致适用此模式审理的案件的质量效益无法经受检验。2012年《刑事诉讼法》对简易程序相关制度进行了完善，并汲取普通法国家"恢复性司法"的某些精神，确立了公诉案件当事人和解制度。适用简易程序的前提条件包括案件性质、事实基础、被告人是否认罪并选择适用等要素，以此为基础构建的简易程序为认罪认罚从宽制度所吸纳，成为程序选择机制的重要组成部分。公诉案件当事人和解制度主要包含两个层面的程序：其一，被害方与加害方进行充分、有效的协商，达成协议；其二，加害方通过主动参与从而影响诉讼的进程和结果，促使公权力机关作出程序从宽与实体从宽的处理决定。刑事和解制度与认罪认罚从宽制度虽然在协商主体等方面存在差异，但均包含"从对抗转向合作"的属性；刑事和解制度中多方主体参与、促进社会关系修复的目标，与认罪认罚从宽制度所秉承的价值导向不谋而合；《指导意见》的相关规定也将"化解社会矛盾"摆在突出地位。为加大司法改革的力度，进一步推动刑事案件的繁简分流，我国在已有简易程序的基础上，通过2014年《关于授权在部分地区开展刑事案件速裁程序试点工作的决定》和《关于在全国部分地区开展刑事案件速裁程序试点工作的办法》，将速裁程序纳入刑事诉讼制度改革试点的一个环节。

---

  ① 1996年《刑事诉讼法》第175条规定："适用简易程序审理公诉案件，人民检察院可以不派员出席法庭。被告人可以就起诉书指控的犯罪进行陈述和辩护。人民检察院派员出席法庭的，经审判人员许可，被告人及其辩护人可以同公诉人互相辩论。"
  ② 北京市海淀区人民法院刑一庭、研究室. 刑事普通程序简便审模式初探 [J]. 人民司法，2001 (10)：15–18.

刑事速裁程序进一步体现了"轻罪案件简化审"的内涵，为之后2016年开展的认罪认罚从宽制度改革试点和2018年制度的正式入法提供了重要的程序支持。现行《刑事诉讼法》关于刑事速裁程序的表述，取消了试点期间对罪名的限制性条件，扩大了适用范围，是健全我国轻罪诉讼制度体系的一项关键尝试。

总之，认罪认罚从宽制度的确立是诉讼理论层面从对抗走向协同的过程，是部门法层面从相互独立走向实体与程序相对融合的过程，是法律规范层面从分散非正式到系统且正式的过程。因此，在评价认罪认罚从宽制度时，有学者认为："这是中国特色社会主义刑事司法制度的重大完善，丰富了刑事司法与犯罪治理的'中国方案'。"①

第二节　认罪认罚从宽制度的本质属性与功能价值

认罪认罚从宽制度中，被追诉人通过放弃无罪辩护权利并选择认罪悔罪，以追求实体从宽和程序从宽结果。其中，协商、对话是促成控辩双方合意的必要路径。《指导意见》第39条中首次出现"协商"一词，该条规定检察机关应尽可能就量刑问题与犯罪嫌疑人、辩护人或者值班律师协商一致。有学者以"合作"限度和"合作"主体为区分标准，将刑事诉讼合作性司法模式区分为最低限度的合作模式、协商性公力合作模式和私力合作模式三种。在此基础上，该学者认为由于平等协商机制的引入，使协商性公力合作模式将合作性司法向前推进。② 换言之，协商性公力合作模式（即协商性司法）是建立在最低限度的合作模式基础之上的一种合作性司法的高级形态。《指导意见》中正式运用"协商"一词规定量刑建议的生成机制，这意味着认罪认罚从宽制度在形式上已经具备"协商性公力合作模式"的基本内核，可归属于世界范围内"协商性司法"的范畴之中。作为"协商性司法"话语体系下的"中国方案"，认罪认罚从宽制度需要满足此司法模式的基本特征。因此，只有认清认罪认罚

---

① 张军.认罪认罚从宽：刑事司法与犯罪治理"中国方案"[N].检察日报，2020-11-06（1）.
② 陈瑞华.刑事诉讼的中国模式[M].北京：法律出版社，2018：85-90.

从宽制度的协商性本质，才能回答当前理论界与实务界热议的焦点问题。

一、认罪认罚从宽制度的本质属性

所谓协商性司法，是被追诉人与公权力机关通过协商程序来影响、决定前者刑事责任的诉讼模式。从演变历程来看，其应是在弹劾式、纠问式和对抗式（包括职权主义与当事人主义）三种刑事诉讼范式之后，发展形成的刑事诉讼"第四范式"。实质而言，协商性司法是在认识到传统对抗式诉讼模式的某些局限、流弊后，在对传统理论进行底线性保留并汲取其他哲学、犯罪学理念的基础上建构出的新型诉讼模式。

对抗性司法模式适用于被追诉人与国家追诉机关处于立场对立的前提下。为增强当事人抵御强势追诉的能力，无论是当事人主义还是职权主义，均设置了以无罪推定为核心的一系列程序控制规则，以符合程序正义的要求。对抗性司法固然因其打击犯罪与保护人权的双重理念长期主宰了刑事诉讼模式的讨论，但不可否认其存在一定的局限性。第一，对抗性司法是需要昂贵司法成本保障运行的诉讼模式。交叉质询、证人出庭等证据规则的确立，在强化被追诉人防御能力的同时，使庭审流程日趋精密化。完备的程序保障与司法资源的投入成正比关系。为了实现完备的程序保障，各国的司法资源不堪重负。例如，20世纪70年代的德国，因刑法的修正、扩张，使犯罪圈有所扩大，一时间案件数量和诉讼时间成几何级数增长；若德国依旧在传统诉讼模式中裹足不前，其刑事诉讼大厦将面临倾覆的危险。[①] 第二，对抗性司法可适用于控辩双方处于立场对立的语境中，但倘若被追诉人自愿承认罪行，控辩双方放弃诉讼对抗，对抗性司法的规则理论能否完全移植入此类场域存在疑问。如果被告人出于真实意愿主动认罪，则诸如"保障辩护方陈述申辩权""存疑时作有利于被告人的推定"等确保被告人获得公正审判的原则，至少在定罪层面的效用将大打折扣。因此，传统对抗性司法在解释非对抗场域中的诉讼情况时不能完全契合。第三，有学者认为，传统程序正义理论中，无论是程序工具主义论还是程序本位主义论，都只注重一种形式化的程序公正要求，而忽视了被裁判者在裁判结果上获得实体收益的需求。[②] 换言之，对抗性司法下的程序正义更关注的

---

① 李昌盛. 德国刑事协商制度研究 [J]. 现代法学, 2011, 33 (6): 148-160.
② 陈瑞华. 论协商性的程序正义 [J]. 比较法研究, 2021 (1): 1-20.

是被追诉人能否对程序过程实施控制，而对于最终裁判结果是否达到其预期利益并不过分关心。这种对程序正义的要求显然是"超现实"而带有理想化色彩的。现实中很多情况是，无论程序多么公正，被追诉者的辩护权保障多么充分，他们对于定罪量刑的实体性结果依然有所抵触，纯粹的程序性保障并不能完全实现其对最终裁决的无条件认同。以 2012 年《刑事诉讼法》修改前后的某地刑事案件上诉情况为例，2011 年至 2012 年间，此地刑事上诉案件数呈增长趋势，"人少案多"的矛盾凸显。此地检察院收到第二审法院建议改判、发回重审的案件中，因同案犯间量刑需维持均衡、法定从宽情节需进行考虑等量刑问题而建议改判的案件占比高达 63.9%。[①] 由实证数据可知，被告人对涉及自身利益裁判结果的关注程度是显而易见的，仅从"量刑偏重"一项上诉事由即可发现，被告人会千方百计地寻找各种法定、酌定从宽事由以博得裁判者的认同。因此，对抗性司法中程序正义将过程公正视作评判刑事诉讼公正与否的主要标准甚至唯一标准，有架空实际的嫌疑。

在意识到对抗性司法的局限性后，人们寄望于通过其他理论构建新模式以克服对抗性司法的不足，协商性司法由此孕育而生。尤尔根·哈贝马斯（Jürgen Habermas）作为哲学领域"商谈理论"的代表人物之一，为协商式民主理论引入刑事司法框架进而形成罪刑协商理论奠定了哲学基础。[②] 哈贝马斯协商式民主的概念，融合了自由主义和社群主义的精华，将个人权利保障与公共意志相结合，使"商谈理论"的适用场域扩延至刑事司法领域。控辩双方通过商谈，将各自的诉讼风险降到最低，公权力机关以此避免了诉讼资源的严重损耗，辩护方也因此避免了因诉讼结果的难以掌控而导致的裁判不确定。而犯罪控制理念则为协商性司法提供了犯罪学层面的基础。现代刑法的发展绝非回归到弹劾式诉讼，追求简单的"同态复仇"，而是为实现犯罪的预防和犯罪人的再社会化。实现犯罪控制的目标，需要系统而科学的方法作指导。将诉权理论引入刑事诉讼之中，以协商、交易的方式让当事人直接参与裁决形成的过程，使诉讼程序具备惩罚功能，是其中的一种社会控制手段。协商过程具有处罚和威慑犯罪人的作用，当事人通过与公权力机关的充分沟通，进一步感知行

---

① 曹坚，顾琳娜. 法律监督视野中的刑事上诉工作实证分析——以某分院刑事上诉案件为例［J］. 中国检察官，2013（2）：38-42.

② 马明亮. 协商性司法——一种新程序主义理念［M］. 北京：法律出版社，2007：134-135.

为的危害性，有利于其认罪悔罪。实践中，一些犯罪嫌疑人、被告人受到法律的感召，在主动认罪的同时，鼓励、帮助同案犯承认罪行，取得了良好的犯罪治理效果。协商性司法通过协商机制的设置，放弃传统诉讼模式中控辩双方针锋相对、制衡与反制衡的形态，关注被追诉人实质参与裁决过程形成的权利，这些改革使被追诉人对法律的认识和敬畏有所提升，因而被追诉人的人身危险性也随之降低，对被追诉人在刑罚裁量方面进行从宽处罚也就顺理成章。

因此，从协商性司法理论的发展脉络可见，此模式应当具备以下属性，认罪认罚从宽制度作为其中国化的代表，也应符合其基本内涵。首先，被追诉人对诉讼权利具有可放弃性。协商性司法以控辩合作为适用场域，就被追诉人而言，联合国《公民权利和政治权利国际公约》下的一系列保障其获得无罪辩护的权利就具有可放弃性；否则，控辩双方仍处于对立立场，无法走向实质层面的合作。其次，被追诉人可在一定范围内对裁决方案的设计直接施加积极影响。协商性司法在传统诉讼模式注重当事人的程序过程性控制的基础上，通过引入协商、商谈的理论，提升了当事人对实体结果的控制能力。被追诉人展示真诚的悔罪态度、与公诉人交换诉讼筹码、修复受损的社会关系等，这些均可视为其积极参与裁判形成过程的行为。被追诉者外化的行为表明其主观危险性的降低，公权力机关由此具备释放最大的法律善意的正当化理由，给予被追诉人从宽处理。最后，协商性司法以保证底线性的公正为必要。虽然协商性司法是一种诉讼模式的整体性演进，但并不意味着其对传统对抗性司法中程序正义的完全抛弃。从某种意义上讲，协商性司法改革了传统程序正义理论，使其更加符合特殊场域的需要；准确地说，使用"扬弃"一词来评判其对对抗性司法的发展更为妥当。有学者比照"对抗性的程序正义理论"，提出了"协商性的程序正义理论"。① 协商性司法也可能在其话语体系下呈现出司法错误，其中以无辜者错误认罪为典型样态。因此，维持"协商""合意"等协商性司法高级形态的基础是保障底线性的公平正义。笔者认为，此种底线性公正主要体现在两个方面：一方面，需要在犯罪事实确有真实性的基础上，保障被追诉人对诉讼模式的正确认知和理性、自愿选择适用。被追诉人以无罪推定为前提的公正审判权利固然可以放弃，但放弃的先决条件是其所为犯罪行为的事实基础必须存在有力证据；且被追诉人作为权利拥有者，明知被赋予权利，可以正确理

---

① 陈瑞华. 论协商性的程序正义 [J]. 比较法研究, 2021 (1): 1-20.

解权利的内容和放弃权利的法律后果,是在不受显性或隐性压迫情况下的自愿放弃。如果一种诉讼模式连无辜者不被错误认罪这项最为基础性的公正要求都无法满足,那么谈及当事人通过协商机制影响诉讼最终裁决就变得毫无意义。另一方面,需要保障被追诉人对诉讼进程的充分参与。参与性是传统程序正义价值的核心要素。与对抗性立场中被追诉人质疑对方主张、论证己方主张以实现实质参与的效果不同,协商性司法下的被追诉人的充分参与呈现出一定的特有形态。结合认罪认罚从宽制度的立法规定和司法实践可知,协商性司法的本土化应当是保障被追诉人在以下两个维度的充分参与权:第一,审前协商的充分参与权。控辩双方应对案件事实、法律适用、程序选择、主刑和附加刑的从宽幅度、能否适用缓刑等充分交换意见,这也是被追诉人参与诉讼并对诉讼结果施加积极影响的关键环节。第二,多种异议的充分提出权。被追诉人可对自愿性问题发表意见、提出异议;在庭审中仍可对定罪、量刑等问题发表意见,甚至选择提出异议进行实体反悔与程序回转。只有在保障两个维度充分参与权的基础上,才能实现协商性司法拥有使各方主体"利益兼得"的效果。

在阐释协商性司法的发展沿革和本质属性的基础上,需要进一步回答目前学界热议的一个焦点问题,即认罪认罚从宽制度与以审判为中心究竟为何种关系。"推进以审判为中心的刑事诉讼制度改革"是与"完善认罪认罚从宽制度"同步提出的。以审判为中心对于改革我国过往以侦查为中心的扭曲的诉讼模式具有重要意义,其现阶段的主要体现为庭审实质化。实践中,认罪认罚从宽制度呈现出的程序从简、量刑建议拥有较为"刚性"的约束力、检察机关的抗诉弱化法院裁量者地位等情形,似乎显示着以审判为中心与认罪认罚从宽制度存在形式上的冲突,进而可推导出二者为相互对立的关系。除此种完全排斥的观点之外,还存在以下几种主张:有学者认为,二者为种属关系,即以审判为中心的诉讼制度是属概念,认罪认罚从宽制度是种概念;以审判为中心的诉讼制度实质包含了认罪认罚从宽制度。[1] 还有学者认为,以审判为中心是居于更高位阶的基本原则,具有普适性、宏观性的统领、统帅地位;认罪认罚从宽制度是一项配套、策应以审判为中心和庭审实质化改革的具体制度。[2] 以上两

---

[1] 顾永忠. 一场未完成的讨论:关于"以审判为中心"的几个问题[J]. 法治研究, 2020(1):109-117.

[2] 李建明,许克军. "以审判为中心"与"认罪认罚从宽"的冲突与协调[J]. 江苏社会科学, 2021(1):119-128.

位学者的主张虽然形成了"种属关系"与"配套关系"两种差异化表达，但在某种程度上而言，二者具有共通性，即以审判为中心是上位概念，更具普适性和指导意义。以一个形象化的比喻来讲，以审判为中心和认罪认罚从宽制度类似于主动轮和从动轮的关系。主动轮提供运动所需的动力，这好比以审判为中心的指导约束意义；从动轮被主动轮所带动而运动，这好比认罪认罚从宽制度对上位原则的体现与遵循。

2014年《决定》首次提出了"完善认罪认罚从宽制度"与"推进以审判为中心的诉讼制度改革"，并规定在"保证公正司法、提高司法公信力"项下。笔者认为，如果说"保证公正司法、提高司法公信力"是依法治国中的一项具体目标，那么认罪认罚从宽制度与以审判为中心即是围绕此目标的建构而发展的。此目标与认罪认罚从宽制度、以审判为中心形成"一体两翼"的关系，两项原则之间亦是相辅相成的。前文已述，协商性司法是区别于传统刑事司法的全新案件处理范式，具有相对独立的属性，因此对其价值取向、内部构造与运行模式自然不宜完全按照传统刑事司法的视角来进行理论分析。[①] 认罪认罚从宽制度作为协商性司法的本土化代表，我们不能忽略其独特性，仍然以对抗性司法的视角对其加以审视，并在传统司法模式的框架下分析实践问题。因此，"种属关系"和"配套关系"的观点均存在不足之处。认罪认罚从宽制度可以视作在保留传统司法模式、追求底线公正的前提下，为适应特定诉讼场域而进行的优化性设计。如果说以审判为中心是通过精密的程序从而实现控辩双方的平等武装和程序自身的公平正义，那么认罪认罚从宽制度即是在体现诉讼经济原则的同时，进一步加强了被追诉人对结果形成的有效参与。二者的共通点在于，需要确保无辜者不被错误认罪、被追诉人充分参与诉讼进程等底线公正。因此，以审判为中心与认罪认罚从宽制度分属于两种不同的诉讼范式之中，各自形成的逻辑体系均不能完全阐释对方的理论构架；而二者又并非完全对立与排斥，对底线公正的追求是它们之间的共通之处。正所谓两项原则是保障同一价值目标实现的一对相辅相成的概念，认罪认罚从宽制度与以审判为中心通过优势互补，共同促进了诉讼文明。

---

① 郭烁．控辩主导下的"一般应当"：量刑建议的效力转型[J]．国家检察官学院学报，2020, 28(3): 16-27.

二、认罪认罚从宽制度的功能价值

(一) 符合诉讼经济原则

法律程序的经济效益价值,经历了从附属性到独立性的转变。传统的诉讼理论一般只关注法律程序的正义目标,忽视经济效益问题在程序中的独特价值;随着西方经济分析法学的兴起,法律程序中的经济效益因素逐渐受到重视。有学者指出:"一项刑事审判程序要符合经济效益的要求,必须确保司法资源的成本降到最小限度,同时使最大量的刑事案件尽快地得到处理。"① 英美法系与大陆法系国家协商性司法的典型制度,均是源于优化诉讼资源配置、缓解案多人少矛盾的初衷。我国认罪认罚从宽制度设置的动因亦是如此。通过被追诉人的自愿认罪认罚,在综合评价案件性质与复杂程度、保障被追诉人程序选择权的基础上,刑事诉讼可以实现包括刑事审前程序分流和刑事审判程序分流在内的多元化诉讼格局。高效的程序使司法资源配置在一定范围内得到重组与优化,就诉讼内部而言,优化配置意味着贯彻"该繁则繁、该简则简"的理念,避免不同类型案件在庭审阶段配置司法资源过程中的本末倒置;就诉讼外部而言,优化配置意味着可以将更多可供支配的资源用于教育医疗等其他增进社会福祉的领域中去,使社会整体的福利水平获得提高。

(二) 提升人权司法保障与犯罪人的社会回归效果

《全面建成小康社会:中国人权事业发展的光辉篇章》白皮书明确提出,实行良法善治,维护公民权利、政治权利的一项关键内容即为"加强人权司法保障"② 认罪认罚从宽制度的确立在一定程度上治愈了我国以往刑事司法实践的某些顽疾。理论上讲,刑事诉讼适用轻缓强制措施应当是常态,未决羁押应为一种例外。实践中,我国的未决羁押率一直居高不下,强制措施"保障诉讼顺利进行"的功能异化,羁押必要性审查也流于形式。2018年《刑事诉讼法》第81条第2款规定,将犯罪嫌疑人、被告人认罪认罚的情况作为是否可能发生社会危险性、是否应当予以逮捕的考虑因素。《指导意见》第21条亦规定,已经逮捕的被追诉人认罪认罚的,有关机关应当及时审查羁押的必要性,经审

---

① 陈瑞华. 刑事审判原理论 [M]. 北京:法律出版社,2020:117.
② 国务院新闻办公室. 全面建成小康社会:中国人权事业发展的光辉篇章 [EB/OL]. 中国法院网,2021-08-12.

查认为对被追诉人没有继续羁押必要的,应当变更为取保候审或者监视居住。上述规范是对司法实践中"入罪即捕"做法的纠正,对于完善轻罪的诉讼程序体系具有重要意义。有学者还注意到认罪认罚从宽制度贯彻"少捕慎诉慎押"、保障人权理念的同时,产生了附加效应。① 我国刑事司法实践存在少数"实报实销"的不得已做法,主要是审前高羁押率和办案周期长等因素造成不少被告人在作出生效裁判之前,被关押期限已超过应被判处刑罚的期限,法官为避免国家赔偿等责任,选择作出"实报实销"型判决。认罪认罚从宽制度提出减少审前羁押、缩短办案期限,客观上促使实际判刑、服刑的时间相应缩短,进一步防范了因诉讼实践"潜规则"导致的被追诉人人权保障减损的情况。

  此外,认罪认罚从宽制度亦提升了犯罪人的社会回归效果。前文已述,协商性司法通过商谈的方式,使被追诉人实质参与裁判结果的形成过程,加强了对法律的感悟和对自身行为危害性的认知,进而达到在诉讼过程中实施法律惩戒、有效实现犯罪人再社会化的目的。以"扫黑除恶"专项斗争为例,相较于专项斗争带来的成果与社会治安的恢复,我国对犯罪组织成员教育改造以使其尽快回归社会的重视程度还不够。② 这种治理手段导致少数成员在刑满释放后"重操旧业",严重危害了社会主义市场经济秩序和社会管理秩序。但认罪认罚从宽制度为黑社会性质组织成员提供了一条切实可行的救赎之路,即犯罪嫌疑人、被告人在与公权力机关进行量刑协商的过程中,感受到了国家刑事法律希冀对其进行教育、改造、关怀的态度,这种态度有助于提升其对法律的敬畏之心,亦可帮助其适应社会主流价值取向。例如,在江西赣州发生的一起组织、领导、参加黑社会组织罪案中,认罪认罚从宽制度即发挥了促使被追诉人改过迁善的催化剂作用。当地检察机关反复利用典型案例、法律规定对当事人及其家属进行法律政策宣传,做好教育转化工作,使12名犯罪嫌疑人全部认罪悔罪、积极赔偿。主犯杨某琴在庭审的陈述中谈道,释法教育使其认识到了自己的行为给被害人和社会带来的负面影响,希望通过改造能早日回归社会,多做

---

① 顾永忠. 认罪认罚从宽制度的价值、目标、适用条件及其风险 [EB/OL]. 搜狐网, 2020-12-28.
② 蔡军,潘智源. 黑恶势力犯罪案件中认罪认罚从宽制度的合理适用 [J]. 河南财经政法大学学报, 2020, 35 (4): 74-82.

对社会有意义有贡献的事。①

（三）修复受损社会关系并促进和谐社会建设

《指导意见》认为，适用认罪认罚从宽制度，对化解社会矛盾、推动国家治理体系和治理能力现代化，具有重要意义。有学者认为，协商性逻辑以强调控辩协商、效率优先为基本价值取向，天然性地排斥被追诉人与被害人进行沟通以修复受损社会关系的修复性逻辑。② 这种观点是在世界范围内被害人权利保护运动兴起的大背景下，将协商性司法与恢复性司法完全对立的观点。实际上，越来越多的国家意识到，协商性诉讼的合理设计和运行是对被追诉人、被害人多方有利的。辩诉交易程序中，美国联邦以及大多数州法律均明确规定了被害人参加辩诉交易程序的权利。③ 由此可见，协商性司法的价值取向中依然可以包容恢复性逻辑。此类诉讼模式中，被追诉人通过合理的诉讼参与对裁判结果产生积极影响，其真诚忏悔、弥合因自己行为所造成的社会关系损害是影响终局结果的一种关键方式。实践中，一些国家可能出于维护被追诉人利益、公共利益以及诉讼效率等其他竞争性利益的需要，展现出了对某种特定利益的侧重性保护，如辩诉交易注重对诉讼经济效益的保障，但不能因此否定协商性司法在理论层面对化解社会矛盾、促进社会和谐等修复性逻辑的容纳。

我国的认罪认罚从宽制度需要打造的是保障被追诉人司法人权、提高诉讼经济效益以及促进社会和谐等多元化价值"兼收并蓄"的中国特色协商性司法制度，此亦是与我国传统和合文化的特质一脉相承的。从初期试点到2018年《刑事诉讼法》的修订，再到《指导意见》的颁布，被害人权益在认罪认罚从宽制度的立法中越来越受到关注。《指导意见》明确规定了"听取被害人意见""促进和解谅解""被害方异议的处理"等具体内容，并将当事人双方达成调解或和解协议作为速裁程序的适用条件之一。虽然当前制度在实践层面依然存在着漠视被害人利益或过度重视被害人参与的两种亟待解决的极端现象，但认罪认罚从宽制度相关立法对真诚悔罪、法益弥补、达成和解谅解等"从

---

① 李玺，谢宇群.12人涉黑案，全部认罪认罚——江西赣州瑞金市杨某琴等12人组织、领导、参加黑社会性质组织案办案札记［J］.民主与法制，2021（1）：47.

② 史立梅.认罪认罚从宽制度中的修复性逻辑之证成［J］.法学杂志，2021，42（3）：14-23.

③ 闫召华."合作司法"中的恢复逻辑：认罪认罚案件被害人参与及其限度［J］.法学评论，2021，39（5）：185-196.

宽"前提因素的重视，正逐步显现出制度在消弭社会不稳定因素、促进和谐社会建设维度的功能价值。

第三节　认罪认罚从宽制度运行以来取得的成就

从 2016 年 9 月全国人大常委会授权在北京等 18 个城市开展试点，到 2018 年 10 月认罪认罚从宽制度正式入法，我国刑事司法领域正发生着一场革命，对刑事诉讼制度和诉讼结构均产生了重大而深远的影响。有数据显示，作为全面落实认罪认罚从宽制度第一年的 2019 年，认罪认罚从宽制度的适用率已然从上半年的 38.4%上升至 12 月单月的 82.9%。有学者预测，在未来相当长的一段时间内，95%的案件通过认罪认罚从宽制度处理将成为常态。① 纵观认罪认罚从宽制度几年来的发展，以前文所述的制度功能价值为出发点，其运行以来取得的各项成就如下。

一、以繁简分流为导向的多层次案件处理机制初步建立

认罪认罚从宽制度的一项重要价值是，通过案件的繁简分流，促进司法资源的合理配置，兼顾效率与公正。近年来，公安司法机关"案多人少"的矛盾日益突出。认罪认罚从宽制度也是对该现象的一种制度回应。实务界相关人士认为，通过 2018 年《刑事诉讼法》的修正，已经构建了速裁程序、简易程序和普通审判程序相互间有序衔接的一审格局，② 案件处理机制得以区分，"简案快审、疑案精审"的目标有望实现。2020 年 10 月 15 日，《最高人民检察院关于人民检察院适用认罪认罚从宽制度情况的报告》指出，《刑事诉讼法》修正以来，检察机关适用认罪认罚从宽制度办理并审查起诉的案件中，适用速裁程序审理的占 27.6%，适用简易程序审理的占 49.4%，适用普通程序审理的占

---

① 姜洪，韦洪乾. 认罪认罚从宽一年间——适用率从三成到八成的"变奏" [N]. 检察日报，2020-10-20 (1).

② 杨立新. 认罪认罚从宽制度核心要素解读 [J]. 中国检察官，2019 (1)：3.

23%。① 各地方司法部门亦结合当地情况主动探索案件的繁简分流处理机制。例如，北京市朝阳区、海淀区、丰台区检察院设立了轻罪检察部；广州、武汉、重庆等地检察机关探索"三集中"办案模式；郑州、杭州等地探索了刑事拘留直接移送审查起诉办案模式等。② 虽然类似刑事拘留直接移送审查起诉模式的合法性问题可能存在争议，但不能否认各地公安司法机关为促进轻罪案件及时有效审判所作出的有益尝试。

二、多重维度加强人权保障，提升被追诉人参与诉讼的成效

协商性司法的"中国方案"要求在保障诉讼底线性公正的基础上，通过对话、协商等方式使被追诉人实质参与刑事程序，从而对实体结果的形成产生影响，以提高被追诉人对犯罪行为的深刻认知并促进其有效地回归社会。被追诉人对制度建立起自发性的内心认同感，需要以认罪认罚从宽制度能保障其合法权益为基础。实践亦证明，认罪认罚从宽制度确实在此方面进一步尊重了被追诉人的诉讼主体地位。通过梳理、归纳，笔者认为，在"保障人权"方面，该制度主要有五个方面的成就。

（一）坚持证据裁判原则，避免无辜者错误认罪

美国的辩诉交易程序中，公权力机关基于避免诉讼风险的考量以及对诉讼效率的过度强调，将案件的事实基础、罪名、罪数以及量刑适用等事项均包含在可以协商的范畴之中。这种做法实质上追求的是一种合意真实，可能过度偏离实质真实，进而产生无辜者错误认罪等司法错误。我国认罪认罚从宽制度在设计之初就注意到了辩诉交易可能造成的问题，在立法层面作出了回应，并在司法实践中逐步寻求规范以防止重蹈辩诉交易的覆辙。在规定认罪认罚从宽制度所应遵循的基本原则的同时，《指导意见》进一步强调，坚持证据裁判原则、坚持法定证明标准，防止因犯罪嫌疑人、被告人认罪而降低证据要求和证明标准。自认罪认罚从宽制度运行以来，截至2020年10月，各地检察机关已对

---

① 张军. 最高人民检察院关于人民检察院适用认罪认罚从宽制度情况的报告——2020年10月15日在第十三届全国人民代表大会常务委员会第二十二次会议上[N]. 检察日报，2020-10-17（2）.

② 张相军，周颖. 在试点成果基础上全面实行认罪认罚从宽制度[J]. 人民检察，2019（4）：51-55.

3949 名在侦查阶段认罪认罚，但经审查认为证据不足，不能认定其有罪的犯罪嫌疑人，依法作出证据不足的不起诉决定。① 以证据裁判原则为基础的认罪认罚从宽制度是我国在汲取辩诉交易实践经验的基础上，为促进协商性司法人权保障所作出的理性选择。虽然在制度运行过程中不能完全避免某些漏洞，但值得肯定的是，在顶层设计和部分实践中已然展现出了必要的"中国智慧"，这说明制度的方向是正确的，前景亦是光明的。

（二）不设适用范围限制，更多被追诉人实现悔罪从宽

《指导意见》第 5 条规定，认罪认罚从宽制度没有适用罪名和可能判处的刑罚的限定，所有刑事案件均可以适用，不能因罪轻、罪重或者罪名特殊等原因而剥夺被追诉人自愿认罪认罚而获得从宽处理的机会。诚然，随着犯罪专业化、智能化、隐蔽化程度明显提高，办案机关出于降低侦查、庭审难度的考虑，希望通过说服教育有效瓦解犯罪分子的心理防线，因此"不设适用范围限制"，存在及时惩治犯罪、提高诉讼效率的功利性考量。但不能忽略的是，认罪认罚从宽制度亦给予了更多被追诉人（特别是涉及重大、疑难复杂案件的被追诉人）以选择真诚悔罪、获得量刑从宽并重新回归社会的机会。有实务界人士认为："在重罪案件中适用认罪认罚从宽制度，允许和推动重罪之人与被害人、国家达成理解、谅解、和解，这是司法领域对人性和多元化价值的尊重。"② 虽然当前重罪案件适用认罪认罚从宽制度在实践层面依然面临着诸多制约因素，但从各地方公安司法部门的反应来看，不乏有益尝试。

2019 年 10 月，最高人民检察院发布了 3 件检察机关适用认罪认罚从宽制度的典型案例。其中在武某某故意杀人案中，检察机关注重教育转化，分别对犯罪嫌疑人武某某和被害人家属进行认罪认罚从宽制度的释法说理，最终武某某真诚悔罪、积极赔偿并取得被害人家属的谅解，检察院提出的无期徒刑量刑建议被法院采纳，被告人就此服判息诉。③ 最高人民检察院通过此案再次重申

---

① 张军. 最高人民检察院关于人民检察院适用认罪认罚从宽制度情况的报告——2020 年 10 月 15 日在第十三届全国人民代表大会常务委员会第二十二次会议上 [N]. 检察日报，2020-10-17 (2).
② 苗生明，卢楠. 重罪案件适用认罪认罚从宽制度的理论与实践 [J]. 人民检察，2018 (17)：36-40.
③ 最高人民检察院网上发布厅. 检察机关适用认罪认罚典型案例 [EB/OL]. 最高人民检察院网，2019-10-24.

了"适用认罪认罚从宽制度原则上没有适用案件范围和诉讼阶段的限制",明确了认罪认罚从宽制度在重罪案件适用中的典型意义。而在案件数量不断增长且重刑适用率高的毒品犯罪案件中,各地方公安司法机关亦积极开展探索。在毒品犯罪高发的云南省,西双版纳州检察院通过保障犯罪嫌疑人知情权、获得法律援助权等方式,使涉嫌运输毒品罪的黄某某实现了积极的态度转变并主动认罪认罚。① 我国通过《大连会议纪要》《武汉会议纪要》等,在刑事政策层面一直注重对毒品犯罪的严厉打击。但是,从客观上来讲,目前毒品犯罪形势并未受到重刑适用率的影响,反而呈现愈加恶劣的情形。② 或许,认罪认罚从宽制度通过给予被追诉人改恶从善的机会,使其真正受到感化和教育,是当前优化毒品犯罪治理路径的一个现实选择。

(三) 审前羁押率高的问题得到一定改善

我国刑事诉讼审前羁押率长期普遍偏高,此与现代法治理念的要求不相吻合。《刑事诉讼法》将"认罪认罚"作为被追诉人是否具有社会危险性的法定考察因素之一,无疑是强化审前司法人权保障、落实无罪推定等刑事诉讼基本原则的体现。将2013年—2018年全国检察机关的捕诉率与2019年、2020年两年的捕诉率相比较,③ 结果显示:2013年—2018年6年间,全国检察机关的捕诉率分别为66.43%、63.23%、62.77%、59.08%、64.29%和62.42%,平均值为63.04%;2018年《刑事诉讼法》实施以来的2019年、2020年两年间,捕诉率分别为59.85%和48.98%,较同期有所下降。此外,伴随着2021年4月"少捕慎诉慎押"刑事司法政策的提出,认罪认罚案件作为该政策的重要适用场域,检察机关通过细化社会危险性审查标准,构建社会危险性分层次审查体系等方式,更加准确地把握了逮捕条件,使2021年下半年诉前羁押率降低到40.47%,2022年第一季度的数据更是控制在39.8%的水平。在诉前羁押率得以有效控制的同时,"少捕"理念在一定程度上得到了公安机关的理解和认同,

---

① 何赟,杨承福,姚文娅莉. 云南西双版纳:适用认罪认罚从宽制度办结一毒品案[N]. 检察日报,2019-11-27 (2).
② 王锐国. 认罪认罚从宽制度在毒品犯罪案件中的具体适用 [J]. 中国刑警学院学报,2017 (6):13-18.
③ 王子毅. 降低审前羁押率的影响因素分析与对策研究 [J]. 中国刑事法杂志,2021 (4):101-124.

其提出复议复核的比率均有所降低。① 应当说，降低审前羁押率是认罪认罚从宽制度体现协商性司法"维护底线公正"属性的必由之路。由于"羁押本身就具有强迫性"，故较长时间的审前羁押会直接影响犯罪嫌疑人、被告人认罪认罚的自愿性。基于此，对于认罪认罚案件，切实将"认罪认罚"事由作为审查批捕的考量因素，细化对社会危险性证明的说理，转变办案人员"可捕可不捕时一律批捕"的司法观念，是非常必要的。

（四）律师参与程度有所提高

对被追诉人适用认罪认罚从宽制度以追求从宽处理，需要律师的实质性参与，以保证被追诉人认罪选择的理智性、量刑协商的有效性。在域外法国家的协商性司法实践中，辩护律师的有效参与是必需品，而非奢侈品。美国联邦最高法院通过麦克曼诉理查德森（McMann v. Richardson）案、托利特诉亨德森（Tollett v. Henderson）案等案件裁判将被追诉人的有效辩护权扩延至辩诉交易中，并认同被追诉人可在适用辩诉交易制度的情况下提出无效辩护的主张。②

我国在推进刑事速裁程序及认罪认罚从宽制度的试点、入法的同时，催生了值班律师制度的确立和发展。2017 年，最高人民法院联合司法部颁布的《关于开展刑事案件律师辩护全覆盖试点工作的办法》（以下简称《律师辩护全覆盖试点办法》）是一项关乎认罪认罚从宽制度成功与否的配套改革。刑事案件律师辩护全覆盖改革的部分理念亦被 2021 年 8 月通过的《中华人民共和国法律援助法》（以下简称《法律援助法》）所吸纳。笔者认为，认罪认罚案件中律师辩护、值班律师法律帮助程度的日益提高，主要表现在以下几个方面：第一，律师参与广度的扩大。《指导意见》第 10 条第 2 款规定，在无辩护人介入的情况下，犯罪嫌疑人、被告人自愿认罪认罚的，在符合通知辩护条件时，应当由法律援助律师为其提供辩护；在不符合通知辩护条件时，应当由值班律师为其提供法律帮助。此规定基本与《律师辩护全覆盖试点办法》第 2 条规定的基本精神相一致。虽然有学者质疑，"律师辩护全覆盖"改革过程中，以值班律师提供"法律帮助"形式填补某些情况下的律师空缺，不能完全与改革的目标相吻合。③ 但是，在我国刑事案件律师辩护率长期在 30% 上下徘徊、

---

① 蒋安杰. 少捕慎诉慎押刑事司法政策落实一年间 [N]. 法治日报，2022-04-27（9）.
② 祁建建. 美国辩诉交易中的有效辩护权 [J]. 比较法研究，2015（6）：126-142.
③ 顾永忠. 刑事辩护制度改革实证研究 [J]. 中国刑事法杂志，2019（5）：129-144.

律师资源地域分布不均、跨地区调配资源难度较大等困境下，此方式已经是相对现实且可行的选择了。值班律师制度使更多律师参与到认罪认罚案件的实际办理过程，进而让更多被追诉人从这项社会公益事业中获益。有学者曾对杭州市某监狱在押的486名罪犯以问卷调查形式进行实证调研，结果显示：231名受访对象聘请律师辩护，占比为47.5%；102名受访对象接受法律援助辩护，占比为21%；律师辩护率达到了68.5%。① 而仅在认罪认罚从宽制度试点期间，因开展试点工作由值班律师提供法律帮助的案件就有59090件之多。② 由此看来，此类案件中律师参与的广度确有实质性提升。第二，公安司法机关在现行法律规定基础上做出更多有益探索，以保证律师权利行使的有效性。辩护律师和值班律师在认罪认罚案件中享有相关权利的规定，在现行《刑事诉讼法》《指导意见》等规范中均有集中体现，涉及多个诉讼阶段，涵盖了包括会见被追诉人、提供法律咨询、帮助申请变更强制措施、查阅案卷材料、向公权力机关提出意见、进行量刑协商等多项权利。例如，《指导意见》在第12条中首次规定了值班律师可以查阅案卷材料、了解案情。此规定在明确值班律师享有阅卷权的同时，将阅卷的具体方式限定在"查阅"方式的范畴之中；此与《刑事诉讼法》规定辩护律师独立享有的"查阅、复制或者摘抄案卷材料"的权利相比，显得相形见绌。实践中，刑事案件涉及的案卷材料信息量普遍较大，无法进行摘抄、复制，将会使阅卷权的行使变得异常艰难。对此，不少基层实务部门已经做出了一些有益突破。例如，《重庆市检察机关认罪认罚从宽试点工作细则》第11条规定："值班律师为提供法律帮助需要，申请查阅案卷材料的，参照辩护律师阅卷的相关规定办理。"又如，北京市高级人民法院、北京市人民检察院、北京市公安局、北京市国家安全局、北京市司法局于2017年共同会签的《关于开展刑事案件认罪认罚从宽制度试点工作实施细则（试行）》第11条第2款也赋予了值班律师与辩护人相同的阅卷权利。③ 此外，我国《刑事诉讼法》目前没有明文规定公权力机关在讯问犯罪嫌疑人时辩护律

---

① 宋善铭. 认罪认罚从宽制度的实证分析与模式选择［M］. 北京：法律出版社，2020：102.
② 顾永忠. 刑事辩护制度改革实证研究［J］. 中国刑事法杂志，2019（5）：129-144.
③ 《关于开展刑事案件认罪认罚从宽制度试点工作实施细则（试行）》第11条第2款："值班律师可以参照刑事诉讼法的规定，查阅、摘抄、复制本案的案卷材料，办案部门应予以配合并免收费用。"

师有权在场。但需要注意的是，犯罪嫌疑人接受讯问时是否承认罪行和选择适用认罪认罚从宽制度，实务机关的制度释明仅是基础性环节，律师深层次的利弊分析和程序选择建议才是保障被追诉人认罪认罚明智、理性的重中之重。在意识到律师对于保障认罪认罚自愿性所起的关键作用的基础上，武汉市汉阳区检察院明确规定，承办检察官在讯问犯罪嫌疑人时，值班律师有权在办案人员的带领下进入看守所，全程参与讯问，为犯罪嫌疑人提供法律帮助。① 综上，基层实务部门的这些探索与突破无疑是通过律师深入参与认罪认罚案件，提升司法人权保障效果的有力举措。

（五）认罪认罚案件量刑协商机制初步形成

在认罪认罚从宽制度试点初期，经历了理论界和实务界关于制度的核心究竟是控辩协商还是职权宽恕的争论后，随着2018年《刑事诉讼法》的修正，该制度具有协商性已成为业内的共识。《指导意见》第33条规定，人民检察院提出量刑建议前，应当充分听取犯罪嫌疑人、辩护人或者值班律师的意见，尽量协商一致。该规定对于推进控辩双方通过交互方式达成合意具有重要意义。2021年11月3日，最高人民检察院和中华全国律师协会共同签署了《关于加强检律良性互动、共同维护司法公正的倡议书》（以下简称《倡议书》）。《倡议书》中载明，检察官在办理认罪认罚案件的过程中，应当保障律师在量刑协商等工作中发挥职能作用，认真听取并及时回应律师对案件处理的主张和意见。可以说，我国在立法层面已初步形成了针对认罪认罚案件的协商机制。此机制表明刑罚优待已不仅仅是司法机关对法定从宽情节进行的"简单确认"，而是在不违背底线公正的前提下，由多方参与人共同交互商谈所形成的结果。这亦是认罪认罚从宽制度尊重被追诉人司法人格的重要体现。此外，协商机制亦是在坚持"实质真实原则""罪责刑相适应原则"的基础上所形成的"量刑协商机制"，这是区别于某些国家协商性司法实践的本土化设计。

当前，司法实务部门已经关注到控辩平等协商对于量刑协商机制有效性的关键意义。2020年颁布的《认罪认罚案件监督管理办法》中要求检察官坚持办案"留痕"原则，规定了听取诉讼参与人陈述情况时应当记录在案并作实质审查、必要情形下可进行同步录音或者录像等职责。2021年颁布的《人民检

---

① 中国政法大学课题组. 值班律师制度的规范化——湖北省武汉市汉阳区值班律师试点工作纪实［J］.人民检察，2018（10）：49-51.

察院办理认罪认罚案件听取意见同步录音录像规定》（以下简称《认罪认罚案件同步录音录像规定》）第 2 条第 1 款规定："人民检察院办理认罪认罚案件，对于检察官围绕量刑建议、程序适用等事项听取犯罪嫌疑人、被告人、辩护人或者值班律师意见、签署具结书活动，应当同步录音录像。"此举旨在强调检察机关对辩方意见的充分听取和实质性说理回应；量刑建议的形成必须融入辩方态度，而非仅作适当参照。苏州市吴江区人民检察院搭建了"认罪认罚控辩协商平台"，该平台的使用实现了控辩协商全程同步留痕并以数据形式集中储存，方便了当事人在日后进行依法查阅。① 被追诉人对量刑协商结果的认可程度在一定程度体现在第一审审结时的"上诉率"中。从 2016 年 9 月开展试点到 2020 年 10 月间，适用认罪认罚从宽制度办理的案件，被告人的一审上诉率为 3.9%，低于其他刑事案件 11.5 个百分点，② 这其中可能亦包含被告人基于"留所服刑"动因而提起的上诉。虽然上诉率仅是一个间接辅助性的判断依据，但从中不难洞悉的是，被追诉人对于可以直接参与诉讼结果形成的量刑协商机制的建立是相对认可的。在量刑协商机制初步形成的契机下，未来需侧重细化相对宏观、模糊的地方，出台相应的控辩协商程序细则，使协商机制进一步凸显程序性。

三、推动构建和谐社会的目标逐步实现

认罪认罚从宽制度对恢复性逻辑的融合，旨在修复受损社会关系，消弭潜在的不稳定因素，推动和谐社会的发展。对于存在被害人的认罪认罚案件，《指导意见》与《刑诉规则》均在合理限度内，赋予被害人参与刑事诉讼的权利。被害人在制度适用中享有知情权、陈述及提出意见权、受偿权和接受调解及达成谅解、和解权等底线权利。③ 因此，认罪认罚从宽制度缓释了对抗性司法中对于对抗、处罚的过度强调所产生的当事人双方情感互动性不强、被害人

---

① 俞文杰，黄珊. 认罪认罚控辩协商平台：让办案全过程"看得见""摸得着""记得准"[N]. 检察日报，2021-01-23 (3).
② 张军. 最高人民检察院关于人民检察院适用认罪认罚从宽制度情况的报告——2020 年 10 月 15 日在第十三届全国人民代表大会常务委员会第二十二次会议上[N]. 检察日报，2020-10-17 (2).
③ 闫召华. "合作司法"中的恢复逻辑：认罪认罚案件被害人参与及其限度[J]. 法学评论，2021，39 (5)：193-195.

精神及心理创伤难以愈合等困境。例如，在康某等 4 人非法吸收公众存款罪案中，① 犯罪嫌疑人康某等主动投案自首，积极认罪认罚并筹措资金退还全部涉案赃款。检察机关积极协调，逐笔逐项地确认损失金额，最终帮助 67 名被害人收回了 626 万余元资金，扭转了以往非法吸收公众存款罪案件中退赃退赔不利的局面；而适用缓刑的量刑建议亦得到法院采纳，让真诚认罪悔罪的被告人感受到了最大的司法善意。此外，《刑诉规则》也注意到了当被害人无法获得充分赔偿时，国家层面应承担起的必要补偿、救助责任。检察机关对符合司法救助条件的被害人，应当积极协调为其办理司法救助，此亦是检察机关探索参与社会治理的职责所在。又如，在李某故意伤害案中，考虑到认罪认罚的被追诉人李某家庭情况较为困难，无法承担赔偿费用，当地检察院帮助被害人申请司法救助金，最终促成当事人双方和解，并对李某作出不起诉决定。② 由此可见，司法机关积极推动认罪认罚从宽制度的实施，是一种在基层治理、基层维稳层面的可行性路径。

认罪认罚从宽制度所秉持的协商性司法理念，不仅在自然人犯罪中起到了化解社会矛盾的"黏合剂"作用，在单位（企业）犯罪中亦有较为突出的体现。目前最高人民检察院正在推行的企业合规不起诉改革试点显示，合规不起诉制度和认罪认罚从宽制度具有非常密切的联系。从域外法国家实践和我国当前试点情况可知，适用合规不起诉制度的前提条件之一即为涉案企业必须自愿认罪，承认被指控的犯罪事实，并积极配合调查、采取适当的补救措施。③ 涉案企业积极认罪认罚的态度是对其适用合规不起诉的前置基础，后续建立完善合规计划并接受监督考察、进行补救，体现了企业合规经营、承担必要社会责任的良好意愿。2021 年 6 月最高人民检察院发布的企业合规改革试点典型案例中，张家港市 L 公司在涉嫌污染环境罪被立案后，如实供述犯罪事实，自愿认罪认罚，第一时间提交了书面合规承诺。考虑到该企业系省级高科技民营企业，部分产品突破国外垄断，在相关技术领域具有较大影响力，检察机关对其

---

① 南茂林，赵元桂，王莉. 67 名被害人领到 626 万元被骗款——兰州西固：对积极退赃被告人适用认罪认罚从宽制度 [N]. 检察日报，2020-5-13 （2）.
② 简政文. 认罪认罚从宽制度：实现公正高效司法的"中国方案" [N]. 检察日报，2020-10-14 （1）.
③ 陈瑞华. 企业合规不起诉改革的八大争议问题 [J]. 中国法律评论，2021 （4）：1-29.

适用合规不起诉制度并启动合规考察程序。① 公司通过刑事合规建设，加快企业转型发展，逐步建立起合规管理体系，组织体自身抵御和防控风险的能力得以强化，内部员工的责任意识明显提高。这种通过涉案主体真诚悔罪将诉讼由对抗转化为合作协商的理念，对涉企犯罪治理具有重要的创新性价值，值得理论界和实务界在进一步梳理单位适用认罪认罚从宽制度与企业合规不起诉制度概念、价值的基础上，进行深层次探索与实践。

---

① 最高人民检察院网上发布厅. 最高检发布企业合规改革试点典型案例 [EB/OL]. 最高人民检察院网，2021-06-03.

第二章

认罪认罚从宽制度的相关概念

第一节 关于"认罪"的概念之争

一、认罪的概念

2018 年，我国《刑事诉讼法》以立法形式正式确立了认罪认罚从宽制度。一项新的刑事诉讼法律制度能够在实践中有效运用的前提是公安司法工作人员（监察人员）对该制度的相关概念有一个全面的理解。认罪认罚从宽制度实施以来，对"认罪"概念的理解一直存在争议。在理论界主要存在三种观点。第一种观点是"认事说"。该观点主张："从本质上来说，'认罪'就是'认事'，即承认指控的主要犯罪事实，犯罪嫌疑人、被告人对指控的个别细节有异议或者对行为'性质'的不同辩解，不影响'认罪'的认定。"[1] 有学者以"被告人对自己行为性质的辩解不影响自首的成立"为理由，指出只要犯罪嫌疑人、被告人如实供述了被检察机关指控的行为事实，并在后续诉讼程序中达成了承认罪行指控的协议，就应当被认定为符合"认罪"的要求。[2] 根据该观点，只要犯罪嫌疑人、被告人能够如实供述被指控的主要犯罪事实，不论其是否承认自己的行为构成犯罪还是对公诉机关指控的相关罪名持有异议，都应当以"认罪"来定性。第二种观点是"概括认罪说"。该观点认为，"认罪"应当是犯

---

[1] 杨立新. 认罪认罚从宽制度理解与适用 [J]. 国家检察官学院学报, 2019, 27 (1): 51-63.

[2] 陈卫东. 认罪认罚从宽制度研究 [J]. 中国法学, 2016 (2): 76.

罪嫌疑人、被告人自愿承认检察院指控的行为构成犯罪,但不包括其对自己行为性质(罪名、犯罪形态等)的认识。① 该观点相比较于"认事说",适当地缩小了"认罪"案件的范围,犯罪嫌疑人、被告人不仅要承认检察院指控的犯罪事实,还要承认其行为构成犯罪,也就是既要"认事"又要"认罪",但所认的是概括的犯罪,不要求精准化,即不要求承认检察院指控的相应罪名,因为只有法院才拥有最终的定罪量刑权。② 有学者认为,该观点是对"认罪"最恰当的界定,并进一步指出:"此处的'认罪'既非实体法上的'承认',也非证据法上的'自白',而应当是具有程序意义的有罪答辩。"③ 第三种观点是"精准认罪说",即犯罪嫌疑人、被告人对检察院指控的犯罪事实和相应的罪名均予以承认,既"认事"又"认罪",而且犯罪嫌疑人、被告人所承认的是检察院指控的罪名。这种观点认为,认罪与认罚是两个性质截然不同的供认行为,其中认罪是指被告人对检察院指控的犯罪事实和罪名给予了认可。④ 很显然,该观点对认罪认罚从宽制度所适用的案件范围作出了最大的限缩,也是最为典型意义上的认罪,相比前两种观点,该观点在司法实践中的适用更加繁杂,反而不利于解决、审理与认罪认罚相关的刑事案件,导致认罪认罚刑事案件复杂化。

笔者认为,关于认罪认罚从宽制度中"认罪"的概念,可以进行广义和狭义的划分,即广义的"认罪说"与狭义的"认罪说"。对于广义的认罪,即被追诉人既承认自己的犯罪事实,也积极认罪,不需要认可确定的罪名,只需要承认自己的相应行为构成犯罪即可,这种情况下对被追诉人仍然可以适用认罪认罚从宽制度,但是不能适用速裁程序;对于狭义的认罪,就类似精准认罪说,既承认指控的犯罪事实,也承认公诉机关所指控的罪名,此时如果符合速裁程序的适用条件可以适用速裁程序,进行简易处理。

---

① 陈光中,马康. 认罪认罚从宽制度若干重要问题探讨 [J]. 法学, 2016 (8): 9.
② 钱春. 认罪认罚从宽制度的检视与完善 [J]. 政治与法律, 2018 (2): 150-177.
③ 郭志媛. 认罪认罚从宽制度的理论解析与改革前瞻 [J]. 法律适用, 2017 (19): 48-53.
④ 陈瑞华. "认罪认罚从宽"改革的理论反思——基于刑事速裁程序运行经验的考察 [J]. 当代法学, 2016, 30 (4): 3-13.

二、认罪与自首、坦白

我国《刑法》第 67 条直接规定了"自首""坦白"的概念。根据该条规定,"自首"是指犯罪分子犯罪以后自动投案,并且如实供述自己的罪行;同时规定了以"自首"论的情形,即已经被公安司法机关采取强制措施的犯罪嫌疑人或者被告人以及正在服刑的犯罪分子,如实供述公安司法机关还没有掌握的本人其他罪行的,适用关于"自首"的规定。"坦白"是指犯罪分子如实供述自己所犯罪行。该条还规定了对"自首"和"坦白"的犯罪分子的处罚原则。对自首犯的处罚原则是,可以从轻或者减轻处罚;对于所犯罪行较轻的自首犯,可以免除处罚。对坦白的犯罪分子,可以从轻处罚;但是,坦白的犯罪分子因如实供述了自己罪行,避免了特别严重危害后果发生的,可以减轻处罚。因此不难看出,我国《刑法》规定的"自首""坦白"制度和我国 2018 年《刑事诉讼法》规定的认罪认罚从宽制度在内容上具有重叠性,具体表现在《刑事诉讼法》规定的"认罪"与《刑法》规定的"如实供述"两个方面。

通常认为《刑事诉讼法》规定的"认罪"是认定构成《刑法》自首、坦白的必要前提,也是在刑事诉讼过程中适用认罪认罚从宽制度的前提。但两者的"认罪"内容大不相同,《刑法》自首、坦白中的"认罪"倾向于行为人主动向公安机关承认自己的犯罪行为,而在《刑事诉讼法》《中华人民共和国监察法》(以下简称《监察法》)认罪认罚从宽制度中的"认罪"更倾向于犯罪嫌疑人(被调查人)、被告人的自愿性以及主观的悔罪态度,承认检察机关所指控的罪名以及犯罪事实。并且在认罪认罚从宽制度中,除"认罪"和"如实供述"以外,还要满足"认罚"的条件才能适用该制度。

(一)自首、坦白和认罪认罚从宽制度在适用上的冲突

1. 量刑结果评价方面的冲突

我国《刑事诉讼法》规定的认罪认罚从宽制度与《刑法》规定的自首、坦白在量刑情节方面存在一定的重复评价问题。从性质方面上讲,自首、坦白属于《刑法》规定的法定量刑情节。在司法实践中,一般情况下,法定量刑情节的从宽幅度原则上大于酌定量刑情节的从宽幅度。那么,认罪认罚从宽制度中的"认罪"和"认罚"是否属于法定量刑情节?在评价时是被包含在自首、坦白中,还是独立评价?笔者认为,认罪认罚从宽制度中的"认罪""认罚"

和"自首""坦白"之间，在量刑情节方面虽然存在着重叠，但是刑事诉讼中的认罪认罚从宽制度涵盖的"认罪"和"认罚"应当是独立于《刑法》规定的自首、坦白之外的一个新的从宽幅度更大的量刑情节。犯罪嫌疑人（被调查人）、被告人在被告知自己享有认罪认罚从宽的权利后，如果积极认罪悔罪，但是实体量刑结果仍然和自首、坦白的量刑结果一致，那么此时犯罪嫌疑人（被调查人）、被告人就会径直选择"自首"或者"坦白"，而不会多此一举地选择"认罪"和"认罚"。因为被追诉人选择认罪认罚还要承认检察机关指控的罪名，所以当被追诉人满足认罪认罚从宽制度适用条件后，对其量刑方面再次适当从宽，这样就会激励其认罪认罚的积极性。只有这样，才能真正激励其悔罪认罪，实现重新做人以及预防再犯的社会效果。① 此外，《指导意见》第9条第2款明确规定，认罪认罚处罚上从宽的幅度一般应当大于仅有坦白，或者虽然认罪但是不认罚的从宽幅度；对犯罪嫌疑人、被告人具有自首、坦白的法定量刑情节，同时又认罪认罚的，公安司法机关应当在法定刑的幅度内给予其相对更大的从宽幅度。同时，《指导意见》明确规定认罪认罚与自首、坦白在量刑时不作重复评价。但是，由于认罪认罚从宽制度的量刑准则并不明确，如若单纯在法定刑以内给予从宽处罚，被追诉人对该制度的期待将会大打折扣，容易导致被追诉人做出消极选择。

2. 司法实践中没有释明量刑原因

首先，由于立法上并没有明确规定认罪认罚从宽制度与《刑法》规定的自首、坦白量刑情节之间的区别适用，司法实践中公安司法机关人员在面对此类案件时，通常采取的方法是对实体量刑采取共同模糊认定。对一个案件的量刑情节的从宽适用的原因到底是自首、坦白，还是认罪认罚从宽制度或者是全部包容评价并没有释明原因。其次，法官对具有自首或者坦白情节的被告人的从宽处理幅度，一般都在法定量刑的起点判处，这导致了认罪认罚从宽类案件和自首或者坦白类案件相同处理，无法体现我国《刑事诉讼法》《监察法》规定的认罪认罚从宽制度的优势与特点，削弱了该制度的作用。最后，在立法层面，认罪认罚从宽制度没有规定准确的从宽量刑幅度，导致司法工作人员无法准确地通过"法律"决定明确的实体处罚。

---

① 樊崇义. 认罪认罚从宽与自首坦白 [J]. 人民法治，2019（1）：54.

(二) 认罪与自首、坦白的正确适用

1. 单一型量刑情节转向复合型量刑情节的立法考量

如前文所述，我国《刑法》规定的"自首""坦白"与我国《刑事诉讼法》《监察法》规定的认罪认罚从宽制度存在着内容上的重合和关联。《刑法》规定的自首、坦白更加注重犯罪嫌疑人（被调查人）、被告人的自动投案以及如实供述，属于单一刑法定量刑情节；《刑事诉讼法》《监察法》规定的认罪认罚从宽制度包含了如实供述罪行、自愿性及认罚，属于复合型的量刑情节，相对于自首、坦白制度来说，这具有一定的优越性。

2. 实体法层面下两者的衔接体系

如前文所述，立法中并未将认罪认罚定性为法定量刑情节还是酌定量刑情节，如果在立法上能明确坦白、自首制度和认罪认罚从宽制度的具体选择及两者量刑幅度的高低，那么将会解决司法实践中面临的此类案件的相关量刑问题。笔者认为，首先，认罪认罚从宽制度借鉴了美国辩诉交易制度的一些合理因素，其本身的意义就是为了促使被追诉人能够认罪服判，促进案件的繁简分流，将实体正义和程序正义紧密结合，构建完善的民主的刑事诉讼程序；其次，可以将认罪认罚从宽制度写入《刑法》中，纵然有学者指出刑法和刑事诉讼法就是一体的，法定从宽情节也可以由刑事诉讼法予以规定，但是仅仅在程序法中规定认罪认罚从宽制度，缺少实体法的支撑很难全面发挥实体从宽的效果。所以，可以将认罪认罚从宽制度作为单独的法定量刑情节，在实体法中予以规定，做到实体上有法可依。在自首或者坦白类案件中，如果犯罪嫌疑人（被调查人）、被告人又认罪认罚，那么其量刑从宽幅度应当大于仅有自首或者坦白的量刑幅度。

3. 重复评价的司法审查机制

对于实践中既存在认罪认罚又存在自首或者坦白情节的刑事案件，法官在判决书中应当阐明被告人到底是基于何种原因从而获得从宽量刑处理的结果，而不是模棱两可地写明量刑结果。《人民检察院办理认罪认罚案件开展量刑建议工作的指导意见》（以下简称《量刑建议指导意见》）第16条规定，犯罪嫌疑人既有从重处罚情节又有从轻、减轻处罚情节，人民检察院应当全面考虑每项量刑情节的调节幅度，在综合分析的基础上，提出量刑建议，不能只根据某一情节一律从轻或者从重。犯罪嫌疑人具有减轻处罚的量刑情节的，应当在法定刑以下提出相应量刑建议,如果有数个量刑幅度的,人民检察院应当在法定量刑幅度的下一个量刑幅度以内提出相应量刑建议。人民法院经审理后,发现检察机关的量刑建议合理的,完全可以在判决书中根据量刑建议列明是何种原因给予被告人相应的量刑结果的。

第二节　关于"认罚"的概念之争

一、认罚的概念

作为一个法律概念,"认罚"是指犯罪嫌疑人、被告人认可检察机关提出的处罚方案。在认罪认罚案件的刑事诉讼过程中,公安司法机关往往只要求犯罪嫌疑人、被告人认罪即可,对于"认罚"则没有过多的要求。但在学术界对"认罚"的含义存在着较大的分歧,主要有以下三种观点:第一种观点可以称为"抽象认罚说"。该观点认为,"认罚"是指犯罪嫌疑人(被调查人)、被告人有愿意接受处罚的意思表示。具体地说,判断被追诉人"认罚"的标准应当是接受公安司法机关(监察委员会)提出的抽象刑罚。[①] 因此,该观点认为,"认罚"只要求被追诉人(被调查人)有愿意接受公安司法机关(监察委员会)的处的意思表示即可,并不是对检察院所提出的具体量刑的建议表示接受。第二种观点是"具体认罚说"。该观点认为,"认罚"是指被追诉人需要同意检察院提出的具体的量刑建议。有学者指出:"同意量刑建议是'认罚'的实质要件,签署具结书是'认罚'的形式要件。"[②] 该观点符合认罪认罚从宽制度中关于被追诉人与司法机关进行协商量刑方面的要求。第三种观点可以称为"全面认罚说"。该观点认为,"认罚"是指被追诉人首先要自愿接受所认之罪在刑事实体法上规定的相关刑罚后果,并且同意检察院的量刑建议;其次,认可刑事诉讼程序的简化,即同意通过适用克减部分刑事诉讼权利,如法庭调查与辩论等刑事诉讼环节的刑事诉讼权利来对其定罪量刑;最后,犯罪嫌疑人(被调查人)、被告人要积极主动退赃、弥补已经造成的损失,这是悔罪

[①] 陈光中,马康.认罪认罚从宽制度若干重要问题探讨[J].法学,2016(8):9.
[②] 胡云腾.认罪认罚从宽制度的理解与适用[M].北京:人民法院出版社,2018:78.

的表现。① 因此，该观点认为，要同时满足实体要件、程序要件以及退赃退赔、赔偿损失三个方面的要件才能认定为"认罚"。

笔者认为，上述三种观点对被追诉人做出了不同程度的"认罚"要求。三种观点之中，第三种观点的全面认罚说对犯罪嫌疑人、被告人的要求过于"苛刻"，可能会限制该制度在司法实践中的有效适用，对于是否必须赔偿损失、同意放弃诉讼权利简化审理作为认罚的考量因素有待商榷；第一种观点的抽象认罚说对被追诉人的约束性太弱，不太适用司法实践中的案件；第二种观点的具体认罚说虽然契合我国《刑事诉讼法》关于认罪认罚从宽制度的规定，但是可能会存在当检察院提出相应量刑建议后，犯罪嫌疑人如若没有同意量刑意见，就认为其不属于认罪认罚，因而有可能导致被追诉人主观上违心地接受量刑建议。"认罚"体现得更多的是一种主观心态，是"愿意接受处罚"的主观态度，不是必须接受检察院提出的具体的处罚，也不必限于必须同意检察院的具体的量刑建议。"认罚"适用于整个刑事诉讼阶段：在侦查（调查）阶段表现为犯罪嫌疑人（被调查人）愿意接受公安司法机关（监察委员会）的处罚；在审查起诉阶段表现为犯罪嫌疑人接受检察院拟作出的起诉或者不起诉决定，认可检察院提出的量刑建议，并在辩护人或者值班律师在场的情况下自愿签署认罪认罚具结书；在审判阶段表现为被告人当庭确认自愿签署的具结书，愿意接受刑罚处罚。从刑事诉讼的各阶段出发，认定犯罪嫌疑人（被调查人）、被告人是否积极认罚，考察的重点是犯罪嫌疑人（被调查人）、被告人的认罪悔罪态度和认罪悔罪表现。因此，公安司法机关（监察委员会）认定"认罚"，应当结合犯罪嫌疑人（被调查人）、被告人退赃退赔、赔偿损失、赔礼道歉等相关因素来考量。如果犯罪嫌疑人（被调查人）、被告人虽然表示"认罚"，但是暗中串供，干扰或者阻碍证人作证，毁灭、伪造证据或者转移、隐匿财产，具有赔偿能力而不赔偿损失，则对其不能适用认罪认罚从宽制度。

二、认罚与从宽

根据我国《刑事诉讼法》的规定，"从宽"是指从宽处罚，也就是当被追诉人（被调查人）认罪认罚后，可以获得从轻、减轻，甚至免除刑罚处罚的实

---

① 陈卫东. 认罪认罚从宽制度研究 [J]. 中国法学，2016（2）：76.

体性结果。如上文所述,认罪认罚从宽制度确立之后,无论是《刑法》还是《刑事诉讼法》都未对其量刑情节予以定性,是否可以独立适用在理论界也存在着争议。一种观点认为,认罪认罚虽然是一个量刑情节,但是不能依此单独对被追诉人予以从宽处罚处理。"对认罪认罚的犯罪嫌疑人、被告人,要分别适用自首、坦白、当庭自愿认罪、真诚悔罪认罚、取得谅解和解等法定、酌定从宽情节,根据刑法、刑事诉讼法及量刑指导意见等相关规定,依法决定是否从宽、从宽多少,特别是减轻、免除处罚,必须于法有据。"[1] 该种观点认为被追诉人(被调查人)认罪认罚后,从宽处罚的情节不能单独适用,需要结合《刑法》规定的相关的从轻、减轻等量刑情节综合适用。另一种观点则认为,从2018年《刑事诉讼法》的相关规定来考察,认罪认罚从宽制度中的"从宽处罚"应该是独立的量刑情节,公安司法机关(监察委员会)可以依据认罪认罚的相关情节直接予以从轻、减轻或者免除处罚。[2] 根据以上观点,认罪认罚从宽制度中的从宽量刑可以单独适用,也就是说,其是独立于自首、坦白等刑法规定的量刑情节之外的。笔者认为,对于认罪认罚从宽处罚与刑法规定的自首、坦白等量刑情节,可以采取双重适用。就认罪认罚从宽的本意和内涵而言,它不仅仅有实体效果,更重要的效果在于它的程序价值。认罪认罚从宽制度构建的程序法意义在于,它以法律正当程序理论为基础,促使犯罪嫌疑人(被调查人)、被告人认罪服判,在主观上自愿接受检察院指控的罪名和犯罪事实,实现实体正义与程序正义相结合,构成一个完善的控辩协商的民主的刑事诉讼程序。可以想象,双重适用后,有利于激发被追诉人认罪认罚的积极性;犯罪嫌疑人(被调查人)、被告人同时存在《刑事诉讼法》规定认罪认罚和《刑法》规定的自首、坦白的量刑情节,如果获得的量刑情节可以在自首、坦白的基础上再次缓和,必将有利于实现程序简化的目的。当然,作为单独的量刑情节,并不是说被追诉人自首或者坦白后,接着认罪认罚就一定适用认罪认罚从宽制度的从宽量刑。有学者提出:"无论如何对犯罪嫌疑人、被告人予以从宽处理,我们认为,均应当遵守'罪刑法定原则',以刑法的既有量刑条款为限度,控辩双方不得突破法律而任意协商。"[3] 笔者认为,即使同时存在自

---

[1] 杨立新. 认罪认罚从宽制度理解与适用[J]. 国家检察官学院学报, 2019, 27(1): 51-63.
[2] 杨万明. 新刑事诉讼法司法适用解答[M]. 北京: 人民法院出版社, 2018: 176.
[3] 陈卫东. 认罪认罚从宽制度研究[J]. 中国法学, 2016(2): 76.

首、坦白和认罪认罚的情节,在量刑适用上从宽处理后是否可以再次减轻有待商榷,但是从轻处罚是完全可以的。当然,如果被追诉人认罪认罚,虽不具有法定情节,但结合案件的特殊情况确有需要减刑处理,可以报最高人民法院核准,在法定刑以下判处刑罚。需要注意的是,《量刑建议指导意见》第 2 条规定,人民检察院对认罪认罚案件提出量刑建议,应当坚持罪责刑相适应原则;提出量刑建议既要体现《刑事诉讼法》规定的认罪认罚从宽制度,又要考虑被追诉人所涉嫌的罪行的轻重、应负的刑事责任以及被追诉人的社会危险性的大小,确保罚当其罪,避免罪责刑失衡。因此,过大幅度的量刑建议可能会造成裁判结果背离罪责刑相适应的基本原则。检察机关提出的量刑建议应当遵循《量刑建议指导意见》第 13 条的规定。但是,并非所有的刑事犯罪认罪认罚后都可以获得相应的"好处",根据《量刑建议指导意见》第 15 条的规定,具有下列五种情形之一的,检察机关提出量刑建议时应当从严把握从宽幅度或者依法不予从宽:第一,危害国家安全犯罪、恐怖活动犯罪以及黑社会性质组织犯罪的首要分子和主犯;第二,犯罪性质、危害后果特别严重、犯罪手段特别残忍以及社会影响特别恶劣的;第三,罪行较轻但是具有累犯、惯犯等恶劣情节的;第四,性侵等严重侵害未成年人合法权益的;第五,兜底性条款,即其他应当从严掌握从宽幅度或者不宜从宽的情形。

第三节 关于从宽的幅度

一、不同阶段从宽幅度的差异化

认罪认罚从宽制度已经成为我国刑事诉讼的一项基本制度。原则上无论罪行轻重程度,所有刑事案件都可以适用我国《刑事诉讼法》规定的认罪认罚从宽制度。但是,在一些影响比较恶劣、危害比较严重的刑事案件中,对于一些穷凶极恶的犯罪嫌疑人、被告人不能够适用认罪认罚从宽制度。被追诉人认罪认罚的起始阶段不同,从宽幅度也有所不同,即越早认罪认罚所可能获得的量刑幅度越大。《最高法院刑诉法解释》第 355 条第 2 款规定,审理认罪认罚的刑事案件,应当根据被告人认罪认罚的阶段早晚并结合其认罪认罚的稳定性、主动性、彻底性等综合决定从宽的幅度，并在从宽幅度上体现差异。该解释第357条规定，如果被告人在第一审程序中未认罪认罚，但是在第二审程序中认罪认罚，应当根据被告人认罪认罚的具体情况决定是否从宽。并且对被告人确定从宽幅度时应当与第一审程序认罪认罚有所区别。《指导意见》也有同样的规定。因此，我国刑事诉讼立法对认罪认罚的从宽幅度实行的是逐级折扣的制度。不可否认的是，我国认罪认罚从宽制度借鉴并吸收了域外法国家和地区辩诉交易制度以及认罪协商制度的合理成分，并结合我国具体国情进行了一系列的法律制度设计。众所周知，处理刑事案件极为消耗司法资源，牵一发而动全身，实行认罪认罚从宽制度可以有效实现繁简分流，鼓励犯罪嫌疑人（被调查人）、被告人尽早认罪认罚，降低侦查（调查）取证难度，在保证司法公正的前提下简化刑事诉讼程序，可以有效节约司法资源。因此，越早认罪，公安司法机关（监察委员会）所投入的司法资源越少，相应地减轻了诉讼工作负担，从而给予被追诉人的从宽幅度越大。犯罪嫌疑人、被告人当被告知存在越早认罪认罚所获从宽幅度越大的奖励机制时，会加强认罪认罚的动力。对于刑事诉讼不同阶段认罪认罚的从宽幅度作相同的规定，反而不利于犯罪嫌疑人（被调查人）、被告人及时认罪认罚，甚至犯罪嫌疑人（被调查人）、被告人会产生"早认罪不如晚认罪"的观望心理。[①] 所以，《量刑建议指导意见》第14条明确规定，人民检察院提出量刑建议应当结合下列因素综合考量确定从宽的限度和幅度：第一，区别认罪认罚的不同诉讼阶段；第二，对查明案件事实的价值和意义；第三，是否确有悔罪表现；第四，罪行严重程度等。并且规定，在从宽幅度上，主动认罪认罚的优于被动认罪认罚的，早认罪认罚的优于晚认罪认罚的，彻底认罪认罚的优于不彻底认罪认罚的，稳定认罪认罚的优于不稳定认罪认罚的。换言之，如果对于任何阶段的认罪认罚所适用的从宽幅度都一致的话，对于那些在诉讼程序开始阶段就认罪认罚的被追诉人是不公平的，他们会产生消极选择，从而会增加司法资源的浪费，与本意适得其反。《指导意见》和《量刑建议指导意见》的相关规定极大地提高了被追诉人自愿认罪认罚的积极性，对促进认罪认罚从宽制度的有效适用具有重要的意义。相比较英美法系，英国认罪协商制度设立的主要作用在于节约司法资源，同时在2017年最

[①] 北京市海淀区人民法院课题组. 关于北京市海淀区全流程刑事案件速裁程序试点的调研——以认罪认罚为基础的资源配置模式［J］. 法律适用，2016（4）：31-37.

新版的《有罪答辩审判减刑指南》中规定，量刑幅度的大小主要与被指控人做出答辩的所在阶段挂钩，实行"逐级折扣制度"，具有阶梯式的特点。这就意味着，被指控人在刑事诉讼过程中越早认罪，所能够获得量刑的从宽幅度越大。如果被告人是在审判的最后时刻或者在审判过程中作出认罪答辩，抑或是被告人根据案件情况以及在案证据意识到被定罪处刑是几乎不可避免的，在最后阶段才作出有罪答辩的，那么法官可以据此不给予被告人任何量刑上的优惠。① 认罪认罚从宽制度全面确立后，被追诉人如若适用该制度，就需要与公安司法机关进行协商认罪认罚，但是在立法层面尚未确立该制度在各个不同诉讼阶段认罪认罚的量刑幅度，《指导意见》和《量刑建议指导意见》只是对在不同诉讼阶段认罪认罚的量刑减让幅度作出了概括性的规定，所以导致被追诉人在与司法机关协商时仍然处于被动状态，因为最终解释权属于检察院和法院，并且法院对于检察院提出的量刑建议，认为明显不当时，已经协商确定的量刑建议又可能会发生改变。因此，需要确立不同诉讼阶段认罪认罚差异化的从宽幅度，类似于英国认罪协商制度中的"逐级折扣制度"，避免该制度缺乏立法的支撑。因此，应在立法中规定每个阶段的量刑建议的幅度差别，并逐级递减，从而让被追诉人一目了然地看到不同阶段认罪后所获得的不同的奖励机制，这样才能更好地鼓励被追诉人尽早认罪认罚，更好地实现司法资源在公正前提下的有效利用。

二、认罪认罚后的从宽幅度

我国《刑事诉讼法》规定的认罪认罚从宽制度和我国《刑法》规定的自首、坦白制度都是以降低再犯可能性为从宽依据的，且都能优化司法资源的合理分配。将认罪认罚从宽制度从自首、坦白制度中割离出来，使该制度成为独立的量刑情节，可以充分体现该制度的意义。根据前文所述，首先，明确量刑从宽的幅度，并对同时满足刑法规定的自首、坦白条件的可以双重评价，给予被追诉人"看得到、摸得着的"实实在在的奖励机制，促进被追诉人积极认罪认罚，从而在公正前提下避免司法资源的浪费。其次，从宽的结果是认罪认罚的归宿，也是犯罪嫌疑人（被调查人）、被告人所特别关注

---

① 张吉喜. 被告人认罪案件处理程序的比较法考察 [J]. 时代法学，2009，7（3）：24-32.

的，过小的从宽幅度对被追诉人没有"诱惑性"，过大的幅度就可能造成司法裁量权的滥用。可以参照《量刑建议指导意见》的规定，并且结合我国国情与司法实践，用立法形式规定我国的具体的从宽幅度。对于从宽也要列明应该适用的条件，不能犯罪人的罪行越严重，认罪认罚后的实体刑让渡越大；对轻微犯罪人则让渡偏小，这显然对不同犯罪人是不公平的。所以，即使从宽处理也是有限度的，并且根据认罪认罚所处诉讼阶段的不同，从宽类型和幅度也有所不同。①

关于认罪案件的从宽模式，域外法国家和地区的相关制度大致有两种类型：第一种类型称为"法定从宽"；第二种类型称为"交易从宽"。前者是指被追诉人认罪所得到的处罚优待是基于较为明确、刚性的法律规定；后者是指处罚优待，是控辩双方讨价还价的结果，而双方讨价还价的基础是证据。② 但是，从我国刑事诉讼法规定的认罪认罚从宽制度来看，并没有出现类似美国控辩交易等用语，体现的是我国对认罪认罚从宽采取的是法定从宽的模式。适用法定从宽模式也是我国《刑法》规定的罪刑法定、罪责刑相适应的刑事实体法原则以及权力主导的职权主义刑事诉讼模式统摄下的必然结果。我国实行法定从宽的基本原理是，将犯罪嫌疑人（被调查人）、被告人犯罪后的认罪悔罪表现作为法定量刑影响因素纳入司法权视野中予以"硬性"考量，并在刑事实体法关于个案的定罪、量刑以及执行刑罚的既有框架范围内进行更加宽缓化的处理。③《量刑建议指导意见》第13条规定，除有减轻处罚情节外，检察院提出的幅度刑量刑建议应当在刑法规定的法定量刑幅度内提出，并且不得兼跨两种以上主刑。建议判处有期徒刑刑罚的，一般应当提出相对明确的量刑幅度；建议判处六个月以上不满一年有期徒刑刑罚的，所提出的量刑幅度一般不超过二个月；建议判处一年以上不满三年有期徒刑刑罚的，所提出的量刑幅度一般不超过六个月；建议判处三年以上不满十年有期徒刑刑罚的，所提出的幅度一般不超过一年；建议判处十年以上有期徒刑刑罚的，所提出的幅度一般不超过二年。建议判处管制的，所提出的幅度一般不超过三个月。该条文首次对我国认

---

① 张铭. 关于认罪认罚从宽制度实施问题的探讨 [J]. 现代交际，2019（8）：48.
② 左卫民. 认罪认罚何以从宽：误区与正解———反思效率优先的改革主张 [J]. 中国检察官，2017（15）：80.
③ 陈卫东. 认罪认罚从宽制度的理论问题再探讨 [J]. 环球法律评论，2020，42（2）：23-36.

罪认罚从宽幅度作出了明确规定。但是，根据《量刑指导意见》第14条第2款的规定，认罪认罚的从宽幅度一般情况下应当大于仅有坦白，或者虽认罪但是不认罚的从宽幅度，并且犯罪嫌疑人如果具有刑法规定的自首、坦白情节，同时认罪认罚的，应当在刑法规定的幅度内给予其相对更大的从宽幅度。此条中，"相对更大的从宽幅度"是在第13条的基础上再次从宽还是在第13条规定范围内从宽仍有待商榷。笔者认为应当是在第13条的基础上再次从宽才更符合该制度的理念，才能提高被追诉人认罪认罚的积极性、主动性。

第四节 认罪认罚的自愿性

一、我国认罪认罚自愿性的构成要素

"自愿"是指已经认识到行为性质但仍然愿意而不是被强迫去实施该行为。因此，认罪认罚的自愿性由认识要素与意志要素两方面共同构成，是二者相结合的统一体，缺一不可。处理好认识要素与意志要素的关系是认定犯罪嫌疑人（被调查人）、被告人认罪认罚具有自愿性的前提，有助于把握认罪认罚自愿性与真实性之间的关系。另外，自愿性的构成要素总是与关于自愿性审查的模式密切相关，而且与"明知性"审查以及"事实基础"审查相结合。

认识构成要素是指行为人对自己行为的性质以及相关事实的明知。认罪认罚的自愿性必须以明知为前提，被追诉人明确认识到犯罪行为的性质以及认罪认罚的法律效力及后果后才能作出符合自己意志的表示，也就是选择认罪认罚。可见，明知性是自愿性的基础与前提条件，缺乏必要的认识要素，认罪认罚便不能成立。认罪认罚自愿性中的明知的认识内容应当包括四个方面：第一，涉嫌的犯罪事实；第二，涉嫌的犯罪性质；第三，认罪认罚的性质；第四，认罪认罚的法律效力以及可能获得的从宽幅度。我国《刑事诉讼法》第

173条第2款和《指导意见》第10条第1款①虽然对保障被追诉人的知情权有所规定，但这两条的规定流于形式且不详细，缺乏具体的操作规范和程序设置。《指导意见》的规定仅达到概括性认识标准，而不是确定性认识标准。对于刑事案件的被追诉人而言，其最关心的问题并不局限于指控的犯罪的性质、法律后果、诉讼权利，指控犯罪的理由以及程序选择的利弊得失也是其应当知晓的重要内容。倘若被追诉人对案件仅具有概括性认知，对程序背后的潜在利益并不知晓，其很难选择有利的程序并使自己的权益最大化。

认罪认罚自愿性的意志构成要素是指被追诉人出于本人意志考虑主动选择认罪认罚，并在此基础上支配自己的行为向符合其期望的诉讼结果方向发展的心理过程。意志要素决定被追诉人行为的方向、行为的进程，甚至行为的结果。因此，被追诉人认罪认罚时必须有意志自由。我国《刑事诉讼法》第174条第2款规定了三种不需要签署认罪认罚具结书的情形。原因在于，这三类人缺乏意志自由，即使签署具结书也无法保证自愿性。认罪认罚自愿性是认识要素和意志要素的有机统一。一方面，意志要素以认识要素的存在为前提和基础，只有对认罪认罚相关事项及法律后果有明确认识，才能谈得上主动选择认罪认罚；另一方面，意志要素是心理结构中更深层次的因素，意志要素在犯罪嫌疑人（被调查人）、被告人认罪认罚过程中起着决定性和主导性的作用。

认罪认罚自愿性包括认罪自愿性以及认罚自愿性两个方面。厘清认罪自愿性与认罚自愿性的关系能够明确二者在审查重点、证明标准等方面的不同。根据《指导意见》的规定，"认罪"是指犯罪嫌疑人、被告人自愿、如实地供述自己的罪行，并对指控的犯罪事实没有异议。更加完整地把握自愿性认罪必须从"三个阶段""两个层次"上加以研究。

"三个阶段"即为侦查、审查起诉和审判阶段。被追诉人在三个阶段自愿认罪的供述都属于刑事诉讼法中规定的法定证据形式之一，即"犯罪嫌疑人、

---

① 《刑事诉讼法》第173条第2款规定："犯罪嫌疑人认罪认罚的，人民检察院应当告知其享有的诉讼权利和认罪认罚的法律规定，听取犯罪嫌疑人、辩护人或者值班律师、被害人及其诉讼代理人对下列事项的意见，并记录在案：（一）涉嫌的犯罪事实、罪名及适用的法律规定；（二）从轻、减轻或者免除处罚等从宽处罚的建议；（三）认罪认罚后案件审理适用的程序；（四）其他需要听取意见的事项。"
《指导意见》第10条第1款规定："人民法院、人民检察院、公安机关办理认罪认罚案件，应当保障犯罪嫌疑人、被告人获得有效法律帮助，确保其了解认罪认罚的性质和法律后果，自愿认罪认罚。"

被告人供述"。在侦查（调查）、审查起诉阶段，由于犯罪嫌疑人（被调查人）受到刑讯逼供的可能性高于审判阶段，对认罪自愿性的审查必须同时满足两个法治原则：第一，供述是由犯罪嫌疑人（被调查人）自由自愿作出的；第二，供述是排除一切非法手段获取的。被告人在侦查（调查）、审查起诉阶段没有认罪，但当庭认罪的，人民法院仍然应当依法就案件的事实、证据进行调查。在任何阶段认罪，都不能因为犯罪嫌疑人（被调查人）、被告人认罪而降低证据要求和证明标准。因此，办理认罪认罚从宽案件，必须坚持我国《刑事诉讼法》规定的有罪的证明标准，侦查（调查）终结、提起公诉、作出有罪判决必须做到事实清楚，证据确实、充分。犯罪嫌疑人（被调查人）、被告人无论在哪一个阶段中"认罪"，都不能免除侦查（调查）、检察、审判人员对于基础事实的审查义务，都应当审查供述是否以自由、理性判断为基础，是否符合事实。

"两个层次"包括供述自愿性层级及供述态度层级。我国《刑事诉讼法》规定的"犯罪嫌疑人、被告人自愿如实供述自己的罪行"并不意味着被追诉人必须供述有关犯罪事实的细节等，将自愿认罪由轻至重可以划分为肯定性和排除性三个层级。肯定性层级有二：第一，承认行为事实，即承认自己实施了所指控的行为；第二，承认公安司法机关对该行为的评价，即行为人对所指控的行为是犯罪行为作出知情的意思表示。排除性层级属于第三层级，即自愿认罪不应该包括承认所指控的具体罪名、犯罪形态等关于该行为事实的具体定性，因为具体行为的定性需要经过质证后才可以认定。在我国语境下，认罪认罚自愿性的判定往往与刑讯逼供及其他非法取证方式的审查相联系。但供述自愿性的审查模式不能等于认罪认罚自愿性的审查，更不能转化为对刑讯逼供等非法方式获取证据的审查。这是因为，以二者的关系来考察，认罪自愿性和供述自愿性的关系是包含关系，认罪自愿性包含供述自愿性。但二者有侧重，供述自愿性强调被追诉人的主体意志，供述出于理性认识并非外力强迫；认罪自愿性更为强调被追诉人不仅自愿供述，还对指控的犯罪事实不存在异议，承认公安司法机关（监察委员会）对该行为的评价。

"认罚"考察的重点是犯罪嫌疑人（被调查人）、被告人的悔罪态度和悔罪表现。在关于"认罚"的自愿性审查方面，公安司法机关审查的重点主要有两个方面：第一个方面是积极方面，审查犯罪嫌疑人、被告人退赃退赔、赔偿损失、赔礼道歉等情况。第二个方面是消极方面，审查犯罪嫌疑人、被告人有无暗中串供、干扰和阻碍证人作证、毁灭、伪造证据或者隐匿、转移财产以及有赔偿能力而不赔偿损失等现象；如果有上述现象，那么就不能适用认罪认罚从宽制度。此外，认定犯罪嫌疑人、被告人认罚的外在表现必须同时具备两个方面的条件：第一，同意公诉机关的量刑建议；第二，签署具结书。这就从形式上确立了被追诉人对于公诉机关提出的量刑建议无异议。

认罪自愿性与认罚自愿性的关系呈现出三个方面的特点：第一，前者是后者的基础，后者是前者的延续。只有在被追诉人自愿认罪的前提下，双方才能平等参与量刑协商的过程，才可能出现被追诉人自愿认罚的后续结果。第二，认罪自愿性是无协商条件的，完全认同的；而认罚自愿性则具有合意性，更能体现出双方的博弈较量。无自由则无协商，无协商更无自愿。被追诉人在法定的量刑范围内和司法机关进行协商，量刑建议体现出双方的共同意志，这有助于保障认罚的自愿性。被追诉人如果没有协商的权利，那么对司法机关提出的任何量刑建议，都必须无条件接受，这显然违反了自愿性的相关要求。第三，认罪自愿性不仅涉及违法事实判断，还涉及法律性质判断即承认犯罪。认罚自愿性排除事实判断，仅涉及法律判断。被追诉人承认指控的犯罪事实必然包含对违法事实与实体法判断的双重认同，而其认同量刑结果仅代表双方在法律允许的范围内达成了量刑上的一致意见，排除了与违法事实的联系。

二、认罪认罚自愿性的审查标准

《指导意见》明确规定，人民检察院和人民法院重点审查认罪认罚自愿性、合法性的内容，并且二者审查的内容基本相同；不同之处是人民法院在审判阶段对认罪认罚自愿性、合法性的审查具有终局性。《指导意见》虽然明确规定了审查的内容，但是没有规定统一的审查标准，实践中仍然采用被追诉人主观审查模式，法官对审查结果往往具有较大的自由裁量权。由于自愿性审查模式主观化，没有形成对完善取证程序及非法证据排除的倒逼机制，衍生出一些非自愿供述及冤假错案，从而使认罪认罚从宽制度在司法实践中部分背离了立法本意。非自愿供述除非达到明显不合理程度，否则法官不会轻易排除。确立统一的自愿性审查标准，在此基础上综合评判犯罪嫌疑人、被告人认罪认罚是否符合自愿性、真实性和明智性，适度限定自由裁量权，让审理者真正做到有法可依、有法必依，这不仅是保障被追诉人权利的必然要求，也是不同地区实现裁判结果一致性的基础条件。依据"自愿性"的构成要素,"认罪认罚"必须建立在犯罪嫌疑人、被告人"自愿""理性"的基础之上。① 因此,犯罪嫌疑人、被告人要结合案件事实与控诉机关掌握的现有证据,综合分析"认罪认罚"是否更为有利。显然这一行为超出了普通人的认知范围,难以保障自愿性与理性。认罪认罚自愿性审查的标准包括认识的明知性、认识的明智性和选择的任意性。

（一）认识的明知性

从本质上来说,认罪认罚是一种价值判断,它需要犯罪嫌疑人（被调查人）、被告人知悉价值判断的客体。在被追诉人认罪认罚过程中,作为认罪认罚这一价值判断的客体是案件事实,这要求犯罪嫌疑人（被调查人）、被告人在认罪认罚前充分知晓案件事实。② 明知性源自犯罪嫌疑人（被调查人）、被告人享有的知情权。所谓知情权,是指犯罪嫌疑人（被调查人）、被告人有权知悉其在刑事诉讼中的地位、享有的诉讼权利及获得相关信息。信息上的不对称将会导致犯罪嫌疑人、被告人作出错误的判断。因此,如果犯罪嫌疑人、被告人的知情权不能得到充分保障,则必然影响认罪认罚自愿性的成立。控辩对等原则的内涵要求犯罪嫌疑人、被告人对信息也能合法占有。公安司法机关（监察委员会）的告知义务与犯罪嫌疑人、被告人的知情权相对应存在,其依法履行告知义务是保障犯罪嫌疑人、被告人知情权的基础。根据《指导意见》和《监察法》的规定,犯罪嫌疑人（被调查人）、被告人选择认罪认罚的,公安司法机关（监察委员会）应当告知犯罪嫌疑人（被调查人）、被告人享有的诉讼权利和认罪认罚的法律规定。但是,《指导意见》仅从抽象性、概括性角度作了规定,缺乏可操作性,实质上反映出的是欠缺对知情权的保护,而刑事诉讼法对此问题亦仅作宣誓性规定。③

明知性应当具备两个方面的基本要求,即指控行为上的明知与指控法律上的明知。指控行为上的明知要求参与认罪认罚程序的司法机关向被追诉人提供

---

① 熊秋红. 认罪认罚从宽的理论审视与制度完善［J］. 法学, 2016（10）: 97-110.
② 谢登科,周凯东. 被告人认罪认罚自愿性及其实现机制［J］. 学术交流, 2018（4）: 95-100.
③ 《刑事诉讼法》第 173 条第 2 款规定,犯罪嫌疑人认罪认罚的,人民检察院应当告知其享有的诉讼权利和认罪认罚的法律规定,听取犯罪嫌疑人、辩护人或者值班律师、被害人及其诉讼代理人对下列事项的意见,并记录在案……

被指控的犯罪事实行为。指控法律上的明知要求被追诉人明悉选择认罪认罚后所适用的程序、实体法等相关规定。如果被追诉人不能全面知悉所涉嫌的犯罪的基础事实、证据及法律规定，则价值判断的客体业已丧失，因此就无法保障认罪认罚自愿性。司法实践中，可以公安司法机关（监察委员会）是否明确告知被追诉人被指控行为、是否全面开示证据、是否履行告知有权获得律师帮助等作为判断标准。因此，完善告知范围应注意以下几方面：第一，告知被追诉人享有的诉讼权利和认罪认罚后有可能放弃的实体性、程序性权利；第二，告知被追诉人被指控的具体犯罪的性质、罪名、刑期、证据；第三，检察机关的量刑建议；第四，从轻、减轻或者免除等从宽处罚的法律规定；第五，适用的诉讼程序。若公安司法机关（监察委员会）未完全履行以上告知内容，应当认定侵犯了知情权，推定认罪认罚不具备自愿性。

（二）认识的明智性

明智性指被追诉人具备完全的判断、控制自己行为的能力。法律上的明智即指"理性"。基于对被追诉人是理性人的假设，被追诉人选择不同的诉讼程序是为了获得最优的程序和实体利益。在综合分析控方掌握的事实和证据的基础上，被追诉人选择认罪认罚的目的是追求自身利益的最大化。只有这样，才能认为该认罪认罚行为属于被追诉人明智性的追求结果。司法实践中，犯罪嫌疑人、被告人没有权利知悉司法机关的具体工作情况，也没有阅卷权，导致其无法纵观全局从而作出理性的选择。即便被追诉人作出"自愿"选择，也缺乏明智性的构成要素，实质上是"非自愿"。因此，在具体案件中，可以被追诉人是否实际获得律师的有效帮助、其认罪过程与外在表现是否符合常理、有无互相矛盾的供述等作为具体判断是否具备"明智性"的标准。

（三）选择的任意性

被追诉人是否享有认罪认罚的任意选择权应当是自愿性审查的一项重要标准。自由选择的前提是认识的"明知性""明智性"得到充分的保障。完善我国认罪认罚从宽制度既要汲取美国辩诉交易制度的合理优势，又必须植根于我们的协商文化和合作型司法的本土文化之中。[1] 因此，绝对不能舍弃发现真实的诉讼任务，必须坚持以事实为依据、以法律为准绳的定案原则，摒弃美国辩

---

[1] 朱孝清. 认罪认罚从宽制度的几个问题[J]. 法治研究, 2016 (5): 35-44.

诉交易中一味追求效率，只要被告人认罪即便缺乏证据亦能定罪的不完备之处。① 根据现行认罪认罚从宽制度的要求，认罪是认罚的前提，认罚是认罪的结果，缺乏其一便无法构成真正意义上的认罪认罚，故而我国没有"认罚不认罪"的情形。实践中，犯罪嫌疑人、被告人对于司法机关提出的量刑予以否认后，通常会遭受比该"协商"结果更重的刑罚，从而放弃接受普通程序审理的机会转向认罪认罚程序。量刑从宽的幅度会影响被追诉人认罪认罚的自愿性，在法定刑的量刑标准内如何正确运用量刑优惠激励制度并科学地保障犯罪嫌疑人（被调查人）、被告人的自愿性值得进一步探究。选择一种程序意味着放弃了另一种程序的保护，只有设置科学、明确的从宽幅度才能激活被追诉人认罪认罚的自愿性。

第五节 政策、原则维度中的认罪认罚从宽制度

一、"认罪认罚从宽"制度与"坦白从宽"刑事政策

从渊源上看，我国《刑事诉讼法》规定的认罪认罚从宽制度是我国宽严相济刑事政策的制度化，也是对我国刑事诉讼程序的创新。② 认罪认罚从宽制度与宽严相济刑事政策以及我国《刑法》规定的坦白从宽制度密切相关，是实体法上坦白从宽制度的发展和延伸，也是宽严相济刑事政策的具体体现。起初，设立认罪认罚从宽制度的目的是从实体法的角度寻求"坦白从宽"等制度和政策的法定化，将认罪认罚作为一种法定量刑情节纳入刑事法律框架，用以鼓励被追诉人尽早认罪认罚，并在此基础上谋求刑事诉讼程序的简化和降低取证难度，以优化司法资源配置并节约司法资源。

"坦白从宽、抗拒从严"作为"惩办与宽大相结合"刑事政策的有机组成部分，经历了长期的历史演变。毛泽东同志早在20世纪30年代就提出了"镇

---

① 朱孝清. 认罪认罚从宽制度中的几个理论问题 [J]. 法学杂志, 2017, 38（9）: 10-21.
② 孟建柱. 坚持改革创新为全面建成小康社会提供有力司法保障 [EB/OL]. 人民网, 2016-03-09.

压与宽大相结合"的思想,并使之成为中国共产党早期奉行的刑事政策。① 从历史传承的角度看,与我国《刑事诉讼法》规定的认罪认罚从宽制度最具直接关联性的是我国刑事司法实践中一直长期遵循的"坦白从宽"政策。"坦白从宽"作为一项刑事政策,对我国刑事司法实践产生了深远的影响。因此,进一步理解我国《刑事诉讼法》规定的认罪认罚从宽制度,揭示该项制度的价值、意义,需要参照"坦白从宽"刑事政策对其进行分析。在相当长的一段时期内,"坦白从宽"的刑事政策是同"抗拒从严"一并使用的。"'坦白从宽、抗拒从严'既是一项表征认罪态度与实体处理关系的刑法政策,又具有证据法和程序法的意义,它本身是强制型取供机制的有机组成部分,影响着口供自愿性和追诉程序的正当性。"② "坦白从宽"是指对于如实供述自己罪行的犯罪人,给予适当的从轻或者减轻处罚。"抗拒从严"在实践中的表现形式多种多样,对于抗拒的行为,如毁灭证据、打击报复等行为,可以给予从重处罚。但需要指出的是,犯罪嫌疑人、被告人行使辩护权的行为不属于"抗拒",也不应因此承受"抗拒从严"的后果。

程序法中的"认罪认罚从宽制度"与实体法中的"坦白从宽"政策有着相似之处。首先,二者都主要针对犯罪嫌疑人(被调查人)、被告人对犯罪行为的承认。犯罪嫌疑人(被调查人)、被告人是否认罪,直接影响到对其是否从宽处理,以及如何从宽。其次,在价值导向上,二者都既追求效率,又追求程序公正。认罪的犯罪嫌疑人(被调查人)、被告人之所以能够获得从宽处罚待遇,一方面是因为其人身危险性小,认罪悔罪态度较好;另一方面,如前文所述,认罪节约了司法资源、降低了取证难度,实现了案件繁简分流,提高了诉讼效率。值得一提的是,在依法治国作为我国治国方略的大前提下,"坦白从宽"刑事政策也特别强调犯罪嫌疑人(被调查人)、被告人要在自愿、明知的基础上进行供述,反对利用任何非法手段获取供述,赋予了犯罪嫌疑人(被调查人)、被告人在认罪问题上的选择权。最后,我国《刑事诉讼法》和《监察法》规定的认罪认罚从宽制度和"坦白从宽"刑事政策都有利于促进刑法

---

① 高格. 论毛泽东的刑法思想(之一)[J]. 吉林大学社会科学学报, 1995 (1): 10.
② 闫召华. 口供中心主义研究 [M]. 北京: 法律出版社, 2013: 89.

适用，特别是刑罚适用上的轻缓化，从而有利于轻缓化刑事政策的贯彻。①

当然，两者也存在着明显区别。第一，概念不同。"坦白从宽"刑事政策主要是基于犯罪嫌疑人（被调查人）、被告人的口供的量刑政策，着重于犯罪嫌疑人（被调查人）、被告人交代犯罪事实；认罪认罚从宽制度不仅要求犯罪嫌疑人（被调查人）、被告人承认自己的犯罪事实，还要求犯罪嫌疑人（被调查人）、被告人认罪在主观上基于自愿，同时适用该制度时需要考量的因素包括是否同意公诉机关的量刑建议、给予被害人补偿、获得被害人谅解等，这些因素是决定程序是否从简、实体是否从宽的重要因素。所以，相对于"坦白从宽"政策，认罪认罚从宽制度所涉及的内容更为广泛。第二，适用阶段不同。"坦白从宽"政策主要适用于审前阶段。如前文所述，具体体现在《刑法》第67条规定之中，更加偏向于实体法中的刑罚适用；而认罪认罚从宽制度是在"坦白从宽"刑事政策上延伸出来的，适用于刑事诉讼全过程的一种制度。在侦查（调查）、审查起诉及审判阶段，犯罪嫌疑人（被调查人）、被告人都可以积极认罪认罚，并可以因此获得量刑上的从宽优待。第三，从宽处理不同。"坦白从宽"刑事政策限于实体法，和自首、立功等量刑情节一样，影响的是刑罚裁量。一般性的认罪、悔罪历来都只是刑事诉讼过程中可以考虑的酌定从宽情节；坦白从宽的刑罚优待幅度极其有限。《刑法》第36条并未规定赔偿损失就应从宽。我国现行《刑法》仅就贪污贿赂犯罪中的认罪、悔罪、积极退赃情节作出了从宽处罚的规定。② 如前文所述，我国《刑事诉讼法》和《监察法》规定的认罪认罚从宽制度中的"从宽"，不仅包含实体从宽，也包含程序从简。实体从宽大体和刑法中规定的相差无几，程序从简代表着是否可以适用速裁程序、起诉阶段检察机关作出的不起诉决定程序等。并且认罪认罚从宽制度中的"从宽"力度相比"坦白从宽"政策中的"从宽"力度更大。也就是说，在自首、坦白类犯罪中，犯罪嫌疑人（被调查人）、被告人既认罪认罚又坦白或者自首的，获得的从宽幅度应大于仅有坦白或者自首的犯罪嫌疑人（被调查人）、被告人的从宽幅度。所以，我们不难看出，我国《刑事诉讼法》和《监察法》规定的认罪认罚从宽制度是在"坦白从宽"刑事政策影响下发展和

---

① 卢建平. 刑事政策视野中的认罪认罚从宽 [J]. 中外法学, 2017, 29 (4): 1000-1023.

② 周光权. 论刑法与认罪认罚制度的衔接 [J]. 清华法学, 2019, 13 (3): 28-41.

构建的，更加符合我国刑事司法现状的一种程序制度。该制度从实体上和程序上鼓励、引导、保障确有犯罪的犯罪嫌疑人（被调查人）、被告人自愿认罪认罚并予以从宽处罚，是由一系列具体法律制度、诉讼程序组成的法律制度的总称。[①]

二、"认罪认罚从宽"制度与"宽严相济"的刑事政策

"宽严相济"的刑事政策是我国国家治理犯罪的历史经验总结，作为我国的一项基本刑事政策在刑事司法实践中已经实施十余年之久，对我国刑事法律的制定和实施有着深远的影响。"宽严相济"刑事政策的基本内容是，"该严则严，当宽则宽；严中有宽，宽中有严；宽严有度，宽严审时"[②]。但是，在新时期强调"宽严相济"，也绝不意味着"宽大"和"从严"的简单结合，要根据现阶段经济社会发展的客观事实进行综合评价。"宽严相济"的刑事政策要求在依法严厉打击严重犯罪的同时，对情节轻微、主观恶意不大、自愿认罪认罚的被追诉人，可从宽的依法从宽，能挽救的尽量挽救，给予改过自新的机会。要当宽则宽，对未成年人犯罪案件、因人民内部矛盾引发的轻微刑事案件、初次情节轻微的犯罪案件的犯罪人应当依法从宽处理。[③] 这些既体现了"宽严相济"政策的应有之意，也有利于社会和谐，节约司法资源。认罪认罚从宽制度的设立是"宽严相济"刑事政策法定化的直接成果，从实施初期就彰显了重要的认罪激励作用；量刑减让方面的"优惠"待遇反过来又成为支撑该制度的持久推动力，这是犯罪嫌疑人（被调查人）、被告人认罪认罚案件得以简化刑事诉讼程序并提升刑事诉讼效率的一个正当性依据。更有学者认为，认罪认罚从宽制度的基本内核并非刑事诉讼程序的效率化或刑事诉讼程序的从简化，它对于该制度而言可能只是一个附随性的效果，至多是一个从属目标。不能将认罪认罚从宽制度的要旨简单地等同于对认罪认罚的犯罪嫌疑人（被调查人）、被告人的从快、从简处理，应当思考的是如何加强对被追诉人的权利供

[①] 顾永忠，肖沛权."完善认罪认罚从宽制度"的亲历观察与思考、建议——基于福清市等地刑事速裁程序中认罪认罚从宽制度的调研[J]. 法治研究，2017（1）：56-70.
[②] 马克昌. 宽严相济刑事政策研究[M]. 北京：清华大学出版社，2012：75.
[③] 陈瑞华. 刑事诉讼的中国模式[M]. 3版. 北京：法律出版社，2017：409.

给，尤其是实体权利供给。①

2016年11月，"两高三部"在《〈关于在部分地区开展刑事案件认罪认罚从宽制度试点工作的办法〉的通知》中明确指出："……认罪认罚从宽制度试点，是落实党的十八届四中全会关于完善刑事诉讼中认罪认罚从宽制度改革部署的重大举措，是依法推动宽严相济刑事政策具体化、制度化的重要探索。这项改革……有利于进一步落实宽严相济刑事政策……"因此，从构建认罪认罚从宽制度的背景来看，构建该制度的初衷是为了进一步落实"宽严相济"刑事政策中宽缓化的一面，一方面是为了弥补刑事立法"严有余而宽不足"的制度缺陷，另一方面也是为了助力"宽严相济"刑事政策推行过程中司法从宽的制度实践，并满足实践中进一步从宽的制度需求。② 与此同时，我国《刑事诉讼法》和《监察法》正式确立认罪认罚从宽制度，进一步丰富了"宽严相济"刑事政策的内涵。

第六节　认罪认罚案件中的证明标准

一、域外法国家类似案件的证明标准

（一）美国辩诉交易制度下的有罪的证明标准

19世纪，美国刑事司法实践中出现了辩诉交易现象。在美国，被告人有罪的证明标准为"排除合理怀疑"，但适用该标准有着特定范围的严格限制，也就是仅在正式刑事审判程序中的定罪阶段予以适用，如果被告人放弃正式刑事审判程序，那么一般不适用该证明标准。从各州以及美国联邦辩诉交易普遍适用的司法背景看，除个别法院以外，初审法官对事实基础的判断标准有相当大的自由裁量权，都不要求达到"排除合理怀疑"，有的甚至远远低于这一标准。③ 美国《联

---

① 左卫民. 认罪认罚何以从宽：误区与正解——反思效率优先的改革主张 [J]. 中国检察官，2017（15）：80.

② 卢建平. 刑事政策视野中的认罪认罚从宽 [J]. 中外法学，2017，29（4）：1000-1023.

③ 史立梅. 美国有罪答辩的事实基础制度对我国的启示 [J]. 国家检察官学院学报，2017，25（1）：31-42.

邦刑事诉讼规则》第 11 条 (f) 规定:"法院在受理有罪答辩时,应当审查该答辩具有事实基础。在没有确认该事实基础时,不能根据答辩宣告判决。"然而,在刑事司法实践中,法官只需要对被告人认罪答辩进行形式审查即可,只需审查被告人在认罪时是否心智健全、是否理解其认罪的法律后果,并不对犯罪事实的准确性和刑罚的适当性进行实质审查。关于事实基础的审查,法官仅仅审查两个方面:第一,被告人的权利是否得到了保障;第二,被告人的有罪答辩是不是在明知和自愿的情况下作出的。经过审查,法官认为被告人的有罪答辩是在明知、自愿的条件下作出的,那么被告人的有罪答辩就是有事实基础的。对于有证据证明被告人有罪的辩诉交易案件,法官不需要考虑检方对案件事实的指控是否达到"排除合理怀疑"的有罪的证明标准。如果现有证据不足以对被告人定罪量刑,那么基于无罪推定原则,被告人将被无罪释放。因此,在辩诉交易的刑事司法实践中,证明标准的适用与普通程序不同,并没有达到本案法官依照普通程序审理案件时所要达到的有罪的心证程度。然而,为保障被告人的有罪答辩不是受到暴力和威胁而被迫达成的"交易",美国的辩诉交易制度设置了专门的听证程序来审查其认罪的自愿性,以确定案件是否进入辩诉交易程序。也就是说,法官需要公开亲自审查被告人的有罪答辩的自愿性,以确认被告人的有罪答辩不是受到暴力、胁迫或者答辩协议以外的允诺而做出的。

有观点认为,我国《刑事诉讼法》《监察法》规定的认罪认罚从宽制度同样以犯罪嫌疑人(被调查人)、被告人的自愿认罪为前提,在犯罪嫌疑人(被调查人)、被告人清楚认罪认罚的诉讼后果的情况下,可以参考美国辩诉交易制度的形式,降低证明标准,适用阿尔弗德案中美国联邦最高法院采取的"压倒性证据"的证明标准。① 我国现行的刑事诉讼模式既非英美法系的当事人主义模式,也不是完全意义上的大陆法系的职权主义诉讼模式,我国的法官依然是刑事审判程序的"主导者"。根据我国《刑事诉讼法》第 55 条的规定,法官对于案件基本事实有实质审查的义务,即使被告人自愿认罪认罚,也不能实质上消除法官查明案件事实上的义务。因此,被追诉人的认罪认罚并不能降低有罪的证明标准。

---

① 李勇. 证明标准的差异化问题研究——从认罪认罚从宽制度说起[J]. 法治现代化研究, 2017, 1 (3): 51.

（二）德国认罪协商制度

为了应对刑事案件"案多人少"的矛盾，德国采取的措施主要有以下四种：第一，对微罪进行非犯罪化处理；第二，进行审前分流，对轻罪和中等偏下严重程度的犯罪，扩大检察官的不起诉裁量权；第三，认罪协商，主要针对中等以上严重程度的犯罪，特别是复杂、疑难的经济犯罪等；第四，适用书面的"处罚令"程序进行处理，主要针对单处或并处罚金、禁止驾驶、没收等刑罚以及一年以下有期徒刑缓刑的大量轻微刑事案件。[1] 德国立法对认罪协商制度进行了严格的约束，究其原因，主要是该制度与法官的职权调查原则以及刑法中的罪责刑相适应原则存在一定程度上的矛盾。立法上的约束主要表现在以下四个方面：第一，认罪协商制度不得违反法官的职权调查原则，法官不得仅仅依据被告人认罪而定罪。这是为了防止被告人基于刑罚方面的优惠而违背案件事实承认检察院的指控。第二，必须保障被告人认罪的自愿性，法官必须告知被告人认罪协商所包含的内容，确定被告人清楚地了解认罪后将要承担的诉讼后果；同时，在犯罪事实和指控犯罪的数量、性质方面，双方不得进行协商。另外，在只有被告人的有罪供述的情况下，法院不得就此作出有罪判决。[2] 因此，德国认罪协商的适用范围仅仅是刑罚裁量。第三，在法庭上，必须公开协商内容，法院必须记录协商的内容，如果违反透明和记录原则，即使协商的内容没有违法，也可以根据《德国刑事诉讼法》第337条第1款的规定向法院上诉，从而排除违反透明性和无记录的协商协议。[3] 第四，为了保护被告人的救济权利，即使认罪协商，也不得协商被告人放弃上诉权，被告人的自愿放弃也不被允许。因此，在证明标准的问题上，相比较美国法官仅对"事实基础"进行形式审查而言，德国法律更加强调法官发现客观真实的义务，该义务并不会因为被告人认罪而改变，有罪的证明标准也并不会因此而降低。

二、我国关于"有罪"的证明标准

证明标准是法律规定刑事诉讼中运用证据认定有罪所要达到的程度和要

---

[1] BITTMANN F, Consensual Elements in German Criminal Procedural Law [J]. German Law Journal, 2014, 15 (1): 17-18.
[2] 孙长永. 认罪认罚从宽案件的证明标准 [J]. 法学研究, 2018, 40 (1): 167-187.
[3] 黄河. 德国刑事诉讼中协商制度浅析 [J]. 环球法律评论, 2010, 32 (1): 123-131.

求。我国《刑事诉讼法》规定的"有罪"的证明标准是"证据确实、充分"。《刑事诉讼法》第 55 条第 2 款同时规定,"证据确实、充分"应当同时符合以下三个条件:第一,定罪量刑的事实都有证据证明;第二,据以定案的证据均经法定程序查证属实;第三,综合全案证据,对所认定的事实已排除合理怀疑。该款规定包含三个层次内容:第一个条件是证明对象的范围,包含定罪事实和量刑事实两个方面,是关于证据在"量"方面的要求;第二个条件是证据的"质"方面的要求,即用以证明案件事实的证据必须具备证据能力,即要符合客观性、关联性、合法性的要求;第三个条件是关于"证据确实、充分"的判断标准,即排除合理怀疑。该款规定是我国《刑事诉讼法》规定的法定的有罪的证明标准。关于认罪认罚案件中有罪的证明标准,目前我国学界和司法实践界主要有以下两种的观点:第一,法定证明标准同等说。持该观点的学者认为,认罪认罚从宽制度虽然简化了刑事诉讼程序,降低了取证难度,但根据职权主义的刑事诉讼模式,我国法官有义务查明案件事实真相,刑事诉讼程序的简化是在刑事诉讼程序推进的方式上进行转化。因此,刑事诉讼程序的简化不能免除法官的实质审查义务,即刑事诉讼程序的简化并不意味着对"证据确实、充分"的有罪的证明标准的降低。[①] 持该观点的学者还认为,若是将我国有罪的证明标准降低将有可能导致我国侦查权的松懈或懈怠,甚至引起侦查机关滥用公权,产生虚假认罪认罚的案件,更不必说对司法效率的有效提升,证明标准的降低反而与认罪认罚从宽制度的设立目的相反,应当在公正的前提下,再谋求提升司法效率,并秉持法定的有罪的证明标准不变。第二,证明标准降低说。持该观点的学者认为,在认罪认罚从宽制度中,适用简易程序和速裁程序的意义在于提高司法效率、节约司法资源,而法定证明标准不变说恰恰阻碍了该目的的实现。因为在不同的刑事诉讼案件中,证明标准已经进行了差异化的处理,适用不同的有罪的证明标准是提高司法效率的有效途径之一。要使刑事诉讼程序满足公正和效率的双重价值要求,面对不同类型的犯罪实行差异化的有罪的证明标准是刑事司法的现实要求,差异化的有罪的证明标准有助于避免错误地认定犯罪和放纵犯罪。[②] 根据该观点,在有罪的证明标准不变的前提下,刑事诉讼程序上的简化都是在增加公安司法机关的工作负担。在刑事

---

① 肖沛权. 论认罪认罚从宽案件的证明标准 [J]. 法学杂志, 2019, 40 (10): 28.
② 谢登科. 论刑事简易程序中的证明标准 [J]. 当代法学, 2015, 29 (3): 135-143.

庭审程序已简化的情况下，庭审活动无法支撑较高的有罪的证明标准体系。同时，被告人在被告知诉讼风险和认罪认罚的法律后果后还自愿认罪，这使控辩双方的对抗性有所减弱，此种情况下，应当适当降低有罪的证明标准。如果要实现刑事案件的繁简分流，就需要通过差异化的有罪的证明标准，合理分配司法资源。综上，无论从提升司法效率还是实行司法公正的角度来说，如果要提高刑事案件的审理质量，就必须对有罪的证明标准进行差异化处理。还有论者对认罪认罚案件中的被告人供述和定罪量刑事实的证明标准进行了区分，并且认为，为了保障被告人供述的真实性，证明被告人供述的自愿性应当达到"排除合理怀疑"的程度，而对被告人犯罪事实和量刑事实的证明可以适当降低至"大致的心证"即可，从而简化证据收集范围和方式。① 此外，由于认罪认罚案件证据调查程序之严格性的不同要求，实质上造成了程序条件放宽之后证明标准的隐形降低。②

笔者认为，我国《刑事诉讼法》《监察法》规定的认罪认罚从宽制度只是减轻了公诉机关的举证负担，而非降低证明标准。在非认罪认罚案件中，侦查机关（监察委员会）可能要承担所有的证明负担，但是在认罪认罚案件中，犯罪嫌疑人（被调查人）、被告人积极认罪认罚，配合侦查机关（监察委员会）调查取证，极大地减轻了公安司法机关（监察委员会）的诉讼成本，证明流程由原来的"由证到供"转变为"由供到证"，搜集证据也变得相对容易，缓解了司法实践中"久侦不破""久审不决"的尴尬境地，也有效维护了被害人的相关利益。但是，这些仅仅是减轻公诉机关的举证负担。从认罪认罚案件的相关裁判文书来看，适用普通程序和简易程序审理的一般罪行较轻的认罪认罚案件，庭审中的证据审查环节只列举证据名称，裁判文书中也不着重分析证据。但是，在审理可能判处死刑等严重犯罪的认罪认罚案件时，被告人认罪认罚后，公诉机关举证质证的负担的减轻效果则存在削弱的现象，裁判文书中依然保持对证据的详细列举与分析说理。这说明被告人认罪认罚本身并不构成降低有罪的证明标准的理由，而是法律依据刑事案件的复杂程度、社会影响等对有罪的证明标准的形式性的取舍。与之对应的是，以简易程序或速裁程序审理的被告人认罪认罚案件，庭审过程中应当保留被告人最后陈述环节。因此，法院

---

① 高通.刑事速裁程序证明标准研究［J］.法学论坛，2017，32（2）：109.
② 孙远.论认罪认罚案件的证明标准［J］.法律适用，2016（11）：17.

对被告人犯罪事实的认定，必须严格遵循法定的有罪的证明标准。党的十八届四中全会《关于全面推进依法治国若干重大问题的决定》指出："推进以审判为中心的诉讼制度改革，确保侦查、审查起诉的案件事实证据经得起法律的检验。"有罪的证明标准具有导向性和指引性，坚守法定的有罪的证明标准，能够促使审前阶段侦查（调查）、公诉机关依法全面、客观收集、审查和运用证据，以保证案件的侦查（调查）和审查起诉的质量；相反，如果降低有罪的证明标准，其逆向指引作用就会显现，即在审前的侦查（调查）程序中，侦查机关（监察委员会）、检察机关可能将犯罪嫌疑人（被调查人）认罪认罚的口供作为证据收集的重心，从而将证据收集的全面性、合法性抛诸脑后。① 如果有罪的证明标准实质性下降，将会导致刑事案件的庭审过程只是走形式，那么对被告人认罪认罚的真实性、自愿性审查，以及被告人最后陈述环节则完全没有意义，与以审判为中心的基本要义相违背。不管是何种类型的犯罪，也不管是适用普通程序、简易程序，抑或是速裁程序，对于被告人而言，只要被法院依法判决有罪，除免于刑事处罚的以外，被告人都将承担相应的刑事责任，并且承担的后果都具有不可逆性。其实不难看出，认罪认罚从宽制度有利有弊，即在优化司法资源的同时，有可能因过于追求简化刑事诉讼程序、提高诉讼效率而导致错判。因此，坚持法定证明标准同等说，既是坚持"以审判为中心"的刑事诉讼制度，防止刑事司法实践中的"口供中心""卷宗中心"而导致庭审虚化的需要，又是防止庭审简化后侵害犯罪嫌疑人（被调查人）、被告人人权的必要措施。当然，坚持法定有罪的证明标准并非意味着一成不变，在量刑事实方面，根据《量刑建议指导意见》第13条的规定，检察机关对于认罪认罚从宽案件的建议量刑幅度已经有了较为明确的参考标准。为吸引更多的被追诉人选择认罪认罚，同意适用简易审判程序或者速裁程序，检察官对与量刑相关的事实的证明不需要达到法定的最高证明标准，这种对与量刑相关的事实证明标准的降低，既不会破坏无罪推定原则和实质真实原则，也不可能造成冤假错案，只会使刑事案件得到快速处理，从而提高刑事诉讼的效率，实现司法资源的合理配置。②

---

① 汪海燕. 认罪认罚从宽案件证明标准研究［J］. 比较法研究，2018（5）：71-81.
② 陈瑞华. 认罪认罚从宽制度的若干争议问题［J］. 中国法学，2017（1）：41.

第三章

"人性"二重性对认罪认罚从宽制度的影响

第一节 关于"人性"二重性的假设

关于人性,中国哲学有"性善论""性恶论"以及"善恶兼具论"之争;与此相对应,西方哲学有"理性人""经验人"以及"理性人""经验人"相统一之争。中国哲学关于人性的主流观点是"人性善"。在中国哲学史上,孔子是最早明确提出人性问题的哲学家。在《论语·阳货》中,孔子提出了"性相近、习相远"的命题,但是孔子没有对人性展开进一步论述,没有建立起人性善恶的命题。孔子以后,战国时代的世硕将人性与善恶联系起来,用"善"与"恶"论述人性。东汉王充在《论衡·率性》中记载:"周人世硕,以为人性有善恶。举人之善性,养而致之则善长;恶性,养而致之则恶长。如此,则性格有阴阳,善恶在所养焉。故世子作《养书》一篇。"在中国哲学史上,最早系统阐释"人性善"思想的哲学家是孟子,其力图解决善恶规律的普遍必然性问题。孟子指出:"人之所不学而能者,其良能也;所不虑而知者,其良知也。孩提之童无不知爱其亲者,及其长也,无不知敬其兄也。亲亲,仁也;敬长,义也;无他,达之天下也。"(《孟子·尽心上》)因而孟子追问:"然则犬之性犹牛之性,牛之性犹人之性欤?"(《孟子·告子》)孟子认为,在本性方面,人和动物是有本质区别的,具备仁义是人的天生的禀性。但是,在人的本性中,"仁义"只是萌芽、开端,即善端,并不等于善的完成。也就是"恻隐之心仁之端也,羞恶之心义之端也,辞让之心礼之端也,是非之心智之端也"。(《孟子·公孙丑上》)因此,孟子特别强调社会环境和教育在人的道德品质养成过程中的作用,即强调统治者应该诱导人们向善,而"善"体现在社会政治制度上就是要落实仁政。西汉哲学家董仲舒认为:"仁义制度之数,尽取之天。""天"乃是对自然神的拟人化和神秘化,是"至善"的化身。董仲舒根据"性三品说",指出了"教化"在个体人性形成过程中的重要作用。董仲舒认为,"善出性中,而性未可全为善也"(《春秋繁露·深察名号》),"善,教训之所然也"(《春秋繁露·实性》)。因此,董仲舒进一步认为:"善无小而不举,恶无小而不去。"(《春秋繁露·盟会要》)魏晋南北朝时期,佛教在中国迅速发展。佛教认为:"善有善报,恶有恶报。"因此,佛教用因果报应律阐述了人的善恶行为与来世的祸福之间的因果关系,并告诫人们用现世的善行追求来世的福果。唐代韩愈明确提出了以"仁、义、礼、智、信"即"五常"为判断善恶的标准,并力图恢复儒家的伦理纲常。韩愈认为,通过师者的"传道""授业""解惑",能够培养人的善德。自宋代以后,性善论为理学所继承,成为占统治地位的人性学说。周敦颐认为,"善"就是"诚",是静止不动的,是上天赋予人的本性;"恶"则是人们在社会活动中背离了人的本性而产生的。程颢、程颐主张:"存天理,灭人欲。"因而,二程认为,以义为上,"天命之性",即"天理"是至善,"气禀之性"由于"气"有清浊而有了善恶之分,即"谓之恶者,非本恶,但或过或不及便如此"(《二程遗书·卷二上》)。集理学之大成者朱熹认为:"理,在天曰命,在人则曰性";"性即理也"。但人性虽同,禀气却有偏重,因此人有善有恶。所以,其主张人必须在内心修养上"存天理、灭人欲"。

"理性人"和"经验人"是西方哲学人性论的主题。理性人是关于人性的理性假设,是西方理性主义哲学的人性观。该哲学观认为,人是有理性的存在者,能根据理性和一定的原则行事。动物的活动和人的活动之间的根本区别在于人的活动符合一个目的,因此人是有理性的动物。因而,只有理性才能决定人之为人和人的道德价值。这种理性的人性观起源于古希腊哲学,到黑格尔哲学时期发展到顶峰。苏格拉底从知识角度来界定人性,认为美德即是知识,因而强调知识来源于理性,认识事物就是用理性确定事物的概念。柏拉图认为,人包括肉体和灵魂两部分,而人的灵魂又由情欲、意志和理性三个部分组成。灵魂中的三个因素存在着一定的等级统属关系,即理性最高,意志次之,情欲最低。亚里士多德指出:"人的功能,决不仅是生命。因为甚至植物也有生命。我们所求解的,乃是人特有的功能。因此,生长养育的生命,不能算作人的特殊功能。其次,有所谓感觉生命,也不能算作人的特殊功能,因为甚至马、牛及一切动物也都具有。人的特殊功能是根据理性原则而具有理性的生活。"①因此，亚里士多德认为人是具有理性的动物。然而，亚里士多德并不否认人的本性中具有非理性的因素。也就是说，理性和非理性都具有二重性，其中理性的二重性表现在理性是在克服非理性的过程中而成为理性的；非理性的二重性表现在理性的指导使其转化为理性。②斯多葛哲学学派继承了亚里士多德关于"人是有理性的动物"的命题，并将这种理性自然化，认为理性的生活是依照自然的生活。因此，人追求和实现自己的本性就是善，合乎自然的方式的生活就是至善。在理性人的基础之上，斯多葛学派提出了人本主义的哲学思想："对人类而言，人是神圣的。"中世纪经院主义哲学流派的代表人物托马斯·阿奎那认为，最高的善是理性的活动，只有理性完善，才能使一切行为完善。由于理性沉思的对象是广大而神圣的，所以灵魂能够达到至善至美的境界。托马斯·阿奎那还把理性引进神学，用"自然法则"论证"君权神授"说。随着启蒙运动的兴起，理性人成了17、18世纪关于人性的主要观点。法国著名哲学家笛卡儿是欧陆"理性主义"的先驱。笛卡儿认为，理性就是人判断和辨别真假的能力。理性是人的天赋，是人人皆有的和人人天然地均等的。法国唯物主义哲学家霍尔巴赫认为，自然是物质的，物质又是运动的；人是由物质构成的，是有理性且能够思维的物质体；人不但有感性，而且有理性；自然赋予人类理性，让人行善感到满足，作恶感到羞愧。因此，人的理性的作用在于给人提出相应的目的，并且提出适当的行动方案以实现目的。一个有理性的人，就是能够根据经验选择最佳的方法来达到自己提出的目的的人。关于人的道德和理性的关系，霍尔巴赫认为，道德是建立在人的理性之上的，是理性克服欲望、深思熟虑的结果。英国哲学家边沁主张，快乐乃是生命的主要目的，人可以凭借理性通过苦乐计算法去追求功利。他认为，可以通过对快乐和痛苦的值进行量的估算，从而比较精确地推断出任何一个计划所造成的苦乐倾向，并且最终通过对苦乐估算的结果来让人们设计出能给大多数人带来最大快乐的行动方案，从而让政府制定出能够为大多数人带来最大快乐的政策。康德是启蒙运动时期最重要的哲学家之一。康德认为，人是有感性欲望的动物，但人和动物

---

① 周辅成. 西方伦理学名著选辑（上卷）［M］. 北京：商务印书馆，1961：280.
② 亚里士多德. 尼各马科伦理学［M］. 苗力田，译. 北京：中国社会科学出版社，1990：22-24.

的区别不是感性欲望，而在于理性。康德哲学对理性作了理论理性与实践理性的区分，并从其"理性"概念出发演绎出"自由"的概念。康德论证这种基于纯粹理性基础之上的自由则是为了确认人是目的本身，从而认为人的意志之所以是自由的，就在于它的本质是理性的。也就是说，康德认为，只有理性才能决定人之为人和人的道德价值，因此人是一个有理性的存在者。黑格尔认为，世界是一个整体，理性是这个世界的灵魂。在黑格尔看来，历史中存在着一种普遍的、起着支配和决定作用的理性力量或精神力量。理性是世界的共性，并且构成世界内在的、固有的、深邃的本性。整个宇宙，包括人类的历史和精神都遵循着一种理性的秩序运行和发展。"人性善"和"理性人"的哲学观是人类对人性的美好假设。"但是一切有权力的人都容易滥用权力，这是万古不易的一条经验。有权力的人们使用权力一直到遇有界限的地方才休止。从事物的性质而言，要防止权力滥用，就必须以权力约束权力。我们可以有一种政制，不强迫任何人去做法律所不强制他做的事，也不禁止任何人去做法律所许可的事。"① 法国启蒙思想家孟德斯鸠的这句名言充分说明了人性的险恶和自私。

相对于"人性善"而言，"人性恶"是中国哲学关于人性的另一种观点。战国末期，荀子指出："道礼义者为君子，纵性情，安恣睢，而违礼义者为小人，用此观之，然则人之性恶明也，其善者伪也。"这是荀子关于人性恶的著名理论，也就是性恶论。荀子认为，"疾恶""好利"和"好声色"是人的自然情欲，也是人的本性。"凡性者，天之就也，不可学，不可事。"因此，"善"的道德结果是后天人为加工的。正是因为"人之生也固小人"，所以荀子认为，礼仪规范是对人的本性的违背和限制，而这种限制又是非常必要的。"从人之性，顺人之情，必出于争夺，合于犯分乱理而归于暴。故必将有师法之化，礼仪之道。"（《荀子·性恶》）也就是说，基于人性恶，国家和社会就需要立法制礼以达到"化性而起伪"。因而，荀子"性恶论"的实质并不是要张扬人的自然性，而是主张国家和社会要用制度规范来约束人性恶，以促进后天道德善的形成。荀子指出："性者，本始材朴也。伪者，文理隆盛也。无性则伪之无所加，无伪则性不能自美。性伪合，然后成圣人之名，一天下之功于是就也。"法家倡导法治，主张用法来抑制人性的恶。商鞅指出："仁义之不足

---

① 孟德斯鸠. 论法的精神（上册）[M]. 北京：商务印书馆，1961：154.

以治天下也","圣王者不贵义而贵法,法必明,令必行,则已矣"。(《商君书·画策》)因此,商鞅主张用法律来治理国家和祛恶扬善,认为"民胜法国乱,法胜民兵强""法已定矣,不以善言害法"。法家思想的集大成者韩非继承了荀子和商鞅的关于人性的理论,但比荀子和商鞅更加激进。韩非认为,人都是"自为"(利己)的,"臣无法则乱于下",人与人之间是"用计算之心以相待"的赤裸裸的利害关系,决不会"去求利之心""出相爱之道";人的一切行为均出于利己,没有所谓"仁"或"贼"的道德信念。因此,在人性问题上,韩非是彻头彻尾的性恶论者,并且认为人与人之间无任何人情仁义,完全是靠利益关系来维系的,因此人们为达到目的会不择手段。基于这种人性观,韩非提出了治国"不务德而务法"的法治思想,并提倡"以吏为师""以法为教"的政治制度。在中国哲学史上,关于人性观,除性善论和性恶论以外,还有善恶相混论。西汉哲学家扬雄提出:"人之性也,善恶混;修其善则为善人,修其恶则为恶人。"(《法言·修身》)扬雄认为,人经过后天的学习和社会环境的熏染,发展人性中善的因素则可能会成为善人。我们在考察性善论、性恶论和性善恶相混论关于人性的差别的时候,应该注意到,虽然性善论、性恶论和性善恶相混论关于人性的起源不同,但三种理论都认为国家和社会应该创造条件以抑恶扬善。

经验人,是对人性的经验假设,是经验主义(Empiricism)哲学的人性观。这种人性观认为,人无一定的原则,只是凭其在社会生活中的经验去行事,而且会根据需要不断地修正其行为。亚里士多德承认人是理性的动物,同时清醒地认识到了人性中的非理性成分,进而表示"不敢对人类的本性提出过奢的要求"[①]。因此,亚里士多德认为:"正如当人完成为人的时候,人才是最好的动物一样,当脱离法律和裁决的时候,人就是最坏的动物。"[②] 据此,他提出了"法治优于人治"的著名论断。古希腊经验主义哲学的代表人物伊壁鸠鲁主张认识上的感觉论,认为事物是独立于人的意识之外并且不依赖于个体的意识而存在的,人的感觉才是唯一可靠的认识源泉和标准,没有任何东西可以驳倒感觉;理性只是一种派生物,本身也要依赖感觉。他认为,人存在的终极目的就

[①] 施特劳斯,科罗波西. 政治哲学史(上册)[M]. 李天然,译. 石家庄:河北人民出版社,1993:148.

[②] 亚里士多德. 政治学[M]. 吴寿彭,译. 北京:商务印书馆,1965:167-168.

是为了快乐，快乐是积极的，是与感觉相适应的；痛苦是消极的，是与感觉相违背的。因此，感觉是判断善恶和选择行为的标准。中世纪后，随着宗教理性的诞生，西方哲学形成了以感觉主义为特征的经验主义。随着近代理性主义的出现，经验主义也开始流行，在英国还形成了经验主义哲学的强大思潮。英国思想家培根提出了唯物主义经验论的一系列原则，制定了系统的归纳逻辑，并且强调实验对认识的作用。可以说，培根是一个代表时代精神的思想家。培根提出了建立在观察和实验基础之上的归纳法，主张从感性事物中引出公理，并达到对普遍的公理的认识，进而达到理性与经验的结合。他用经验主义的方法论给"善"下的定义是，善就是利人或者有利于人类。因此，培根明确提出了"善""恶"的概念是与利益相关联的思想。培根以后，霍布斯以感觉为起点进一步阐述了经验主义。他认为，人是感性的物质实体，而善恶根源就在于人们的感觉。霍布斯指出："任何人欲望的对象就他本人说来，他都称为善，而憎恶或嫌恶的对象则称为恶。"[①] 因此，就善恶本身而言，没有绝对的标准。霍布斯不仅以经验主义人性论解释善恶的起源，还以此确立善恶的行为准则。但是，作为一个唯物主义者，他关于人性的主张实际上是把人的利己本性抽象化、普遍化为人的本性。洛克是经验主义的继承者，认为人的心灵起初就是一块"白板"，而向这块"白板"提供精神内容的是经验，即洛克称为"观念"的东西。观念分为"感觉"和"反思"两种。"感觉"来源于感官感受到的外部世界的刺激，"反思"源自心灵观察本身。洛克从自然主义感觉论出发，认为"善"就是能够引起快乐或者减少痛苦的东西，"恶"就是能够产生痛苦或者减少快乐的东西，并且世上没有普遍接受的共同的"善""恶"标准。现实生活中，法律是判断人们道德上"善"和"恶"的标准。不仅公民个体要服从法律，政府、权力也要受到法律的制约。因此，作为道德上"善""恶"判断标准的法律，不仅是保护个人自由的规则，也是限制和支配国家权力以保护公民个人权利的准则。苏格兰哲学家休谟是著名的经验主义者。他指出，个人的本体是由一个人的各种个人经验所构成的松散联结。因此，休谟怀疑和贬低理性的作用，强调和夸大情感和直觉的作用，认为认识不能超出人的主观感觉的范围之外，世界上存在的只有个体的感觉和知觉，除此以外，一切都是不可知的。他采用观察和经验的方法研究人性的善、恶问题。休谟关于人性的结论

[①] 霍布斯. 利维坦［M］. 北京：商务印书馆，1985：37.

是，善与恶的区分不是从理性而来的，而是从道德情感而来的。他认为理性不是道德和"善""恶"的源泉，人们关于"善""恶"的判断只是性质不同的知觉，道德规则不是我们理性的结论。18世纪末至19世纪初，边沁和穆勒依据经验主义方法论建立了系统的功利主义哲学观。边沁主张感觉经验是智识的最根本而又最真实的基础，"善""恶"判断的标准就是感觉经验的快乐和痛苦，"善"是最大地增加了幸福的总量，并且引起了最少的痛苦，"恶"则反之。这种快乐和痛苦既包括肉体上的，也包括精神上的。他还提出了测量快乐和痛苦的方法。边沁认为功利是人类求福避祸的特性。因此，功利原则是指我们对任何一行为予以赞成或者不赞成的标准是，该行为是增多还是减少我们的幸福。边沁主张对人的行为的评价应看后果而定，认为人的任何动机都可以产生"善"或者"恶"。穆勒的功利理论是对边沁思想的继承和修正。从快乐可欲和快乐使人幸福这一经验事实出发，穆勒认为快乐就是"善""恶"的标准，而且对于快乐的质和量的区别只能以一个人的经验为基础。

由于人是理性的动物，因而其能够依据理性的法则善良地行事；而如果人是经验人，那么其就无一定的原则，因而会根据自身的需要不断地修正其行为，甚至为达到目的而不择手段。所以，关于人是"理性人"还是"经验人"的假设，实际上未能跳出中国"人性善"和"人性恶"的伦理哲学。其实，人性善、人性恶、人性善恶兼具或者理性人、经验人、理性人与经验人的统一，作为对人性的不同判断和假设，其理论本身并无优劣之分，也无任何政治用心。但是，在其观念影响下所作的不同程序法律制度安排和司法实践截然不同。"人性恶"与"经验人"带来了法治和程序法的发达，也使刑事诉讼法关于防止司法权滥用和保障人权的独立价值得以充分体现。而"人性善"导致"人治"现象存在程序法难以完善和发达，使刑事诉讼法沦为人治和刑法的附庸，就连其防止司法权滥用和保障人权的独立价值也无法体现。我们应该审慎地分析、梳理促成人类法治文明形成的各种有利因素，并在此基础之上加以借鉴和吸收。这对于"全面推进依法治国"战略目标的实现和完善我国的认罪认罚从宽制度以防止权力和刑事司法权的滥用都有重要意义。人性善、人性恶和理性人、经验人虽然都是对人性的假设，但是在"人性恶"和"经验人"的理论指导下，立法者充分认识到了人性中可能存在的缺陷，并且敢于直面人性的缺陷，抛弃对刑事司法权自我限制的不切实际的幻想，使辩诉交易制度、认罪协商制度以防止滥用制度之恶为逻辑起点，建立了完善的刑事诉讼制度来约束刑事司法权。同样,如果要充分发挥认罪认罚从宽制度在提高诉讼效率、节约司法资源以及保障人权方面的作用,就必须转换观念,以"人性恶"为理论基础,完善该制度。

第二节 "人性恶""经验人"对认罪认罚从宽制度的影响

"人性恶"和"经验人"的主要观点基本上是相同的,由于人性是"恶"的,所以人是自私的,因而人们为了达到自己的目的会不择手段。同样,由于人是"经验人",无一定的原则,只是凭其在社会生活中的经验行事,而且会根据需要不断地修正自己的行为,因而人是自私的,为了达到目的甚至会不择手段。但是,"人性恶"和"经验人"的人性观都认为能够通过制度抑制人性的弱点和缺陷,抵制公共权力对社会个体权利的侵犯和防止社会个体滥用权利,从而实现社会的稳定。"人性恶"以及"经验人"的人性观表达了人类社会对人性的怀疑和不信任,时刻提醒人们要警惕人性的弱点和缺陷,人类社会的各种制度和措施要以防止人性之"恶"为逻辑起点。"除非假定人的劣根性比野兽好不了多少,并针对这种情况作出规定,以防范人们的外部行动,使他们不致妨碍所要组成社会的公共福利,除非法律做到这种地步,它们便不是完善的。"[①]"人性恶"和"经验人"的人性观虽然对刑事诉讼立法和刑事司法产生过消极的影响[②],但是其对中国刑事诉讼立法、司法以及完善认罪认罚从宽的意义是重大的。

第一,"人性恶"和"经验人"的人性观否定了"完人""圣人"临世的可能性,为法治确立了逻辑前提,为完善和准确适用认罪认罚从宽制度以及防止"权力之恶"奠定了理论基础。"人性善"的人性观反映了人类对人性的美

[①] 洛克. 政府论(下)[M]. 瞿菊农,叶启芳,译. 北京:商务印书馆,1982:83-143.
[②] 例如,1983年至1987年严打期间,全国人民代表大会常务委员会通过了《关于严惩严重危害社会治安的犯罪分子的决定》和《关于迅速审判严重危害社会治安的犯罪分子的程序的决定》,两个决定规定了对严重危害社会治安的犯罪分子依法"从重从快"惩处和"迅速审判"的方针。少数地方错误地理解了该方针,违反"分工负责、互相配合、互相制约"的原则,实行"联合办案"。

好愿望，促使人们相信"圣王"和"哲学王"类的人治能使芸芸众生过上幸福安宁的生活。在刑事司法中，"人性善"的人性观使人们相信办案人员不需要更多的约束也能够公正、谨慎地行使国家刑事司法权，而不至于侵犯人权。"人性恶"和"经验人"的人性观相信人的堕落。堕落的人，倘若不被管束，那么在凶暴残忍方面，他就会远胜过凶禽猛兽。[①] 也就是说，人有着根深蒂固的堕落性，无法实现完美。所以，为了防止人性之恶，为了防止权力的滥用，就必须实行法治。在刑事司法中，为了防止司法人员滥用司法权而侵犯人权，刑事法律就必须设立各种制度和措施约束刑事司法权。同样，为了防止刑事司法人员（监察人员）滥用认罪认罚从宽制度，威胁、引诱犯罪嫌疑人（被调查人）、被告人认罪认罚，充分保障认罪认罚的自愿性、合法性，就必须建立律师有效帮助、同步录音录像等制度。

第二，"人性恶"和"经验人"的人性观能够时刻提醒立法者不能将办案人员神化。因此，在适用认罪认罚从宽制度方面，必须建立完善的制约机制和自愿性审查机制。在"人性善"和"理性人"的人性观的影响下，人们对办案人员的道德品质作了过高的估计，认为我国的办案人员能够廉洁奉公和秉公执法，准确、公正地适用法律，他们既能够有效地打击犯罪，又能够切实保障诉讼参与人的人权。这种将办案人员神化的"人性善"理论给中国刑事立法和刑事司法带来了一定的危害，使我国的刑事立法和刑事司法缺乏防止和制裁办案人员滥用司法权的有效措施，使认罪认罚从宽制度在少数案件中变成了司法人员和司法机关解决证据不足案件的变相手段。"人性恶"和"经验人"的人性观对人性的彻底否定，能够使公民深刻地认识到权利要靠自己争取。在刑事司法中，如果办案人员刑讯逼供、骗供、诱供、超期羁押、威胁犯罪嫌疑人（被调查人）、被告人认罪认罚等，犯罪嫌疑人（被调查人）、被告人应该积极地依法争取权利。因此，为了充分保障犯罪嫌疑人（被调查人）、被告人认罪认罚的自愿性，必须建立完善的反悔机制，赋予犯罪嫌疑人（被调查人）、被告人认罪认罚后的反悔权。"人性恶"和"经验人"的人性观还时刻提醒我们"要把权力关进制度的笼子里"，为了"努力让人民群众在每一个司法案件中感受到公平正义"，政法干部队伍教育整顿必须常态化。

---

① 列奥·施特劳斯，约瑟夫·科罗波西. 政治哲学史（上册）[M]. 李天然，译. 石家庄：河北人民出版社，1993：382.

第三,"人性恶"和"经验人"的人性观能够为我国确立刑事司法权力的制约机制和"法大于权"的意识提供理论支持,防止少数办案人员滥用认罪认罚从宽制度。"人性恶"和"经验人"的人性观使立法者和普通公民对刑事司法权怀有一定的不信任,因为刑事司法权的产生和运行与人有关,而人性的恶决定了刑事司法权有可能导致腐败。"权力是腐败的,绝对的权力绝对腐败。"刑事司法权直接关系公民的生命权、自由权和财产权等基本权利,因此刑事司法权最容易导致腐败。为此,必须分散刑事司法权并确立权力制约机制和以权力监督刑事司法权的制度,以免刑事司法权祸害无辜。关于权力与法律的关系问题,在人治社会和法治社会有两种截然不同的认识:在人治社会,权力大于法律;在法治社会,法律大于权力。在现代社会,从理论上来讲,人们已经达成了一致,这就是"法律大于或者高于权力"。"人性恶"和"经验人"的人性观使人们不再相信权力,也不再笃信刑事司法权,并将刑事司法权正式归属于刑事法律。刑事法律尤其是刑事程序法是刑事司法权存在和运行的依据,是制约刑事司法权的大宪章,是防范刑事司法权侵犯公民权利的堤坝。认罪认罚从宽制度是刑事诉讼法和监察法中的重要制度之一,为了防止公安司法人员(监察人员)滥用刑事司法权和调查权,引诱、威胁犯罪嫌疑人(被调查人)、被告人认罪认罚,保障认罪认罚从宽制度的正确实施,刑事诉讼法、监察法及相关司法解释必须完善公安司法机关(监察委员会)之间"互相制约"的监督机制,并建立操作性强的诉讼权利监督刑事司法权的机制。

第四,"人性恶"和"经验人"的人性观可以遏制少数办案机关和少数办案人员为了达到的目的而将认罪认罚从宽制度作为实现其目的的手段的现象。在中国的刑事司法实践中,为了抑制犯罪的增长和"保一方平安",会开展运动式的"严打"。"严打"时期实行"从严、从重、从快"的刑事政策。在近年开展的专项斗争中,极少数地方在错误的政绩观驱使下,人为地将案件"拔高",搞"凑数",违背了中央关于开展扫黑除恶专项斗争的精神[①]和法律法规

[①] 中共中央、国务院发出的《关于开展扫黑除恶专项斗争的通知》指出,要主动适应以审判为中心的刑事诉讼制度改革,切实把好案件事实关、证据关、程序关和法律适用关,严禁刑讯逼供,防止冤假错案,确保把每一起案件都办成铁案。

及司法解释等的相关规定。① 最高人民检察院检察长张军明确指出："坚持以事实为根据，以法律为准绳，是黑恶犯罪一个不放过，不是黑恶犯罪一个不凑数；严格把关、确保办案质量。"这就是办理黑恶案件"不放过、不凑数、确保办案质量"的原则。极少数地方的公安司法部门滥用认罪认罚从宽制度，引诱、威胁所谓的积极参与者认罪认罚，威胁辩护人说服、动员积极参与者认罪认罚且在庭审中不得翻供，否则处以更严厉的刑罚。近年来，极少数检察机关为了完成认罪认罚的考核指标，② 事先和审判机关商量适用的刑罚，以满足关于"确定刑量刑建议"的考核要求，背离了"审判中心主义"，以致于打击面过宽。③ 上述违反程序法的做法，以及违反认罪认罚从宽制度的做法都是极少数公安司法人员是"性恶人"和"经验人"的生动体现。出现这种现象的根本原因是，我国刑事诉讼立法对公安司法人员的人性作了乐观的假设，从而使我国刑事法律制度包括认罪认罚从宽制度缺少抑制办案机关和办案人员"人性恶"和"经验人"的法律规定。因此，只有以"人性恶"和"经验人"为刑事诉讼法的立法基础，防止办案人员在办案中出现"恶"行和为达目的不择手段，才能在"严打"斗争中保护公民的自由、生命和财产等基本人权，才能保障认罪认罚从宽制度的正确实施。

总之，"人性恶"和"经验人"的人性观提醒人们时刻警惕人性的弱点和缺陷，立法者在制定法律尤其是制定程序法时，应该时刻牢记预防人性之恶和权力之恶。"人性恶"和"经验人"的人性观对刑事立法和刑事司法的积极影响也是深远的。由于人性是恶的且人会根据需要来修正自己的行为，因而极少数办案人员为取得犯罪的证据就可能会不择手段，甚至会采取刑讯逼供、骗

---

① 《关于办理恶势力刑事案件若干问题的意见》第2条："人民法院、人民检察院、公安机关和司法行政机关要严格坚持依法办案，确保在案件事实清楚、证据确实、充分的基础上，准确认定恶势力和恶势力犯罪集团，坚决防止人为拔高或者降低认定标准。要坚持贯彻落实宽严相济刑事政策，根据犯罪嫌疑人、被告人的主观恶性、人身危险性、在恶势力、恶势力犯罪集团中的地位、作用以及在具体犯罪中的罪责，切实做到宽严有据，罚当其罪，实现政治效果、法律效果和社会效果的统一。"

② 最高人民检察院颁布的《关于开展检察官业绩考评工作的若干规定》以及《检察官业绩考评指标及计分规则》规定，将"确定刑量刑建议提出率"和"确定刑量刑建议采纳率"纳入检察官业务考评范围，并建议省级检察院可以按照条线或者案件类型研究合理区间，高于合理区间的加分。

③ 1985年"严打"转入第三阶段后，社会各界已经有了反思，认为在严打中对一些罪行轻的人打击过重，打击面也过宽。

供、诱供等非法方法收集证据，逼迫犯罪嫌疑人（被调查人）、被告人认罪认罚，所以刑事诉讼法必须针对性恶人和经验人规定缜密的程序规则，尤其是要规定操作性强的制约、监督机制，以抑制办案人员人性的弱点和缺陷，防止司法权的滥用，实现刑事诉讼程序公正。就认罪认罚从宽制度而言，"人性恶""经验人"的人性观要求立法者必须制定可操作性强的规则，以防止公安司法人员（监察人员）滥用认罪认罚从宽制度，确保犯罪嫌疑人（被调查人）、被告人自愿认罪认罚，以实现提高诉讼效率、节约司法资源和保障人权的立法目的。孟德斯鸠说："如果人们的情欲激动了他们做坏人的思想的时候，他们所处的环境却规定他们不要做坏事才对自己有利的话，这是幸福的。"① 同样，如果办案人员的情欲激励他们去引诱、欺骗、威胁犯罪嫌疑人（被调查人）、被告人认罪认罚时，刑事诉讼法却规定他们不要做此类侵犯人的尊严的事时才对自己有利的话，那么这样的刑事诉讼法才是良法，才是完善的法律。

第三节 "人性善""理性人"对认罪认罚从宽制度的影响

中国哲学中的"人性善"学说和西方哲学中的"理性人"学说都是对人类本性的理想假设，反映了人类对人的本性的美好追求和憧憬，折射出了人类对邪恶的憎恶、愤恨与拒绝的情感。"人性善"和"理性人"的人性观的主要理论基本上是一致的，即因为人性是善良的，所以人就能够根据一定的理性法则去行动；或者说，因为人是理性的动物，所以人就能够根据趋利避害的理性规则去善良地行动。同时，"人性善"理论没有否认人性中有恶的因素，"理性人"哲学观也没有否认人性中非理性的因素。"人性善"和"理性人"两种理论都强调后天的教育对培养理想人格的重要作用。在某些方面，"人性善"和"理性人"的人性观对立法和司法曾经产生过积极的作用。例如，"人性善"的人性观使我们对人性持乐观的态度，并进而相信绝大多数罪犯经过教育和改造能够重新做人，所以我国刑法规定了死刑缓期执行等制度；"理性人"的人性观可以使立法者根据趋利避害的功利原则，规定适当的刑罚等。在社会

---

① 孟德斯鸠. 论法的精神（下册）[M]. 北京：商务印书馆，1963：68.

管理方面，中国历史上虽然曾经出现过"性恶论"，但终究只是昙花一现；我国自古至今大都对人性和权力持一种乐观的态度。"人性善"至今仍然是我国社会关于人性的主流观点。这种关于人性的主流观点，为"权力至上"提供了正当的理论支持和文化环境。在我国现代社会，这主要表现为少数地方以权代法，以权压法；在法律内部，则表现为实体法的相对发达和程序法的相对不发达，以及刑事程序法相对于刑事实体法的工具价值和从属性。在刑事法领域，表现为刑法相对发达，而刑事诉讼法相对不发达和不完善，以及刑事诉讼法对刑法的从属性和刑事诉讼法的工具价值。刑事诉讼法的不发达和不完善直接导致了刑事诉讼程序的不公正和刑事司法权的滥用。在认罪认罚从宽制度适用中，表现为少数案件的办案人员引诱、欺骗、威胁犯罪嫌疑人（被调查人）、被告人违背意志认罪认罚。"人性善"和"理性人"的人性观对我国认罪认罚从宽制度等刑事诉讼制度的消极影响也是深远的，主要体现在以下几个方面。

第一，"人性善"和"理性人"的人性观导致我国古代公民对官僚权力和刑事司法权的盲目崇拜和信任，忽视了对公权力和刑事司法权的法治化监督和制约。中国古代虽然有一定的分权制约机制，但是对最高权力机构——皇权始终缺乏有效的、专门的制约监督机制。例如，隋唐时代虽然设立了中书省、门下省和尚书省三省分工行使宰相权力的制度，但是对皇权没有任何的监督。皇权始终是神圣的、不可制约和不可分割的，皇帝可以随时任免三省的长官。中国古代的刑事司法权也有一定的分权制约机制，例如，清朝中央的刑事司法权由刑部、大理寺和都察院"三法司"共同行使，可以相互制约，但是最高司法权（皇权）没有任何约束；地方司法权由行政首长行使，除受上级不经常的监督以外，也不受任何制约。这种不受监督的皇权和刑事司法权是建立在"人性善"的理论之上的，而且"人性善"的人性观还导致中国古代民众对皇权和刑事司法权的顶礼膜拜，遇有天灾人祸和冤屈总是祈求官僚机构和官吏"为民做主"。我国《宪法》第140条和《刑事诉讼法》第7条规定，人民法院、人民检察院和公安机关进行刑事诉讼，应当分工负责、互相配合、互相制约，以保证准确有效地执行法律。《宪法》和《刑事诉讼法》对人民法院、人民检察院和公安机关在刑事诉讼过程中的职权也作出了明确的划分。《宪法》第131条规定："人民法院依照法律规定独立行使审判权，不受行政机关、社会团体和个人的干涉。"第136条规定："人民检察院依照法律规定独立行使检察权，不受行政机关、社会团体和个人的干涉。"对于检察机关的性质，《宪法》第

134 条规定:"中华人民共和国人民检察院是国家的法律监督机关。"《刑事诉讼法》第 3 条第 1 款规定:"对刑事案件的侦查、拘留、执行逮捕、预审,由公安机关负责。检察、批准逮捕、检察机关直接受理的案件的侦查、提起公诉,由人民检察院负责。审判由人民法院负责。除法律规定以外,其他任何机关、团体和个人都无权行使这些权力。"从上述相关规定可以看出,我国《宪法》和《刑事诉讼法》对刑事司法权的配置作出了比较明确的划分。但是,人民检察院不仅可以监督公安机关,还可以监督人民法院,使分工、分权在法律规定和理论上都陷入困境。司法实践中,由于少数领导的直接干预、指导,个别地方出现了公、检、法机关联合办案和法院提前介入等违背刑事诉讼基本理念的现象,① 这些极少数现象违背了《宪法》和《刑事诉讼法》所规定的"分工负责、互相配合、互相制约"原则,导致刑事司法权的运行缺乏有效的监督和制约,并进一步导致极少数办案人员在办理刑事案件过程中,引诱、欺骗、威胁犯罪嫌疑人、被告人认罪认罚。

第二,"人性善"和"理性人"的人性观导致我国公民和刑事法律对办案机关和办案人员的道德自律期望过高,甚至将其神化,从而使我国的刑事法律缺少抑制"人性恶"和"经验人"的法律制度,进而导致极少数办案人员滥用刑事司法权,滥用认罪认罚从宽制度。在"人性善"和"理性人"的人性观的指导下,刑事司法和刑事立法的逻辑如下:既然人性是善的和理性的,那么人们就凭借善良的本性和理性的法则去行事;在刑事诉讼中,办案机关和办案人员就不会侵犯公民的权利和尊严,所以刑事法律就不应该也没有必要规定详细的制约刑事司法权滥用的法律制度。因而导致极少数办案人员滥用刑事司法权、监察权,主要表现在以下四个方面:(1)我国刑事法律缺少抑制办案机关和办案人员"人性恶"和"经验人"的程序制度,如我国刑事诉讼法没有规定公安司法人员(监察人员)引诱犯罪嫌疑人(被调查人)、被告人认罪认罚以及犯罪嫌疑人(被调查人)、被告人反悔后,排除其认罪认罚的供述的相关非法证据排除制度,也没有规定超期羁押的法律后果等。(2)赋予了办案机关和办案人员不应该有的权力,如 1996 年《刑事诉讼法》规定,涉及国家秘密案件的犯罪嫌疑人聘请律师需经侦查机关批准;辩护律师对特定对象调查取证的需要经检察院或者法院批准;律师会见在押的犯罪嫌疑人需经侦查机关批

---

① 这种现象在专项斗争中在少数地方比较严重,例如"大三长""小三长"会议等。

准，侦查机关可以派员在场，等等。① （3）司法实践中，对律师的辩护工作设置重重障碍，主要有：①在新冠疫情期间，辩护律师会见在押的犯罪嫌疑人、被告人受到许多不合理的限制，比如限制会见次数和时间等。②全国律协《关于律师办理黑恶势力犯罪案件辩护代理工作若干意见》规定，律师事务所受理黑恶势力犯罪案件后，应当于5日内同时报律师事务所所属律师协会和案件管辖地律师协会备案；办案过程中，辩护律师做无罪辩护或改变案件定性时，律师事务所要组织集体研究，依法提出案件处理方案和辩护代理意见。③看守所为了方便律师会见采取网上预约，但是有部分看守所以没有预约为由拒绝现场律师会见。④律师调查取证权利受到限制，律师在侦查阶段没有调查取证权，在审查起诉和审理阶段的调查取证权也难以得到真正的贯彻。（4）刑事司法权、监察权缺乏有效限制，以至于被滥用，如对犯罪嫌疑人（被调查人）、被告人诱供、刑讯逼供、超期羁押，引诱、胁迫犯罪嫌疑人（被调查人）、被告人认罪认罚。

第三，"人性善"和"理性人"的人性观导致我国刑事司法深入开掘人的内心心理资源的内倾法律文化的盛行，极少数法官的审判活动不是依照法定程序和法律逻辑层层展开，而是依照通过阅卷等书面方式获得的神秘的内心体验，判决的依据不是依据庭审的感悟，不利于刑事程序法、证据法的建立和健全。我国的官方文化和社会主流文化认为，我国的国家工作人员和国家机关的人性是善的，善的源头在人的内心里。因而，我国的国家工作人员包括办案人员和国家机关包括公安司法机关（监察委员会）有着较高的政治觉悟和素质，能够自觉地、模范地遵守、执行法律法规和党的政策，无须凭借外部力量而单凭其自身的修养就可以实现社会公正和司法公正。这种认识论和价值观在司法

---

① 1996年《刑事诉讼法》第37条第2款规定："辩护律师经人民检察院或者人民法院许可，并且经被害人或者其近亲属、被害人提供的证人同意，可以向他们收集与本案有关的材料。"第96条规定："犯罪嫌疑人在被侦查机关第一次讯问后或者采取强制措施之日起，可以聘请律师为其提供法律咨询、代理申诉、控告。犯罪嫌疑人被逮捕的，聘请的律师可以为其申请取保候审。涉及国家秘密的案件，犯罪嫌疑人聘请律师，应当经侦查机关批准。受委托的律师有权向侦查机关了解犯罪嫌疑人涉嫌的罪名，可以会见在押的犯罪嫌疑人，向犯罪嫌疑人了解有关案件情况。律师会见在押的犯罪嫌疑人，侦查机关根据案件情况和需要可以派员在场。涉及国家秘密的案件，律师会见在押的犯罪嫌疑人，应当经侦查机关批准。"现行《刑事诉讼法》仍然保留"辩护律师对特定对象调查取证的需要经检察院或者法院批准权"的规定。

领域表现如下：我国办案人员的素质是高的；素质高的办案人员无须程序制度的约束，只需根据自己内心的体验、直觉，就可以明察秋毫、裁断是非，实现司法公正。对于认罪认罚从宽制度的影响是，办案人员具有较高的政治觉悟，因而能够准确理解并贯彻认罪认罚从宽制度，不会因此而侵犯认罪认罚的犯罪嫌疑人（被调查人）、被告人的合法权益。我国绝大多数公民所孜孜不倦地追求的是实体公正，而对程序公正的价值有深刻认识的则比较少。在中国古代，法官的审判活动不是严格依照法定程序进行，而是依靠神秘的内心体验和直觉进行。《周礼》和《唐律》规定的五声听狱讼的方法（也称作"五听"），主要依据双方当事人和证人等的表情和心理状态来判断是非曲直。"五听"的方法虽然是心理学知识在诉讼中的运用，反映了我国古代司法的较高水平，但是它毕竟不是建立在客观取证、举证和质证等程序规则之上的，而是建立在法官的内心体验和直觉的基础之上的。这是典型的追求实体公正的体现。

第四，"人性善"和"理性人"的人性观，使我们认为刑事诉讼参与人尤其是犯罪嫌疑人（被调查人）、被告人是"义务人"，办案机关和办案人员是权力人。这种价值观念不利于现代诉讼民主制度在我国的建立和发展，不利于认罪认罚的犯罪嫌疑人、被告人和公诉机关平等协商，实现协商性司法的理念。这种认识可能导致把人视为义务人，把争取、捍卫权利视为羞耻之事，反映在刑事诉讼中就是把犯罪嫌疑人（被调查人）、被告人的合法辩解和辩护视为无理狡辩甚至是狡赖，把认罪认罚的犯罪嫌疑人、被告人的平等协商要求视为态度不好。极少数办案人员故意不告知认罪认罚的犯罪嫌疑人（被调查人）、被告人享有的诉讼权利，值班律师成为犯罪嫌疑人、被告人签署认罪认罚具结书的见证人，违背设立值班律师制度的初衷。

总之，"人性善"和"理性人"的人性观使法律建立在对人性和权力的信任基础之上，因而缺乏防范公共权力滥用的制度。这种现象在认罪认罚从宽中，表现为刑事诉讼法和监察法缺少抑制极少数公安司法（监察）人员在适用认罪认罚从宽过程中"人性恶"和"经验人"的一面，并导致司法实践中极少数办案人员滥用认罪认罚从宽制度，其直接后果是：诉讼参与人尤其是犯罪嫌疑人（被调查人）、被告人的权利和尊严受到侵犯，办案人员欺骗、引诱、威胁犯罪嫌疑人（被调查人）、被告人认罪认罚，降低有罪的证明标准，将案件煮成"夹生饭"，变成证据不充分的有罪判决的变通处理办法。这种滥用认罪认罚从宽的现象又促使人们形成了"刑事诉讼程序和刑罚是不公正的"认识。这种关于刑事诉讼程序和刑罚是不公正的认识，使刑罚增加了犯罪，或者使刑罚与未来的犯罪无关。

第四节 "人性"二重性视角下的求刑权与量刑权

一、认罪认罚从宽制度中检察机关的角色定位

检察机关在认罪认罚从宽制度的适用中发挥着重要作用，俨然成为国家追诉的执行者、案件流转的过滤者、诉讼程序的分流者、合法权益的保障者、诉讼活动的监督者五重角色，检察官在刑事诉讼中的主导地位愈发凸显。[①] 虽然认罪认罚从宽制度贯穿于刑事诉讼包括监察调查的全过程，适用于侦查（调查）、审查起诉和审判各个阶段，但是适用该制度的决定权在检察机关，签订认罪认罚具结书也在审查起诉环节，并且检察机关量刑建议的法律效力也得到加强。因此，认罪认罚从宽制度的适用进一步加强了检察机关和检察官的权力，检察机关和检察官有权决定刑事诉讼的走向，成为刑事诉讼程序中的核心，检察权主导理论成了实务界的共识。但是，也有学者指出，检察权主导刑事诉讼会对"以审判为中心"的诉讼制度改革形成冲击，庭审活动仅仅是检察环节的附属流程，理论争议导致在实践中检察机关的角色定位模糊，影响着认罪认罚从宽制度的适用。[②]

（一）检察机关公诉权的权能体系

所谓权能，是指权力的要素，是指权力的作用或实现方式。"公诉权的权能是指公诉权的基本内容或者表现形态。"[③] 检察机关的公诉权主要表现为提起公诉、支持公诉、量刑建议、抗诉四种形态，与普通案件审理流程相比，认罪认罚案件中检察机关的公诉权在量刑建议方面有所加强。在早期的侦查权、

[①] 贾宇. 认罪认罚从宽制度与检察官在刑事诉讼中的主导地位[J]. 法学评论，2020，38（3）：1-11.

[②] 路旸. "检察主导"的内涵辨析、权力构成与实践趋势[J]. 中国政法大学学报，2021（3）：253-265.

[③] 周长军. 公诉权的概念新释与权能分析[J]. 烟台大学学报（哲学社会科学版），2016，29（6）：10-18.

检察权、审判权三权分置制度设计中，检察权最早是归属于行政权体系以此来制衡司法权，随后又逐步从行政权体系中分离出来，经过不断地发展，检察权的内涵不断发展，公诉权逐渐成为检察权的核心内容。研究公诉权的权能体系以及认罪认罚从宽制度下公诉权的特色，更有利于发挥检察机关在刑事诉讼改革中的作用，但目前对于认罪认罚从宽制度中检察机关公诉权的具体内涵以及法律效力存在着很大争议，尚未达成共识。例如，余金平交通肇事罪案的第一审、第二审都是围绕着检察机关公诉权权能中的量刑建议的效力展开的。检察院认为法院拒绝采纳其量刑建议属于程序违法，余金平自愿认罪认罚，犯罪情节较轻、认罪悔罪态度好，符合缓刑的适用条件，同时量刑建议不存在过轻而影响公正审判的情况。因此，检察机关认为一审法院的判决既不符合刑事诉讼法的规定，也违背了认罪认罚从宽制度的价值追求。法院则从是否成立自首、是否符合适用缓刑的条件展开论证说理，似乎并未考虑到余金平交通肇事罪案已经适用了认罪认罚从宽制度，是否可以考虑从宽处罚，并且第二审法院在检察院为被告人利益提起抗诉的情况下，仍然加重了被告人的刑罚。检察官的量刑建议权和法官的刑罚裁量权之争折射出了"人性"对权力的向往和依依不舍。因此，笔者认为，余金平交通肇事罪案的背后反映的是检察机关"量刑建议权"和审判机关"独立审判权"的正面交锋，在检察权主导认罪认罚从宽制度之下，公诉权扩张是必然趋势。但是，公诉权扩张可能会对审判权、被告人的合理信赖以及被害人诉求表达产生较为深刻的影响。

（二）公诉权权能体系的特征

在控辩式诉讼模式之中，公诉权的实质仍然是一项国家权力，需要通过一系列诉讼行为得以彰显。有学者对公诉权内涵进行了界定，认为："公诉权，即刑事追诉权，是检察机关运用公权力对违反刑事法律构成犯罪的人诉请国家审判机关依法追究其刑事责任的权力。"[1] 笔者认为，公诉权是一种抽象性的国家权力，是检察机关在刑事诉讼程序中，以惩罚犯罪为目的而实施的一系列诉讼行为的体现。公诉权具有两个特征：第一，监督性。公诉权的内容不仅包含提起公诉，也已经衍生出了监督职能；公诉权的监督性根植于其背后所代表的国家强制力。公诉权的监督性贯彻于整个诉讼过程，不仅可以监督司法活

---

[1] 张智辉. 公诉权论 [J]. 中国法学, 2006 (6): 109-121.

动,还可以监督犯罪人的犯罪行为。① 第二,公诉权行使需要符合法定的程序。公诉权的行使权限属于法律保留,在我国仅有法律可以加以规制,需恪守程序性原则,这也是刑事诉讼中程序公正原则的重要体现。在现代司法理念中,程序性是公诉权的生命,公诉权是通过一系列的程序性权力表现出来的,其行使也必然要受制于既成的程序性规定。②

在承认公诉权包括提起公诉权、支持公诉权、变更起诉权、抗诉权的基础上,公诉权应当加以适当的扩充。具体来看,不起诉是指人民检察院对案件经过审查后,在认为对犯罪嫌疑人不应追究、没有必要追究或者是无法追究其刑事责任时依据法律规定不将犯罪嫌疑人提交人民法院进行审判的一种诉讼处理决定。不起诉决定将导致刑事诉讼程序的终结,其法律效果是无罪认定。不起诉和提起公诉都是人民检察院处理案件的重要方式,应当被纳入公诉权的基本形态。

量刑建议权是检察官以国家公诉人的身份代表检察机关建议法院对被告人在定罪的基础上处以确定的或一定幅度内的刑罚权力。定罪请求权和量刑建议权都是公诉权的重要内容,二者都是公诉机关的一项司法请求权。因此,从理论上来说,量刑建议权和其他诉讼请求一样,不具有终局性。也就是说,对公诉机关的量刑建议,法院可以采纳也可以不采纳。根据审判终局性之原则,法院专门享有的刑罚裁量权才具有终局性。从控、审关系角度考察,控诉是审判的前提和根据,审判必须限定在控诉的事实和被告人的范围之内。因此,检察机关在控诉被告人的相关犯罪事实的基础上,建议对被告人处以相应的刑罚,体现了检察机关的司法监督职能,实质上属于对审判权的抗衡,有助于发挥检察机关对于审判权的监督职能。不起诉与量刑建议在实践中都发挥了重要作用,应赋予其公诉权基本权能属性。但是,辩诉交易权等不能被纳入我国的公诉权基本权能体系之中。就辩诉交易权而言,我国刑事诉讼法中并没有类似于英美法系的辩诉交易制度的相关规定,并且禁止检察机关与被告人、辩护人进行任何形式的罪名交易。

二、认罪认罚从宽制度中的公诉权特色权能

不同于美国、德国的协商性司法制度,我国认罪认罚从宽制度是围绕"认

---

① 王建. 现代司法理念下我国公诉权的配置 [D]. 江苏:苏州大学,2013.
② 王建. 现代司法理念下我国公诉权的配置 [D]. 江苏:苏州大学,2013.

罪与认罚"展开的一系列相关制度、程序的改革，秉持惩罚犯罪和保障人权的刑事诉讼基本理念，并不会因为犯罪嫌疑人、被告人的认罪认罚而违背发现案件真相、防止冤假错案发生的诉讼目的。相反，通过发挥检察权主导推进作用，塑造独具特色的公诉权体系，确保司法的公平正义。

（一）认罪认罚从宽制度的第四范式特征

在刑事诉讼的发展过程中，人类社会早期，由于缺乏强有力的中央集权，公权力尚未介入私主体的纠纷解决之中，实行私人告诉和不告不理制度，并借助神示证据制度解决侵权纠纷，这种诉讼模式被称为弹劾式诉讼模式，称之为刑事诉讼的第一范式。随着生产力的发展，纠问式诉讼模式逐步在欧洲大陆盛行，成为封建时代的主要诉讼模式，我国在封建时代也实行纠问式诉讼模式。纠问式诉讼模式中，法官代表着国家公权力，集控诉和裁判职能于一体，无论是否有原告，法官均可依照法定的证据制度进行审理，该模式被称为刑事诉讼的第二范式。资产阶级革命胜利之后，主要的资本主义国家形成的以法国、德国为代表的职权主义诉讼模式和以英国、美国为代表的当事人主义诉讼模式共同成为刑事诉讼的第三范式。近代以来，由于司法资源的稀缺、案件压力的加大，美国等英美法系国家推行的辩诉交易制度以及德国等大陆法系国家所实行的认罪协商制度，促使被追诉人认罪，推崇放弃正式审判，此种协商性司法模式被称为刑事诉讼的第四范式。[①]

我国的认罪认罚从宽制度具备第四范式的特征，但是相对于辩诉交易制度和认罪协商制度又有不同之处。首先，从制度的发动来看，美国、德国等国家的协商性司法模式起源于实践，而我国的认罪认罚从宽制度带有更多政策变革色彩。与两大法系代表性国家和地区的协商性司法相比，我国《刑事诉讼法》和《监察法》规定的认罪认罚从宽制度的推进不是渐进、自然的，而是在全面依法治国战略的指导下，自上而下强力推进的。这些体现出中国特色社会主义法律体系的性状及其法律改革的特征，具有改革性、前瞻性和效率性。其次，从制度的内容上看，我国的认罪认罚从宽制度公诉机关和被告人（辩护方）的协商空间较小，更多的是法定性和选择性，并不符合欧美等国家和地区的诉讼"合意模式"。最后，在制度的设计方面，我国的认罪认罚从宽制度仍属于现有

---

① 熊秋红. 比较法视野下的认罪认罚从宽制度——兼论刑事诉讼"第四范式"[J]. 比较法研究, 2019（5）: 80-101.

制度框架之内，以发现真实、保障无辜和提高诉讼效率多重价值为目的。在整个诉讼活动中不会因为认罪认罚而降低有罪的证明标准，侦查机关仍然需要全面、客观地收集证据，以发现案件真相，有罪供述不会减轻任何公诉职能和审判职能，更多的是程序上的简化与分流。即使犯罪嫌疑人、被告人认罪认罚，也不会因为犯罪嫌疑人、被告人的有罪供述而跳过侦查、审查起诉等环节，直接进入审判程序，这在一定程度上避免了英美国家"替罪""无辜认罪"等冤假错案的发生。

公诉活动繁简分流、丰富检察权内涵是世界范围刑事司法改革的总体趋势，推进以检察权为主导的认罪认罚从宽制度的实施，需要进一步强化公诉权在整个刑事诉讼中的支撑作用。因此，在传统的公诉权能体系基础之上，要推进认罪认罚从宽制度需增加符合其实践特色的制度内涵。第一，量刑建议权的内涵和地位不断丰富提升。受控审分离原则的影响，我国公诉机关在控诉活动中过于关注定罪事实，将量刑视为公诉的附属活动，形成"成功定罪即代表控诉结束"的错误认识。量刑建议作为检察机关公诉求刑权的表现形式，是约束和规范法官自由裁量权的重要规则。《刑事诉讼法》第201条第1款明确规定，人民法院审理被告人认罪认罚案件，依法作出判决时，一般应当采纳人民检察院指控的罪名和量刑建议。虽然该条款中的"一般应当"在法律效力与法律性质上引发学界诸多争议，但是检察机关的量刑建议对于提高被告人认罪认罚从宽的适用率、侦查机关办案效率以及被告人的权益保障至关重要。第二，适当赋予公诉权自由裁量属性。我国传统公诉模式禁止公诉机关与被控诉方存在任何形式上的协商，罪刑法定原则是我国刑法的基本原则，禁止罪名轻重和罪名有无之间进行协商不能阻塞裁量性刑罚适用的可能，任何刑罚的适用都会有裁量性出现，将审判权的裁量属性适当前置于公诉权之中依然不违背现有的控辩审三方制度框架。但是，需要明晰的是，刑罚的裁量性适用必须在法定的制度框架内，不是控诉方与辩护方之间突破罪刑法定原则和罪责刑相适应原则束缚的刑事司法协商，而是公诉机关将法定量刑程序和规范进行提前适用，量刑建议的选择是柔性的，量刑建议的适用依旧是刚性的。第三，扩展公诉权在诉讼程序选择方面的权力边界。我国认罪认罚从宽制度的核心目标在于优化司法资源的配置，提高刑事诉讼效率。从程序法的角度讲，诉讼程序的选择以及能否有效衔接影响着诉讼活动的效率。传统诉讼模式下，法官有权决定审理案件适用的审理程序，但是这一方面需要法官对于案件有初步的了解并且掌握案件的基本事实，另一方面对于特殊程序如简易程序的适用，也需要征询被告人及其辩护人的意见。这显然并不能够更好地推进案件的快速处理。检察机关在审查起诉阶段对于整个案件已经有了翔实的了解，赋予其在诉讼程序适用上的决定权或者建议权，可以推进诉讼程序的高效衔接和转换，同时能够减少被告人的羁押时间，使轻微的刑事案件能够得到更快的处理。第四，发挥公诉权在审前分流中的重要作用。我国认罪认罚从宽制度在适用范围上并不存在限制，任何类型的犯罪均可以通过认罪认罚获得从宽处理的结果。例如，对于一些轻微的刑事案件来说，被告人认罪认罚之后，辅之以自首、被害人谅解等其他可以从宽的量刑情节，对某些被告人无须科处刑罚就已经能够达到警示犯罪的法律效果，也不会提升社会危险性。因此，完善的不起诉制度以及赋予检察机关更大的不起诉裁量权不仅可以更好地促进繁简分流，避免轻微刑事案件占用过多司法资源，也能够更好地彰显我国宽严相济的刑事政策，给予犯罪人更多的人权关怀和保障。

（二）认罪认罚从宽制度中公诉权特色权能体系

我国的控辩式诉讼构造正在经历着向第四范式转型，认罪认罚从宽制度是基于我国现有的刑事诉讼模式进行的改革。被告人自愿认罪的，控辩双方在确定定罪事实无争议的基础之上，就有关量刑问题进行协商，建议法院对被告人作出宽大的刑事处罚。可以说，认罪认罚从宽制度已经成为诉讼模式转型中最具前瞻性和开放性的核心内容。检察机关的公诉权体系也得以扩展，独具特色，在已有的公诉权体系基础之上，实现实体处理从宽、程序适用分流简化上的理念。下列四个方面构成了认罪认罚从宽制度中公诉权的特色权能体系。

第一，对审判活动具有较强约束力的定罪请求权。所谓定罪请求权，是指检察机关通过提起公诉的方式，请求法院启动审理程序，判决被告人的行为构成犯罪并追究其刑事责任的权力。[1] 它是公诉权的重要内容，可以视为提起公诉权的衍生和具化。在刑事诉讼活动中，公诉行为和审判行为的发生实际上是定罪请求权发动后的法律效果。在罪刑法定原则精神的指引下，检察机关根据侦查机关（监察委员会）查明的案件事实，依照实体法和程序法的规则，就所指控的犯罪行为向法院提起追诉的请求。认罪认罚案件中，检察机关为了能够尽早获得犯罪嫌疑人的认罪供述，必须明确判断被追诉人的犯罪行为所涉及的

---

[1] 周新. 论检察机关的公诉模式转型[J]. 政治与法律，2020（1）：19.

具体罪名以及可能判处的刑罚，在此基础之上拟定认罪认罚具结书和相应的量刑建议，这些行为对法院的审理活动产生了直接的法律约束力。不同于一般案件中的定罪请求权，根据《刑事诉讼法》第201条第1款的规定，认罪认罚案件中，检察机关的定罪请求权对法院的审判活动有较强的约束力。笔者认为，这种对法院的审判活动具有较强约束力的定罪请求权是认罪认罚案件中检察权的扩张。扩张的定罪请求权使检察机关成为处理认罪认罚案件的中心和枢纽，司法重心由审理阶段前移至审查起诉阶段。在认罪认罚从宽制度中，被追诉人的自愿认罪认罚是该程序发动的核心关键，根据《指导意见》的规定，人民法院审判阶段审理的中心也是围绕认罪认罚的自愿性和合法性展开的。因此，检察机关在审查起诉过程中应当重点关注犯罪嫌疑人认罪认罚的自愿性和合法性。一方面，检察机关应当告知犯罪嫌疑人依法享有的相关权利和认罪认罚的法律后果和相关规定，保障犯罪嫌疑人的选择权，并就案件的相关情节、证据等进一步向犯罪嫌疑人核实，审查证据的合法性、关联性以及真实性。另一方面，检察机关要向犯罪嫌疑人说明其犯罪行为在法律上的定性、可能触犯的罪名的内涵，释明犯罪构成的要件和论证理由，提高被追诉人对于罪名的内心认可度，犯罪嫌疑人只有内心真正理解自身犯罪行为的性质和所触犯的罪名，才能够自愿认罪认罚，从而巩固量刑活动的法律基础。换句话说，定罪请求权的法律效力直接影响着认罪认罚的实际效果。《刑事诉讼法》第182条等相关条款的规定赋予了检察机关部分自由裁量权。不同于辩诉交易中的罪名交易，在某些特殊案件中，报请最高人民检察院审批之后，检察机关可以根据案件的实际情况，并结合犯罪嫌疑人的认罪表现，在罪名与罪数上进行裁量，实现从宽处罚，减轻犯罪嫌疑人的刑事责任。

第二，对法院刑罚裁量具有较强约束力的量刑建议权。量刑建议权是一种基于刑罚请求权之司法请求权，是检察机关公诉权的下位权能。在美国，由于定罪和量刑分属于两个不同的程序，在法庭确定被告人有罪之后，检察官才可以就被告人的量刑发表建议。在辩诉交易过程中，检察官为了获取被告人的有罪答辩，可以建议法官对被告人从轻量刑，为了确保检察官能够正确行使量刑建议权，各州也出台了相应的政策性规定。德国作为大陆法系的代表，其刑事诉讼法中明确规定，无论是普通程序还是处罚指令程序，检察院都拥有量刑建议权，而检察官的量刑意见也往往被作为适当量刑的标准上线，因此法官更偏向于采用量刑意见，甚至是在量刑意见下判处刑罚。

量刑建议权是检察机关认罪认罚从宽制度中最重要的公诉权能，也是公诉权与审判权之争的焦点。量刑建议权最基本的表现形式是请求人民法院依照既定的法律条文，在刑法规定的范围内对被告人科处相应的刑罚。在我国，2010年10月，"两高三部"共同颁布的《关于规范量刑程序若干问题的意见（试行）》第一次正式确立了检察机关的量刑建议权。2014年，最高人民法院、最高人民检察院、司法部、公安部联合发布的《关于在部分地区开展刑事案件速裁程序试点工作的办法》第2条明确将量刑建议与适用速裁程序联系起来，大大提升了量刑建议在公诉权体系中的地位，也大大提高了量刑建议在刑事诉讼中的作用。为了配合认罪认罚从宽制度的实施，2018年《刑事诉讼法》正式以立法的形式赋予了检察机关量刑建议权。包含量刑建议权的量刑建议制度是实现量刑规范化的重要举措之一，极大地保障了程序公正，提高了诉讼效率。然而，关于检察院的量刑建议权和法院的刑罚裁量权，在理论界和实践界产生了激烈的争论。正如余金平交通肇事罪案所反映的，当被告人余金平认罪认罚之后，北京市门头沟区检察院据此所提出的量刑建议，法院在量刑时是否必须采纳？法条表述当中的"一般应当"又该如何理解？其实立法者本身已经进行了回应，我国《刑事诉讼法》规定了法院不予采纳的五种例外情形，包含被告人依法不构成犯罪、违背自愿原则、被告人否认指控事实、审理认定罪名与控诉罪名不一致以及其他兜底条款。该规定已经赋予法官相应的自由裁量的空间，可以视为控审双方的相互制衡。同时，我国《刑事诉讼法》第201第2款作了相应的补充规定，当量刑建议确实存在不合理之处时，人民法院在听取检察院以及被告人、辩护人的意见之后，可以依法作出裁判。[①] 从另一层面考察，量刑建议是认罪认罚具结书的主要内容，甚至很多犯罪嫌疑人、被告人基于现实考虑，只关心量刑建议而不关心罪名。当被追诉人自愿认罪认罚，同意量刑建议，并在辩护律师或者值班律师的见证下签署具结书时，被追诉人要遵守所达成的控辩合意，除非特殊情况，否则不得随意反悔，检察机关也不得随意否定或者变动、删改其中的具体内容，损害被追诉人的权益。审查起诉阶段生成的量刑建议在审判阶段若未能发挥实际效果、影响最终适用的刑罚，则会在很大程度上降低被告人因为认罪带来的预期收益的合理期待，量刑建议仅仅

[①] 卞建林，李艳玲. 认罪认罚从宽制度适用中的若干问题 [J]. 法治研究，2021（2）：18-36.

成为法官在量刑时的辅助性参考材料使用。规范的量刑建议对于犯罪嫌疑人、被告人认罪认罚以及庭审实质化具有重要意义。因此，为了能够更好地落实控辩协商阶段的成果，更好地展现认罪认罚带来的诉讼效果，量刑建议应当成为法官裁判的主要参考依据，对于法官裁判具备较强的约束力。这种对法院裁量刑罚具有较强约束力的量刑建议权显然是检察权在认罪认罚案件中的扩张。

第三，特殊情形下的不起诉权。不起诉作为一种无罪化处理方式，是公诉权的重要内容，检察机关作出不起诉决定即可终结刑事诉讼程序，是实现审前繁简分流的重要路径之一。过去的司法实践中，由于受制于多方因素，不起诉制度适用率较低，即便是仅适用于未成年人的附条件不起诉制度，也未能实现制度设计的初衷。近年来，我国刑法制度逐渐向无罪化、轻刑化方向发展。2021年4月，最高人民检察院确立了少捕慎诉慎押的刑事司法政策，与认罪认罚从宽制度和宽严相济刑事政策产生叠加效果。2021年，全国检察机关共批准和决定逮捕各类犯罪嫌疑人86.8万人，同比上升12.7%；不捕38.5万人，同比上升65%，不捕率31.2%，同比增加7.9个百分点。共决定起诉174.9万人，同比上升11.2%；决定不起诉34.8万人，同比上升39.4%，不起诉率为16.6%，同比增加2.9个百分点。① 这些数据充分体现了不起诉制度在轻微刑事案件处理上的重要作用，彰显了法律效果与社会效果的统一。《刑事诉讼法》修改之前，不起诉制度包括法定不诉、酌定不诉、存疑不诉、未成年人附条件不诉四种类型。2018年《刑事诉讼法》增加了对于涉及重大立功或者国家重大利益的特殊案件，犯罪嫌疑人自愿认罪认罚的，经过最高人民检察院审批之后可以作出不起诉决定。因此，2018《刑事诉讼法》规定了更为完善的不起诉制度体系。刑事司法实践中，检察机关对于一些轻微刑事案件的犯罪嫌疑人，更多的是通过适用酌定不起诉的方式从宽处罚。对于学界讨论最多的拓宽附条件不起诉制度适用范围，2018年《刑事诉讼法》未作出相关回应。但是，扩展附条件不起诉制度到成年人犯罪案件，不仅能够提升认罪认罚案件质效，还能够完善多层次的刑事案件处理机制、迎合刑事诉讼制度的发展规律，更好地实现公正与效率的统一。

第四，诉讼审理程序适用的建议权。在传统的诉讼理论中，审理程序的选

---

① 最高人民检察院网上发布厅.2021年全国检察机关主要办案数据［EB/OL］.最高人民检察院网，2022-03-08.

择、适用属于审判权的重要组成部分，检察院提起公诉之后，主审法官会根据案件的具体情况，结合被告人的具体情况以及可能被判处的刑罚，决定审理案件的相应程序。2018年《刑事诉讼法》在第一审程序中增设了"速裁程序"一节，适用于审理被告人认罪认罚的轻微刑事案件，并且规定对于符合速裁程序适用条件的案件，人民检察院在提起公诉的时候，可以建议人民法院适用速裁程序。根据最高人民检察院发布的数据，2021年适用速裁程序审理的认罪认罚案件占比达到32.8%，而通过检察机关建议适用速裁程序审理案件占比七成以上。同时，从制度层面看，认罪认罚从宽制度不仅要求实体处理上的从宽，也要求程序审理上的从简从快，而在我国审理程序中速裁程序审限最短，对于被告人而言，这也意味着更短的羁押期限。因此，将检察机关审理程序的建议权视为公诉权的衍生内容，可以提高认罪认罚案件的审理效率，更好地实现繁简分流。

三、认罪认罚从宽制度公诉权扩张的影响分析

认罪认罚从宽制度推崇提升司法效率，节约司法资源。检察权主导下的认罪认罚从宽制度设计必然会适当扩充检察机关公诉权内涵，产生与"以审判为中心"的刑事诉讼制度改革的理论争议。同时，公诉权扩张产生的不平衡也可能会忽视被害人的利益诉求，对于被害人的权益保障等产生影响。

（一）检察权主导与"以审判为中心"的理论争议

2018年《刑事诉讼法》修改之际，最高人民检察院强调，必须充分发挥检察机关在认罪认罚从宽制度中的落实和主导推进作用。在传统法学理论中，刑事诉讼是实现国家刑罚权的活动，刑事诉讼的各环节有不同的分工，审判活动决定诉讼结局，侦查、起诉等活动应当围绕审判展开，并在最终的审理活动中接受审查和检验。检察机关代表国家行使对犯罪嫌疑人的追诉权，应当在审前程序中居于主导地位。《决定》也明确指出，深入推进以审判为中心的刑事诉讼制度改革，确保侦查、审查起诉的案件事实、证据经得起法律的检验。因此，有学者对于"检察机关在认罪认罚从宽制度中的落实和主导推进作用"的观点提出了质疑，认为"以审判为中心"的核心是庭审实质化，但是在认罪认罚案件中，适用速裁程序审理时，庭审时长大幅减短、程序简化，庭审流于形式，甚至"走过场"，检察机关的公诉权被赋予了较大权能，检察机关俨然成了整个刑事诉讼程序的主导者和推进者。在此种情况下，审判还能否被看作刑

事诉讼的中心环节？这种情况对于认罪认罚从宽制度的定位也产生了诸多争议。学者提出依附说和混合说等观点，认为认罪认罚从宽与坦白、自首等现有的刑罚裁量制度存在很多相同之处，可以一概视为宽严相济等刑事司法政策的制度化表现，不具备独立的刑事诉讼价值，应当将其附随于坦白、自首等制度之上，或者将其重新进行整合，不应进行严格区分。

（二）量刑主导权背后的法检冲突

在司法实践中，法院对于检察机关提出的量刑建议采纳率并不高，换句话说，法院最终的量刑或多或少与检察机关的量刑建议存在一定的差距。[①] 相关数据显示，在认罪认罚从宽制度试点过程中，法院对检察机关量刑建议的采纳率为92.1%。[②] 但是，2018年刑事诉讼法修改之后，这一数据发生了回落。2020年最高人民检察院工作报告显示：检察机关的量刑建议被法院采纳的概率为79.8%。余金平交通肇事罪案件中所揭示的两级法院和检察院之间的冲突，深层次反映了量刑主导权归属问题。检察官在审查起诉阶段，为了提出精准量刑建议，已经付出了很多努力，包括听取被害人建议，与辩护人、被告人进行协商并签订认罪认罚具结书等。对于一些轻罪案件而言，法官采纳量刑建议不仅能够满足犯罪嫌疑人、被告人内心的期许，同时能提高审判效率，符合诉讼经济原则。但是，由于受"趋利避害"的人性的影响，法官认为量刑权是审判权的重要内容，认罪认罚案件中公诉权的过度扩张是对审判权的侵害，同时最终裁判错误的责任由法官承担，这就导致其在一些情况下会或多或少地调整检察机关所提出的量刑建议。在司法实践中，这种现象导致法院与检察院关于适用刑罚的冲突，以至于对一些简单的刑事案件，检察机关抗诉，被告人也提起上诉。这种现象违背了认罪认罚从宽制度所蕴含的繁简分流、节约司法资源的立法目的，反而让被告人对于量刑建议在整个审判活动中的实际作用产生怀疑，质疑认罪认罚具结书的实际效果，损害检察机关的司法权威，同时对于认罪认罚从宽制度的实际适用产生了阻碍。

[①] 2019年10月24日，在最高人民检察院召开的"准确适用认罪认罚从宽制度"新闻发布会上，最高人民检察院苗生明检察官指出："目前检察机关提出的量刑建议，法院采纳率还不够高，实践中出现法官不采纳量刑建议，最终量刑与量刑建议之间相差一两个月甚至半个月的情形。"

[②] 谢文英.认罪认罚从宽试点：更高层次实现公正与效率统一[N].检察日报，2017-12-25（5）.

第四章

认罪认罚从宽相关制度比较研究

第一节 美国辩诉交易制度

一、美国辩诉协商交易的历程

辩诉交易制度是美国的一项司法制度，在美国刑事司法系统中发挥着极为重要的作用。简单来说，辩诉交易就是一种交易，如果被告人主动认罪，检察官则会降低对被告人指控的罪名，或者放弃对被告人的某些指控，不再对被告提出其他指控，又或者向法官提出对被告人有利的量刑建议。通俗来讲，辩诉交易就是控辩双方就刑罚、罪名、罪数进行的讨价还价的行为，且该行为必须建立在双方自愿的前提下，否则该行为对控辩双方都不会发生任何法律效力。

在18世纪，美国仍然受英国殖民统治，审判程序适用英国的陪审团制度，律师行业尚未兴起，检察官也不具备法律职能，属于法律的外行人，在这种情形下，辩诉交易没有产生的基础。美国城市的扩张以及欧洲淘金移民的到来，不仅冲击了当时的社会观念和社会形态，还引发了美国的另一危机。人口聚集使犯罪率不断上升，社会动荡不安，大量的刑事案件又使当时美国有限的司法资源捉襟见肘，美国法官和检察官陷入了"案多人少"的困境。在这种情况下，能够节约司法资源、实现快速结案的"辩诉交易"在司法实践中应运而生。"辩诉交易"最初产生时，没有任何法律条文赋予其合法性，一直处于"地下交易"的状态，即便是在法庭上，正式的审判依然占统治地位，控辩双方都心照不宣地装作不承认有罪答辩。直至1978年，美国联邦最高法院在布雷迪诉美利坚合众国一案中才正式赋予了辩诉交易的合宪性，并由此而成为美国刑事司法体系的一项重要内容。

二、辩诉交易的主要内容

（一）辩诉交易的主体

辩诉交易的主体是在刑事诉讼中承担控诉职能和辩护职能的控辩双方。参与辩诉交易的当事人是在刑事诉讼中相互对抗的双方，处于控诉的当事人是一方，即承担起诉职责的检察官；另一方则是履行辩护职责的律师，或需要辩护但无律师为其辩护的被告人。根据交易的主体不同，辩诉交易可以分为检察官和辩护律师交易以及检察官和被告人交易两种类型。其中检察官决定着辩诉交易能否成立。被告人并不是辩诉交易的必然主体，通常情况下，律师是被告人合法利益的辩护人，会自动代替被告人参与到与检察官的辩诉交易中，被告人可以通过律师了解辩诉交易协议。只有在没有律师为其提供辩护而需要被告人自行辩护时，被告人才成为辩诉交易的一方主体。

（二）辩诉交易的适用范围和主要类型

关于辩诉交易的具体适用范围没有明确的法律规定，尽管一些州和地区禁止在特定案件中进行辩诉交易或不拘案件性质直接禁止辩诉交易，但辩诉交易在美国司法实践中已经是较为常见的案件处理方式。著名学者伟恩·R. 拉费弗（Wayne R. LaFave）、杰罗德·H. 伊斯雷尔（Jerold H. Israel）和南西·J. 金（Nancy J. King）分析认为，辩诉交易有三种类型：第一，被告人和检察官同意允许被告人在有证据支持的情况下对较轻的罪行作有罪答辩；第二，被告人对最初指控认罪以换取检察官对量刑的一些承诺；第三，被告人认罪以获得检察官的减刑或不提出其他指控。① 简单来讲，在美国司法体系中，辩诉交易包括指控交易、罪数交易和刑罚交易三种交易类型。其中，指控交易涉及检察官承诺以较轻的指控起诉被告人，以换取后者的有罪答辩。当罪数交易适用于犯罪的被告人时，检察官承诺提出较轻指控并放弃指控其他罪行作为交换。刑罚交易则是指被告人就检察官指控的罪名同意认罪，条件是检察官要向法官提

---

① 罗纳尔多·V. 戴尔卡. 美国刑事诉讼——法律和实践 [M]. 张洪巍, 译. 湖北：武汉大学出版社，2006：51.

出有利于被告人的量刑建议。按其运作方式不同，可以将其划分为隐性交易与显性交易。隐性交易是指被告人根据辩诉交易会得到较轻处罚的习惯而做出的有罪答辩；显性交易是指在检察官事先许诺减轻处罚的情况下，被告人进行有罪答辩。

（三）美国的辩诉交易方式以及地点

辩诉交易的方式多种多样，在很多非正式的场合都可以进行交易，如检察官或者法官的办公室、法庭走廊、甚至街头。大部分案件中，辩诉交易由辩护律师和检察官之间达成，而被告人不需要出席。至于法官出席与否，取决于案件的具体情况，有些案件法官需要在场，而有些案件法官只有等辩护律师和检察官协商的结果提交到法庭时才能知晓。

（四）被告人答辩的类型

辩诉交易是指被告人为换取检察官的让步而自愿承认被指控的犯罪事实，因此辩诉交易一方面是被告方的认罪答辩，另一方面是检察官的让步，双方的交易围绕着这两方面展开。关于有罪答辩，《美国刑事诉讼法》根据被告人是否认罪，划分为有罪答辩、无罪答辩、无罪申诉三种类型。在一些州，甚至还有第四种认罪方式即精神失常的无罪答辩。无罪申诉字面上的意思就是"不争辩"，被告人不愿意为自己辩护也不愿意认罪，在没有认罪的情况下被判处刑罚，结果与有罪答辩相同，但被告人可以从中受益。辩诉交易的相关规定适用于有罪答辩和无罪申诉，即辩诉交易可以进行。但当被告人做无罪答辩或者被法院作为无罪答辩处理时（如被告人拒绝答辩或者被告人拒绝出庭），审判进入正式的程序，通常在两到三周内举行正式的审判，不再适用辩诉交易。因此，被告人作有罪答辩是进行辩诉交易的前提。

（五）辩诉交易的效力

站在契约的角度，辩诉交易通常是检察官和被告人的辩护人之间的一种约定。特殊情况下，系检察官与被告人达成的协议。它必须满足协议的生效条件，也就是出于双方当事人的真正意愿。辩诉交易的生效取决于被告人的答辩是否自愿。根据美国《联邦刑事诉讼规则》第 11 条（d）款的规定，为了"保证答辩自愿"，法官通常在开庭审判前给予被告人认罪和无罪答辩的选择。被告人在接受自愿认罪或无罪申诉之前，法官首先在公开法庭上询问被告人的认罪是否自愿，以及被告人认罪是不是对检察官承诺的一部分。如果被告人选择有罪答辩,而且这种选择是自愿、明智的,并了解其行为的法律后果,法官通常会接受被告人选择的结果,直接对其定罪,而不再进入正式的法庭对抗阶段,进入量刑阶段。如果被告人选择不认罪,案件将进入正式审判程序,在双方法庭对抗阶段,被告人有权接受陪审团的审判,不能被迫作不利于自己的证词。有罪与否取决于陪审员内心对案件事实所形成的独立判断而不是被告人的一家之言。换言之,当被告人作有罪答辩或无罪申诉时,有证据证明被告人不具有自愿性,或者被告人对自己的行为后果并不了解,这一答辩就是无效答辩。

(六)有罪答辩的撤回

美国《联邦刑事诉讼规则》第32条、第11条规定,允许被告人基于正当理由在被法院正式宣告判决前,可以撤回自己的有罪答辩,而且被撤回的有罪答辩不会在以后的庭审中对被告人产生不利影响。首先,以被告人认罪或无罪申诉为前提,如果被告人在法院正式判决之前以任何公平和公正的理由撤回其有罪答辩,法官不得予以拒绝。在判断是否有公平和公正的理由存在时,法院还应评估检方针对被告人所提出指控的公正性。比如,该被告人进行有罪答辩的罪名与犯罪事实不符或者被告人在违背本意下被迫认罪,这损害了被告人的宪法权利,被告人可以随时撤回这一答辩。至于非自愿答辩如何界定,需要法院结合每一件案件的具体情况逐一定夺。其次,被告人自愿认罪或者在法庭作无罪申诉后,法院已经作出判决,如果被告人提出撤销申请,并且证明撤销对纠正显然的不公平是有必要的,法院对被告人的申请应当准许。最典型的例子就是,在判决前,联邦法庭允许被告人撤回自愿有罪答辩,除非法院为了"纠正明显的不公正",允许在宣判之后撤回这一答辩。[①]

(七)被告人、检察官违反答辩协议

一旦协议达成,双方当事人都要遵守。作为协议的一方,检察官必须履行其所承诺的约定。但是,如果检察官违反答辩协议,该答辩协议是否还应当遵守?圣多贝罗诉纽约州一案对此进行了详细说明,圣多贝罗经过检察官允许对较轻的犯罪作出有罪答辩,以换取检察官请求对较轻的指控作出判决,并且承

---

① 罗纳尔多·V.戴尔卡.美国刑事诉讼——法律和实践[M].张洪巍,译.湖北:武汉大学出版社,2006:53.

诺不会对量刑提出任何建议。几个月后的听证会上，负责此案的新检察官向法官提议：对圣多贝罗处以最高刑罚，并且法院对圣多贝罗判处了最高刑罚。虽然法官宣称该判决没有受到检察官量刑建议的影响，但这无疑违背了圣多贝罗与先前检察官达成的辩诉交易。圣多贝罗对此不服，撤回有罪答辩的申请被法官驳回后向联邦最高法院提出了上诉，联邦最高法院将此案发回州法院重新审理。在最高法院的裁决中，本案的首席大法官伯格指出，"检察官对司法的认知与适当态度与其在辩诉交易所作出的承诺密切相关"，一旦法官采纳了因辩诉交易而产生的有罪答辩，被告人便有权要求执行。法官必须对该辩诉交易是否执行作出判决，而不是基于有罪答辩直接判决被告人有罪并对其进行量刑。检察官以不会对被告人提出量刑建议的承诺换来了圣多贝罗的有罪答辩，即使检察官违反答辩协议并非有意为之，但也是检方违反了对被告人的承诺，给圣多贝罗带来了损害，对该承诺的违背足以使法院对圣多贝罗最高刑罚的判决无效，准予被告人圣多贝罗撤回有罪答辩。若被告人违反先前和检察官达成的答辩协议，后悔认罪，要求法庭按照正当程序审理案件，检察官也不能提出比原先指控更重的罪名去报复被告人出尔反尔的行为。因为这与美国《联邦刑事诉讼规则》中"禁止双重危险原则"与"正当程序原则"相悖。若基于此检察官对被告人提出报复性的指控，便损害了司法的公信力，也对被告人的宪法权利造成了损害。但检察官提出的指控是基于先前已经查证属实的犯罪行为，且有有力证据佐证，检察官对被告人的指控就是正当的，不存在报复的故意。

第二节　德国自白协商制度

德国刑事协商制度在一定程度上受到了美国辩诉交易制度的影响。在德国刑事司法中，刑事协商制度是一种快速结案程序。今天，德国绝大多数刑事案件是通过协商解决的，只有10%的刑事案件是按照正式程序审判的。协商是指辩护人、检察官和法官就不起诉或者撤销指控、认定犯罪以及量刑轻重达成协议。这种协议可以发生在刑事诉讼进程中所有程序阶段，不论是在侦查阶段、开庭审理阶段，还是在法律救济程序中。[①] 协商作为一种新的解决纠纷的手段

---

① 李民. 德国刑事诉讼中的协商［J］. 人民检察，2005（3）：59-61.

得到越来越多人的认可,并被广泛应用于各种刑事案件的诉讼工作中。

一、协商制度的源起

德国广泛推行协商制度的目的是为了解决司法负担的不断加重问题。这主要有两个原因:一方面,20世纪70年代以来,德国对刑事实体法进行了改革和修订。经济、环境、税收和毒品犯罪被定为刑事犯罪,案件数量激增,司法资源捉襟见肘,司法机构不得不在调查大量证据的同时及时追查犯罪。法院为了解决这一问题,开始尝试建立以协商方式处理纠纷的机制来提高办案效率。另一方面,法官、检察官、辩护律师以及被告人都期待相应的协商利益。对于法官和检察官来说,协商加快了诉讼进程,让法官把更多的精力投入疑难案件中,让检察官完成更多的案件起诉,降低了败诉风险。对于辩护律师和被告人来说,可以更快地脱离诉讼进程,被告人获得宽大量刑等优惠,辩护律师节省了准备诉讼材料的时间和精力,可以有更多时间参与其他案件的审理而谋求更多的经济价值。

二、协商制度的分类

刑事协商有广义和狭义之分。广义的刑事协商主要包括起诉协商、判决协商和刑事处罚命令。从狭义上讲,刑事协商只包括判决协商。判决协商是指法院与诉讼参与人之间对诉讼结果、诉讼程序的协商。

(一)起诉协商

起诉协商,也称为附条件不起诉,即在被告人履行某些义务后检方可结束起诉。德国《刑事诉讼法》第153a条规定,检察官不对案件进行起诉,必须具备三个要素:第一,案件是轻微犯罪且不违背社会公共利益;第二,要求被告人履行一定义务,如向慈善机构进行捐赠、对被害人损失进行补偿、承担一定数额的赡养义务等,义务履行完毕后刑事处罚随之解除;第三,该案件经过有管辖权的法院同意。

(二)刑事处罚命令

刑事处罚命令是针对轻微犯罪的特殊程序,是在未经主审判程序的情况下,对被告人以书面处罚令确定对行为的法律处分的书面程序。如果检察官认为被指控人有足够的犯罪嫌疑被指控犯罪,足以提起刑事公诉,但没有公开审理的必要,可以根据德国《刑事诉讼法》第407条第1款提出处罚令申请,提出了申请就是提出了公诉。①

从适用范围上来说,《德国刑法典》第 12 条第 2 款所规定的轻微犯罪都可以适用刑事处罚命令,即"最高刑为 1 年以下自由刑或科处罚金刑的违法行为";从内容来看,主要内容包括罚金、吊销驾照、判处监禁缓期执行以及其他补充性刑罚。适用刑事处罚命令程序包括两方面的内容:一是要求检察官向法院提出书面的刑事处罚令,法官加以审查;二是被告人同意适用且案件事实清楚,不存在法律适用困境。而法官收到适用刑事命令程序的申请,对处罚令的内容进行审查,审查结果分为三种:第一,法官不同意适用刑事处罚令,拒绝签署,案件从而转入正式审判程序,并且在这种情况下,刑事处罚令草案可以充当起诉书;第二,法官对刑事处罚令无异议,应当签发,按照处罚令上的内容对被告人施加法律制裁;第三,法官认为刑事处罚令上的罪名与被告人的犯罪事实不符,要求变更,检察官拒绝变更的,法官有权启动主审判程序。最后,如果被告人对刑事处罚令不满意,法院给予其两周的时间对下达的处罚令提出质疑;否则,刑事处罚令在两周后自动生效,相当于有效的法院裁决。

(三) 判决协商

在美国,被告人有罪答辩后不再进入正式审判程序,而德国则不然,自白协商只是缩短了审判时间,并不会取代审判。自白协商是指在起诉、审判阶段,被告人以愿意在审判过程中提供认罪供词为条件,以换取法官不超过一定幅度的量刑或者检察官撤销某些指控的承诺。根据参与主体的不同,判决协商分为两类:第一种双方主体是辩护律师和检察官,第二种则发生于辩护律师与法官之间。检方在提出正式指控之前,协商发生在检察官与辩护律师之间。通过这次自白协商,检方获得了被告人的自白认罪,作为交换,撤销了对他的若干指控中的一些罪名。第二类协商主体涉及辩护律师和法官。由于德国重视事实真相,定罪标准较为严格,在检察官正式起诉后进行正式审判之前,法官发现案件过于复杂需要花费大量的时间和精力来审理,或者法官面临大量的积压案件,此时法官会主动联系辩护律师,询问被告人是否有自白认罪的意向。辩护律师也会对法官进行旁敲侧击,如果被告人认罪,判决对被告人有什么优惠。法官通常会将被告人认罪后可受到的最高刑罚通知辩护律师。在大多数情况下,被告人同意认罪后,法官

---

① 德国刑事诉讼法典 [M]. 李昌珂, 译. 北京: 中国政法大学出版社, 1995: 153.

判决时在量刑上就会给予一定的从轻处罚,并且会比法官所承诺的刑罚最高幅度要轻。如果被告人未在正式审理前认罪,法官认为在庭审期间某个时候进行协商的时机已经成熟,则在庭审间隙与辩护律师协商。法官承诺驳回对检方的一些指控或作出量刑优惠,以换取被告人的自白认罪。当然,辩护律师也可以在审判时向法官承诺会在判决后放弃上诉,以获得量刑折扣。

三、协商程序的具体规定

（一）协商的前提和可以协商的事项

德国自白协商的前提是被告人自白,承认被指控的犯罪事实。① 因为德国系奉行职权主义国家,始终坚持审判的目的在于发现真相。德国《刑事诉讼法》第244条第2款规定了在协商程序中法院的职权调查义务,为防止被告人为了获取量刑优惠而虚假认罪,法院有义务查明自白的真实性。也就是说,即便被告人已经认罪,法院仍有责任查明事实真相。对被告人供认的相关线索要进一步调查,被告人的自白是出于真诚悔罪还是谋取量刑优惠,法院都有义务调查清楚。如果法官对被告人的自白产生怀疑,法官必须对协商的过程、内容进行重新审查,以防被告人系出于胁迫或是为了谋取优待而作出的供述。根据德国《刑事诉讼法》的规定,在适当的情形下,法院可以与当事人就进一步的诉讼程序和案件结果达成协议。当事人的诉讼行为也可以成为协商内容。具体而言,协商的事项包括判决内容及其相关判决结果,与审判程序、量刑相关的程序措施以及诉讼主体的诉讼行为。诉讼主体涉及法官、检察官和被告人三方。法官的诉讼行为包括有义务调查收集证据、有权批准检察官不起诉,有权在综合考虑案情和量刑准则的基础上,告知被告人刑罚的上限和下限；检察官的行为涉及终结某些案件的起诉,放弃申请诉讼进程继续进行；至于被告人,有权申请放弃法官回避、有权申请放弃法院调查取证。法官仍有调查案件事实的责任,不能仅凭被告人的认罪供述就作出判决。对量刑协商的内容、结果作出严格限制,将是否有罪的法律定性、构成犯罪时适用的法律条文、司法机关法定职权事项等内容排除于可协商范围。② 量刑幅度的调整不得作为协商内容

---

① 黄河. 德国刑事诉讼中协商制度浅析[J]. 环球法律评论. 2010, 32 (1): 123-131.
② 卞建林, 钱程. 认罪认罚从宽制度下量刑建议生成机制研究[J]. 云南社会科学, 2022 (1): 99-107.

是德国联邦宪法法院基于2013年3月19日判决中考虑到协商可能被规避的情形而对协商制度的适用范围进行的严格限定。依据量刑"幅度理论"即法官在法定刑内确定与罪责相适应的刑罚幅度，在此幅度范围内考虑特殊预防的目的，最终确定刑罚。① 依据该理论，法官在考虑量刑幅度时，量刑幅度的调整应与被告人犯罪事实的违法性相适应，被告人的认罪态度也仅是作为一个因素予以考虑。而且基于刑事诉讼发现实质真实和罪刑相适应的目的，不仅事实发现不属于协商的内容，法律适用也不属于协商的内容。②

（二）协商启动的时间

德国《刑事诉讼法》没有具体规定何时启动"自白协商"，只泛泛地表示法官可以在"合适的时候"启动协商程序。也就是说，只要对促进程序是适当的，法院就可以随时启动协商程序，至于具体"何时适宜"，由法官根据每个案件的具体情况酌情决定。从理论上讲，协商适用于刑事诉讼的所有阶段。德国联邦最高法院的判例对"自白协商"的启动施加了限制。如果被告人之前的诉讼行为没有表示出进行协商的打算，或者如果法官对此没有进行过合法性审查，法院就不能启动协商制度。③ 但是，如果法院已经与被告人达成了协商意向，则可以根据案件事实和法律规定启动协商程序。法官是协商程序启动权的掌握者，联邦法院要求法官在开始协商时采取严格和谨慎的态度，不希望为了迅速达成协议而损害审判的公正性。

（三）协商结果

协商结果通常是检察官或者法官与被告方承诺的结果，即作出不起诉的决定、刑事处罚命令或者对被告人减轻量刑。在不起诉决定中，如果被告人没有履行完，甚至根本未履行协商承诺的义务，对其不起诉的决定将会被检察官撤回。在刑事处罚命令程序中，如果被告人在刑罚期限内违反刑事处罚命令，刑事处罚命令失效，案件之后进入正式的审判程序。而在审判协商中，被告人的自白仅是简化了案件审理时间，被告人反悔也不会对审判产生重要影响。即使

---

① 汉斯-约格·阿尔布莱希特，印波，郑肖垚. 德国量刑制度：理论基石与规则演绎[J]. 人民检察，2018（3）：67-69.
② 高通. 德国刑事协商制度的新发展及其启示[J]. 环球法律评论，2017，39（3）：152-172.
③ 朱自强. 德国刑事协商程序研究[D]. 重庆：西南政法大学，2018.

被告人反悔，法院依据正常程序调查案件，宣判只是时间早晚问题。

（四）协商救济

德国《刑事诉讼法》明确规定，如果判决包含协商内容，法院应当告知当事人可以随时上诉寻求法律救济，以保障被告人对自身权利的救济。同时，被告人任何关于放弃法律救济的声明都是无效的。为了保障协商的透明性，德国《刑事诉讼法》规定了协商记录和告知制度。协商应当公开进行，由被告人和合议庭成员共同参加，关于协商的内容与达成协商的过程，法官都必须在审判庭上予以公告。即使审判前并不了解，公众也可以凭审判中获得的协商信息，对审判进行监督。此外，法院的记录不应限于将要使用的法律条文，还应当表明协商中的因果联系，记录被告人不法行为的性质和严重程度，法官是否有在审判之外与被告人协商的历史，以及协商的具体内容等。如果法院的记录不完善或者存在违法之处，不能完整证明协商内容，整个判决都会被推翻。

第三节 认罪认罚从宽与辩诉交易制度、自白协商制度的比较

一、认罪认罚从宽与辩诉交易制度、自白协商制度的程序共性

（一）提高诉讼效率、缓解办案压力

辩诉交易中，法官一旦接受被告人进行有罪答辩，就不必花时间在审理案件中判断被告人是否有罪，也不必经过陪审团的评议，直接判决被告人有罪，从而节省了审理的时间，极大地提高了审判效率。在辩诉交易中，控辩双方通过相对和缓的方式实现了降低案件诉讼成本和降低双方诉讼风险的目的。德国目前的刑事案件，约有四分之一是通过"自白协商"来解决的，其中以白领犯罪、毒品犯罪、交通犯罪和轻微偷窃案为主，而白领犯罪在正式审判中则是例外。例如，在毒品犯罪中，不怕报复愿意出庭的证人数量寥寥无几，不能保证证人对案件证言的真实性。通过自白协商，被告人如实供述自己的犯罪事实，法官查清真相的时间也会大大缩短。在我国，认罪认罚从宽制度的适用，促进了案件繁简分流，实现了简单案件快办、疑难案件精办。最高人民检察院的统计数据显示，已办理的

审查起诉案件中，适用认罪认罚从宽制度审结人数占同期审结人数的85%以上；检察机关提出确定刑量刑建议占量刑建议提出数的90%以上；对检察机关提出的量刑建议，法院采纳人数占同期提出量刑建议数的97%以上。①

如上文所述，美国的辩诉交易制度、德国的刑事协商制度都产生于特定历史时期。基本背景的共同之处在于，经济的高速发展导致了刑事案件的迅速增长，法院却因其有限的司法资源而难以按照普通审判程序处理大量的案件，不能对每件刑事案件都进行正规的审理。随着我国经济、社会的快速发展，全国刑事案件数量激增，案件数量多审判人员少的矛盾愈发明显，加之因为更加注重人权，诉讼程序由简单变得复杂，由粗糙变得精细，案件堆积现象愈发严重。当今世界，很多国家都面临着司法资源有限与社会司法需求不断增长的矛盾，因此迫切需要构建以更低的成本换取更高司法效率的案件处理方式。在此背景下，辩诉交易制度、德国认罪协商制度和我国的认罪认罚从宽制度应运而生，它们简化了诉讼程序，提高了诉讼效率；以简单的程序配置国内司法资源，减轻了办案部门的办案压力。

（二）注重保护被告人权利

辩诉交易制度适用的关键在于被告人自愿作有罪答辩，如果有罪答辩是被告人在被胁迫而并非出于自愿的情形下作出的，那么法院将认定有罪答辩无效，案件进入正式的审判程序。在德国，检察院、法院同被告人协商建立在被告人自白即被告人自愿认罪的基础上，如果法官怀疑自白的真实性，法官有义务进行调查，如果"自白"不具有真实性，协商就不能启动。在我国，检察院和法院都要审查犯罪嫌疑人、被告人认罪认罚的自愿性，违背自愿的认罪认罚无效。若被告人反悔认罪，我国、美国与德国也规定了相应的救济措施。在德国，协商不会使被告人放弃上诉权；美国赋予被告人撤回认罪和上诉权。同样，在我国，认罪认罚后，被告人不服第一审判决的，仍然可以向上一级法院提起上诉，检察院认为第一审判决确有错误的，也可以提出抗诉。另外，辩诉交易制度、认罪协商制度以及我国的认罪认罚从宽制度都既重视实体正义，又重视程序正义。实体正义与程序正义犹如鸟之双翼、车之两轮，相伴相生、相辅相成，二者缺一不可。程序正义主要体现在被告人在承认犯罪后所受到的保

---

① 最高人民检察院网上发布厅. 2021年全国检察机关主要办案数据［EB/OL］. 最高人民检察院网，2022-03-08.

障性措施上,为了保证有罪答辩的公正,法官在接受有罪答辩时,应当清楚地表明以下几点:第一,被告人知道自己选择有罪辩护的结果;第二,被告人自愿作出该选择;第三,客观上有可被指控的犯罪事实存在。在德国,由于国情不同,不存在有罪答辩,但根据德国《刑事诉讼法》的规定,法官启动自白协商后,在庭审过程中向公众通报与被告人达成协议的过程,说明该过程的细节内容,以提高协商过程的透明度。在我国,关于犯罪嫌疑人、被告人认罪认罚的案件,在审查起诉、审判两阶段,检察院、法院都应当如实告知犯罪嫌疑人、被告人享有的诉讼权利和认罪认罚的法律规定。检察机关应当在开庭审理前,将犯罪嫌疑人供述情况记录在案,并随案移送。庭审中,法官对认罪认罚的自愿性、真实性、合法性进行审查。这些保证犯罪嫌疑人、被告人认罪认罚公正性措施的目的在于防止犯罪嫌疑人、被告人在被胁迫的情况下承认被指控的犯罪事实,从而确保犯罪嫌疑人、被告人是出于本意认罪,不存在虚假供述,确保每一宗案件程序都能同时兼顾程序正义和实体正义。

(三)程序适用相同

辩诉交易首先将协商引入刑事诉讼领域,随着时间的推进,在美国国内逐步成熟、完善并被世界其他国家借鉴。虽然许多国家为符合自身国情作出了一定限制,但与辩诉交易程序大体相同。在美国,辩诉交易检察官提出指控罪名与罪数或者有关被告人的量刑建议后,经过检察官与被告人的辩护人乃至被告人的一番谈判,双方最终达成了一个皆大欢喜的结果,并将该结果提交给法官审议。在德国的自白协商制度中,被告人自愿认罪,检察官提出有利于被告人的量刑建议,由法官进行审查。在我国,被告人认罪认罚的,检察机关应当向法院提出量刑建议,法院判决时一般应当采纳检察院指控的罪名和量刑建议。从整个程序来看,不管是美国的辩诉交易制度、德国的自白协商制度还是我国的认罪认罚从宽制度,辩护方能与检察官协商的条件是建立在被告人承认检察院所指控的犯罪事实的基础之上的。

二、认罪认罚从宽与辩诉交易制度、自白协商制度的不同之处

尽管辩诉交易制度、自白协商制度以及认罪认罚从宽制度存在诸多相似之处,但囿于各个国家的国情、诉讼理念的不同,其在适用范围、协商内容、协商主体和认罪可享有的优惠幅度等方面存在很大差异。

（一）案件适用范围不同

有数据表明，美国联邦法院97%及州法院94%的刑事案件都是适用辩诉交易处理的。① 美国宪法以及各州法律都没有对辩诉交易的适用范围和适用时间作出明确规定。实务中，除未成年人犯罪案件、特别轻微刑事案件和一些特别严重犯罪案件之外，基本上各种类型的刑事案件都可以通过这种方式结案。在适用时间方面，理论上讲，从检方提出指控到法院正式宣告判决前都可以适用辩诉交易。②

在德国，自白协商的案件仅占全部刑事案件的1/4，20世纪70年代初，"自白协商"仅适用于轻微犯罪案件；20世纪70年代末，严重犯罪也可以适用；近年来，暴力犯罪和故意杀人犯罪也可以适用。

我国的认罪认罚从宽制度不区分案件性质，根据《指导意见》的规定，所有刑事案件不拘罪名、不拘刑罚轻重，只要犯罪嫌疑人、被告人真诚悔罪，认可检察机关的量刑建议，就可以适用该制度。然而，"可以"适用并非必须适用，犯罪嫌疑人、被告人认罪认罚后从宽的幅度虽然与罪轻、罪重或者罪名内容无关，但是也要结合案件的具体情况决定是否从宽以及从宽的幅度。

（二）诉讼理念不同

英美法系国家，奉行当事人主义，辩诉交易更注重当事人对诉讼过程的主导，注重程序公正，只要检察官与辩护人、被告人对量刑建议达成合意，法官只是形式上审查协议内容，如对被告人的身份进行确认、询问被告人是否了解协议内容、检查被告人在协议上是否签字等，对案件的事实真相漠不关心。它强调的是被告人同检察官的平等对抗，法官仅充当中立的裁判者，确保辩诉交易能够正当开展。

德国作为大陆法系国家的典型代表，奉行职权主义，被告人承认所指控的犯罪事实，并不意味着免除法官调查真相的义务。法官仍然要结合本案已经掌握的证据，在查清本案事实真相的基础上作出判决，在这个过程中，被告人的自白只是一种证据，仅起到简化审判程序的作用。

我国已经建立起中国特色的社会主义法律体系，刑事诉讼模式既不是美国

---

① 李寿伟.《中华人民共和国刑事诉讼法》解读［M］. 北京：中国法制出版社，2019：30+35.
② 左卫民. 简易刑事程序研究［M］. 北京：法律出版社，2005：56.

的当事人主义也不是德国的职权主义,属于混合模式,在一定程度上受大陆法系影响。我国审理案件的标准是以事实为依据、以法律为准绳,定罪量刑上遵循罪责刑相适应的原则,认罪认罚的案件在法院查清案件真相的基础上,在量刑幅度范围内可以给予适当的从宽。

(三) 协商内容不同

基于"不告不理"的原则,美国辩诉交易的检察官在起诉上享有很大的自主权,可以就罪名、罪数和量刑与辩护律师、被告人进行广泛的协商。检察官在指控时可以改变罪名,将重罪改为轻罪,如把"故意杀人罪"改为"过失致人死亡罪";也可以修改罪数,在多项罪名中只就一项或者部分对被告人提起诉讼;还可以将量刑幅度大幅降低,在某些州甚至连死刑犯罪都可以交易。

在德国,协商的内容仅限于程序和量刑。量刑上,德国刑罚对量刑因素进行了列举性规定,法院结合被告人"自白协商"的因素调整量刑范围,法院会给出拟判处罪名刑罚幅度的范围,不会给出具体的量刑内容。有罪判决和保安处分被协商内容排除在外。也就是说,德国不允许在犯罪事实、指控的犯罪罪名和罪数上进行协商。① 此外,"自白协商"内容还包括当事人的诉讼行为。比如,法院有调查取证的义务,被告人为维护自身权益有申请法院调查取证的权利。被告人同法官达成协商协议后,主动认罪,只要这一协商不存在违法因素,被告人可以向法院申请放弃法院调查取证的权利。

我国的认罪认罚从宽制度中,协商事项只涉及"量刑"问题,不会涉及指控的罪名和罪名数量两方面的内容。同时,为了保证刑罚的公平,法律也限制检察官对量刑建议的自由裁量权。检察官只负责对案件进行审查起诉和审判监督。对符合起诉条件的案件,依法向法院提起公诉,并对案件的审理进行监督;对于被告人尚未查清的其他犯罪事实不能一并起诉,我国法律并没有赋予检察院起诉时改变罪数的权力。检察院对犯罪嫌疑人认罪认罚的案件,有义务向法院提出量刑建议,至于建议的量刑是否采用,则要由法院决定。

(四) 主导协商的主体不同

美国参与辩诉交易的辩方包括被告人和被告人的辩护律师,其中检察官主导案件的辩诉交易,法官不会参与庭审前的辩诉交易,只是在审判时以中立的

---

① 李昌盛. 德国刑事协商制度研究 [J]. 现代法学, 2011, 33 (6): 148-160.

态度审视控辩双方之间达成的协议,扮演着裁判者的角色。

在德国,被告人很少被允许参与协商谈判,必须聘请辩护律师代替自己。检察官协商的内容不能包括罪名、罪数问题,相较于美国检察官的自由裁量权,德国检察官与被告人协商的裁量权受限。另外,根据德国《刑事诉讼法》的规定,法官也可以在适当的时候与被告方进行协商,而且法官在协商方面具有较大的主动权,在刑事协商中居主导地位。

在我国,在罪名、罪数上不可能与犯罪嫌疑人、被告人进行协商,检察院依据已掌握的证据提出量刑建议,法院在审判时一般应当采纳检察院指控的罪名与量刑建议。如果法院认为检察院提出的量刑建议明显不当,可以通知检察院进行调整,如果检察院拒不调整,法院依法作出判决。在我国理论界及实务界,有关观点认为,在认罪认罚案件中,检察官在刑事诉讼中的主导地位愈发凸显,是认罪认罚案件的主导者。

(五)自愿性审查程度不同

美国辩诉交易在审查自愿性上,只要求控辩双方达成合意即可,强调控辩双方的自愿性,并不要求被告人对案件情况的全部了解。在没有辩护律师的情况下,被告人接受认罪协议也有效。至于被害人意见,并不会作为参考依据。德国认罪协商强调被告人认罪的自愿性,被告人的认罪可以作为证据在审判中予以使用。我国法院在自愿性审查上,犯罪嫌疑人、被告人不仅要承认指控的主要犯罪事实,还要真诚悔罪,愿意接受处罚。关于"认罚",案件办理的过程中还会结合犯罪嫌疑人、被告人是否积极退赃退赔、是否对被害人赔礼道歉等因素综合考量。

在美国,检察官通过对被告人作出承诺换取被告人承认犯罪,检察官的承诺不局限于法律规定的范围,并且属于交易内容的一部分。德国的承诺仅限于法定范围之内。在我国,不管是法院还是检察院,都无权以对犯罪嫌疑人、被告人作出承诺为条件换取他们的认罪。

(六)案件证明标准不同

美国的有罪的证明标准是"排除合理怀疑",但适用该标准存在特定范围的严格限制,即仅在正式审判程序中定罪阶段予以适用,而一般不作为被告人放弃正式审判程序时的诉讼证明标准。从美国联邦和各州辩诉交易普遍适用的司法背景看,除个别法院外,绝大多数联邦和州的上诉审法院对于初审法官对事实基础的判断标准有相当大的自由裁量权,都不要求达到"排除合理怀疑"的标准,有的甚至远远低于这一标准。①

德国在证明标准的问题上,相比较美国法官仅对"事实基础"进行形式审查而言,德国法官更加强调发现实体真实的义务,并不会因为被告人认罪而改变,证明标准也并不会因此而降低。在与定罪量刑有关的实体事实的认定方面,法院遵循严格证明的原则,法官应当以整个审判过程所获得的内心确信作出判决。

有观点认为,我国的认罪认罚从宽制度同样以犯罪嫌疑人、被告人的自愿认罪为前提,在犯罪嫌疑人、被告人清楚认罪认罚的诉讼后果的情况下,可以参考美国辩诉交易的形式即降低证明标准。例如,阿尔弗德案中美国联邦最高法院采取的"压倒性证据"的证明标准。② 然而,我国采取的既不是当事人主义,也非完全的职权主义诉讼模式,法官依然是整个案件审判程序的"主导者"。我国《刑事诉讼法》规定有罪的证明标准是,"案件事实清楚,证据确实、充分"。我国《刑事诉讼法》第55条规定,证据确实、充分,应当符合三个条件:第一,定罪量刑的事实都有证据证明;第二,据以定案的证据均经法定程序查证属实;第三,综合全案证据,对所认定事实已排除合理怀疑。也就是说,在认罪认罚案件中,不降低有罪的证明标准。另外,我国对于证明对象不仅从范围上作出较为详细的规定,还要求证据必须同时具备客观性、关联性、合法性。对于有罪的证明标准,最重要的一点便是综合全案证据,针对犯罪嫌疑人、被告人有罪得出符合逻辑的唯一结论。

第四节 辩诉交易和认罪协商制度评析

一、辩诉交易和认罪协商制度的优点

(一) 协商性理念引入司法

美国的辩诉交易首次在司法领域里引进了协商的理念,省去了控辩双方在

---

① 史立梅. 美国有罪答辩的事实基础制度对我国的启示 [J]. 国家检察官学院学报, 2017, 25 (1): 31-42.

② 李勇. 证明标准的差异化问题研究——从认罪认罚从宽制度说起 [J]. 法治现代化研究, 2017, 1 (3): 46-60.

案件中花费时间确定被告人有罪与否，案件的审理也不必经过陪审团审理，从而节省时间，极大地提高了诉讼效率。辩诉交易中，控辩双方通过谈判达成了一种相对和缓的结果，大大降低了处理案件的人力成本和经济成本。德国的认罪协商制度将控方与辩方达成的合意定义为"协商"而非"交易"，肯定国家刑罚权的不可交易性。在协商性司法理念下，一方面，被告人充分认识到自己所犯何罪并自愿认罪，接受刑罚，促进被告人悔过自新；另一方面，检察官、法官所代表的检察院、法院可以使有限的司法资源发挥更大效能，提高办案效率，调动司法资源集中处理其他复杂、疑难案件。

（二）注重保障被告人权利

无论是辩诉交易制度还是认罪协商制度，都注重对被告人权利的保障，具体体现为注重被告人认罪的自愿性。两项制度都禁止对被告人以暴力手段进行威胁，同时为被告人在非自愿认罪情况下提供法律救助途径，并且要求为被告人提供律师帮助等。无论是德国还是美国，法官接受被告人认罪，都要对被告人认罪是否属于控方承诺的一部分进行询问。辩诉交易和认罪协商制度都赋予被告人上诉权，可以为缺少辩护律师的被告人提供律师帮助。

二、辩诉交易和认罪协商制度的不足之处

（一）损害正当审判程序

美国联邦法院97%及州法院94%的刑事案件都是通过辩诉交易结案的。[①]这些以辩诉交易定罪的案件里自然包含着一些本没有犯罪的人为了逃脱监狱获得自由而选择认罪。从理论上考察，刑事案件的审判不应该存在妥协，刑事案件的法庭对抗结果涉及对被告人自由、生命、财产权益等方面的剥夺，是控辩双方在激烈的"搏杀"中追求事实真相。控方根据已经掌握的证据链控诉被告人的犯罪事实，辩方据理力争，反驳证据，锱铢必较。但在美国司法实务中，相较于被关上几个月经过正式审判才能获得清白，很多无辜的被告人更愿意选择辩诉交易，通过认罪换取缓刑。这不仅亲手掐断了自己重获清白的机会，还使真相石沉大海，让真正的犯罪者逍遥法外。而辩诉交易本质上是检察官以国

---

① 李寿伟.《中华人民共和国刑事诉讼法》解读［M］.北京：中国法制出版社，2019：30+35.

家刑罚权进行交易，换取被告人的认罪，对于本身无罪的被告人来说，他们只能自己去证明本不存在的犯罪事实，有罪之人没有受到应有的惩罚，这不仅损害了无辜方的正当权利，也违背了正义的基本理念。

德国认罪协商中，首先，附条件不起诉本被用来处理轻微刑事案件，而实际操作中，附条件不起诉的适用范围已经超出了轻罪限制，扩展到一些严重犯罪，并且也会存在"非正式协商"的情形，无法避免因此带来的秘密审判。其次，德国的法官是有自由裁量权的，在众多案件面前，法官希望尽快结案，这也免不了为了追求快速结案等不正当协商因素的存在，很难保证法院判决建立在实体真实的基础之上。庭审是回应质疑、还原真相最公允的场所，法庭正当审判的作用不仅仅是在于判处被告人是否有罪，更重要的是通过正当审判，可以充分发挥审判的教育作用，让这一案件留给后来人以警示，扩大办案的效果和影响。同时，案件依照正当程序审理，可以显示国家依法打击犯罪的决心，所有的证据都经过法庭举证、质证，被告人的诉讼权利得到保障，检察官的诉讼请求得以完整表达，审判也更具有说服力。

（二）不能罚当其罪

联邦量刑指南允许被告人在认罪的基础上，给予"量刑打折"，即对相对较轻的罪行减刑67%，对严重罪行减刑14%。实践中，有罪答辩的被告人通常可以获得30%的量刑优惠。

德国的认罪协商制度坚持量刑的基本原则，以犯罪嫌疑人、被告人的刑事责任为标准。但是，在德国司法实践中，白领犯罪的案件，被告人缴纳高昂的罚金，案件就可以结案；而且被告人自白认罪，可以享受到量刑优惠，优惠幅度从几个月到几年不等。本应作为国家惩治犯罪、维护社会公平正义的刑罚权，却成了司法部门与犯罪嫌疑人、被告人进行交易的工具。通过这种交易，虽然犯罪嫌疑人、被告人获得了刑期优惠，同时提高了诉讼效率，但是对司法权权威性造成了一定的损害。

第五节 辩诉交易与认罪协商制度对完善我国认罪认罚从宽制度的启示

案件数量的激增是世界各国普遍存在的问题，在追求效率的前提下，如何同时实现实体公正与程序公正,成为各国司法改革的一大难点。辩诉交易与认罪协商是两大法系典型国家的重要制度,对两大法系的刑事诉讼制度影响深远。在完善认罪认罚从宽制度的进程中,既要借鉴美国的辩诉交易制度,又要结合德国的认罪协商制度。这两项制度虽然都不是完美无缺的,但是仍然有值得我国借鉴之处。

一、判决兼顾公平和效率

如上文所述,通过辩诉交易和认罪协商,犯罪嫌疑人、被告人获得了刑罚优惠,司法部门提高了结案率,惠及双方当事人,但是对司法权的权威也造成了损害;而且这种交易存在"人为性",容易产生司法人员滥用权力的现象。如果罪行与刑罚不相称,犯罪分子可能会逃脱应有的惩罚,甚至逍遥法外,造成其对刑罚无敬畏之心,这是辩诉交易制度和刑事协商制度在我国饱受学者抨击的一大原因。认罪认罚从宽制度是中国特色的有条件认罪宽恕制度,既不是德国刑事协商的翻版,也不是辩诉交易的中国化,认罪认罚需要兼顾效率与公正的双循环。为实现这一期待,首先要正确了解认罪认罚从宽制度,保证严格公正高效司法。我国对犯罪嫌疑人、被告人从轻、减轻处罚,不是犯罪嫌疑人、被告人及其辩护人(值班律师)与检察官交易的结果,也不是犯罪嫌疑人、被告人同法官协商的结果,而是依据犯罪嫌疑人、被告人真诚悔罪的态度,给予其的量刑奖励,并没有突破法定刑幅度的限制。对此,我国应采取措施控制量刑幅度的差异。从法律的角度来看,对于认罪认罚的犯罪嫌疑人、被告人予以量刑优待,而不是给予特殊的待遇,不能使判处的刑罚与犯罪嫌疑人、被告人应当科处的刑罚幅度相差太大。如果两者存在较大差异,犯罪嫌疑人、被告人可能为了量刑优待而虚假认罪认罚,从而影响认罪认罚从宽处理制度的实施效果,并且会降低司法公信力,违背认罪认罚从宽制度的初衷。

在案件事实不清、证据不足的情况下,如何通过适用认罪认罚从宽制度确保判决的公正和提高效率,是最大的问题。如果不及时解决这一难题,就有可能造成冤假错案,给司法审判带来巨大压力。因此,必须要加强对侦查机关在认罪认罚案件中证据收集和认定工作的监督力度。考虑到趋利避害的本能,办案人员可能会利用"捷径"来摆脱积案困境,最好的办法就是说服犯罪嫌疑人认罪认罚,使案件进入下一阶段的诉讼程序,尽快摆脱这个烫手山芋。在一些轻微的刑事案件中，漫长的诉讼流程可能会使受害者精疲力竭，而对犯罪嫌疑人、被告人来说，羁押时间可能会超过判处的刑罚。对于办案人员来说，由于案件多、时间少，为追求结案率难免会出现疏忽大意的情况。在司法资源的配置上，对于那些事实清楚、证据确凿，犯罪嫌疑人、被告人认罪认罚的案件集中办理，以节约司法资源、提高诉讼效率；对于疑难复杂的案件按照普通程序办理，合理配置司法资源。

二、增强庭审实质化

如上文所述，辩诉交易制度和认罪协商制度都有可能损害正当审判程序。为了克服此弊端，我国必须深化以审判为中心的刑事诉讼制度改革，推进认罪认罚从宽制度深入有效实施，落实庭审实质化，充分发挥庭审在查明事实、认定证据、保护诉权、公正裁判等方面的决定性作用，确保侦查、审查起诉的案件事实证据经得起时间的检验。首先，犯罪嫌疑人、被告人的认罪认罚只是缩短了办理案件的时间。在我国的刑事审判中，犯罪嫌疑人、被告人有罪供述的合法性还需要法庭通过证据予以调查，在控辩双方就指控和量刑进行辩论的过程中，法官需要通过对全部证据和事实的全面审查，形成自己独立的判断，而不是仅对诉讼文书中所载明的量刑和罪名进行确认。其次，要完善认罪认罚案件的法庭审理规则。无论认罪认罚案件的审理遵循何种程序，审判人员都要当庭询问被告人是否了解被指控的犯罪事实、证据以及对量刑建议的意见。适用速裁程序、简易程序审理的，还要询问被告人是否同意适用速裁程序和简易程序。适用速裁程序审理的，应当在判决宣告前听取辩护人的意见和被告人的最后陈述；适用简易程序审理的，严格按照《刑事诉讼法》的规定，规范审判活动，法庭调查可以简化，但对有争议的事实和证据仍要开展法庭辩论，进行举证、质证；适用普通程序的案件，对于有争议或者法庭认为有必要核实的证据，应当出示并进行详细的质证，法庭辩论主要围绕有争议的问题进行，做到"简案快审、难案精审"。

第五章

认罪认罚从宽制度存在的主要问题

认罪认罚从宽制度的良性运转，需要多主体的共同协作。侦查环节是制度实施的预备、前置阶段，公安机关等侦查主体需要履行"权利告知和听取意见""同步开展认罪教育""移送认罪认罚相关材料"等职责。审查起诉环节是制度的主要实施阶段，检察机关需要在被追诉人自愿认罪的基础上，与辩护方进行有效协商，并作出一定"量刑减让"的承诺。审判环节可以视作制度实际成果的落实阶段，法院在定罪层面需要对被追诉人认罪的自愿性、真实性进行审查，在量刑层面需要对量刑建议的准确性、适当性进行审查。与此同时，律师在诉讼各个阶段的有效参与，亦是评判认罪认罚个案是否能够经受司法公正检验的关键因素。认罪认罚从宽制度从试点到正式入法并成为刑事司法实践新常态的过程中，取得了一定成就，其理念和价值亦得以初步彰显；但不可否认的是，制度运行环节已然显现或潜伏着某些问题、风险。如若这些问题、风险未能被正确认识并有效防范，其在阻碍制度进一步发展的同时将动摇我国协商性司法本土化的根本。

第一节 控辩不对等导致屈从型自愿

一、屈从型自愿的含义与风险

被追诉人认罪认罚的自愿性是关乎制度正当性、司法人权保障的重要内容，在程序整体运行层面有着核心意义。认罪认罚从宽制度作为一项通过交涉达成量刑减让的制度,其中不可避免地蕴含着某些利诱成分,否则将会导致制度失去适用空间。因此,在一定程度上容忍认罪认罚案件中的引诱因素是必要的。但此种"容忍"应是存在边界的,即不会对底线公正造成冲击、造成虚假供述等司法错误。

有学者将认罪认罚语境下的"自愿"区分为"主动型自愿"与"屈从型自愿"两种形态。① "主动型自愿"可进一步细化为两种类型:一种是被追诉人愿意真诚悔罪的理想图景;另一种则是在协商性司法框架下,被追诉人通过诉讼筹码的交换,自主选择认罪认罚以实现利益诉求的形态。相较于具有正当性来源基础的"主动型自愿",公权力主导压缩被追诉人自由选择空间,当事人在多重压力下形成的"屈从型自愿"因可能动摇认罪认罚从宽制度的合法性根基而需要格外警惕。实践中,处于刑事诉讼封闭流程下的被追诉人本已属于弱势群体,公安司法机关在少数案件中利用侦查权、求刑权、量刑权威胁、引诱辩护方,容易引发压制情形下的被迫认罪。此种"屈从型自愿"且不说可能导致无辜者错误认罪的错案,即使实体结果不存在偏差,亦与协商性司法的程序正义观念相左。美国辩诉交易亦存在控方利用求刑权迫使犯罪嫌疑人、被告人认罪的典型例证。在北卡罗来纳州诉阿尔弗德(North Carolina v. Alford)案中,阿尔弗德在坚称自己无罪的情况下,却因惧怕检察官指控其构成可能判处死刑的一级谋杀罪而选择认罪答辩;② 博登基尔舍案中,检察官以增加指控罪名使其判处终身监禁相威胁,换取博登基尔舍的有罪答辩。③ 上述案件体现的是辩诉交易语境下对案件实质真实的漠视,代表了协商性司法模式的一种固存风险;我国公安司法机关利用控辩不对等所达成的被追诉人"屈从型认罪",实质也是一种结合了本国刑事司法情况的"固存风险现实化"。

二、我国认罪认罚屈从型自愿的成因分析

在认识到屈从型自愿的风险后,仍须深究其产生的原因;只有找准症结所在,才能有针对性地进行制度完善。笔者认为,认罪认罚从宽制度中屈从型自

---

① 郭烁. 认罪认罚背景下屈从型自愿的防范——以确立供述失权规则为例 [J]. 法商研究, 2020, 37 (6): 127-138.
② 王迎龙. 协商性刑事司法错误: 问题、经验与应对 [J]. 政法论坛, 2020, 38 (5): 46-63.
③ 杜磊. 论认罪认罚自愿性判断标准 [J]. 政治与法律, 2020 (6): 148-160.

愿问题的成因在于以下几个方面。

  首先,固化指标造成的制度异化。认罪认罚从宽制度正式施行以来,国家层面一直将制度适用率作为评价全面深化司法体制改革成效的关键指标之一。2021年7月政法领域全面深化改革推进会提及"认罪认罚从宽制度适用率超过85%、一审服判率超过95%";① 2020年最高人民检察院印发的《检察机关案件质量主要评价指标》中亦将认罪认罚适用率、提出量刑建议情况等特定指标进行组合,以此对平等保护民营企业、推进扫黑除恶专项斗争等办案情况进行评价。② 决策者的用意固然希望提升办案质量,促进个案的公平正义,但通过"划定指标、挂钩考核"等方式进行制度推进,往往在司法实践中会造成扭曲和变形。以顶层设计层面强调通过认罪认罚适用率评价办案情况的扫黑除恶专项斗争而言,2021年4月召开的全国检察机关扫黑除恶专项斗争总结暨常态化开展扫黑除恶工作会议上,检察机关统计数据显示:"在2020年起诉的涉黑恶案件中,认罪认罚从宽制度适用率已达70%以上。"③ 但是,其中是否所有案件均无制度异化的情况,值得深思。有组织犯罪案件人员众多、时间跨度长,证据收集处于薄弱环节。因此,鉴于固定证据的需要,加之"严打""专项执法"等指标的要求,在专项斗争中伴随着一些逼供、诱供、骗供等非法取证情形。④ 在"完成工作指标"的推动下,公安司法机关出于对定性的过分关注,以量刑优惠"诱导"犯罪嫌疑人、被告人认罪认罚,以致颠倒了"先认罪后协商"的次序;更有极少数案件不惜采用"高戴帽、低判刑"的方法,以换取被追诉人对罪名的承认。在此情形下,即使实体结果最终显示涉罪,但此种执法模式在某些方面突破了法律边界,也就沦为了期望用结果的正当性论证过程合法性的司法模式。⑤ 这些外部因素的干涉,导致执法偏离协商性司法的法

---

① 史兆琨.认罪认罚从宽制度正式施行三周年:"化学反应"初显现[N].检察日报,2021-10-26(1).
② 最高人民检察院网上发布厅.案件质量:检察司法办案的生命线[EB/OL].最高人民检察院网,2020-04-26.
③ 张璁.扫黑除恶专项斗争期间 全国检察机关批捕涉黑恶犯罪14.9万人[EB/OL].最高人民检察院网,2021-04-28.
④ 蔡军,潘智源.黑恶势力犯罪案件中认罪认罚从宽制度的合理适用[J].河南财经政法大学学报,2020,35(4):74-82.
⑤ 韩旭."扫黑除恶"专项斗争中的程序问题[J].贵州民族大学学报(哲学社会科学版),2021(3):142-158.

治轨道，造成屈从型自愿和冤错案件的产生。

其次，自愿性审查的标准模糊。前文已述，以认罪认罚从宽为典型的协商性司法，需要在案件中容忍一定引诱因素的存在，但此种"容忍"应是有所边界的。目前我国立法仅对于存在身体虐待等显性非自愿情形，通过《刑事诉讼法》《关于建立健全防范刑事冤假错案工作机制的意见》《关于办理刑事案件严格排除非法证据若干问题的规定》等确立了排除证据能力的"痛苦标准"，但对于威胁、引诱、欺骗等隐性非自愿情形的合法边界没有明确划定。认罪认罚从宽制度中，应当重点关注隐性非自愿认罪，原因如下：第一，虽然近些年被追诉人遭受刑讯逼供的案件亦偶有报道，但国家层面通过对公职人员的教育、培训使显性暴力执法现象发生的概率大幅降低。然而，出于高效追诉的需要，隐蔽性更强的威胁、引诱、欺骗等强制性执法的形态在刑事诉讼流程中也一定程度存在，这些现象有损司法文明。第二，《指导意见》规定，"公安机关在侦查阶段应当同步开展认罪教育工作"，"人民检察院应当进行诉讼权利和法律规定的告知"。实践中，此类"认罪教育""规则告知"的方式方法受公安司法人员的主观意志影响呈现出较大的差异，合理的"教育""告知"可能演变成非法执法的风险。由此可见，公安司法人员常态化的权力行使会伴随着风险溢出导致隐性非自愿现象的发生。第三，被追诉人在认罪认罚从宽的语境下，所关注的利益诉求更为多元化，不仅包括罪名定性，亦包括特定的量刑减让和程序性权利的选择；不当威胁、引诱、欺骗的情形可能轻易促成或改变被追诉人对某种事项的选择。与非认罪案件定罪量刑实质形成于法院不同，认罪认罚案件中的被追诉人对终局结果形成的参与程度更高，故应保障其充分行使自主选择权。总之，认罪认罚案件需对缺乏明确判断标准的隐性非自愿情形予以特别关注，也正是因为自愿性审查判断标准的模糊性较大，导致公安司法人员在缺乏合理规制的情况下违法行使权力，进一步诱发屈从型自愿现象的产生。

最后，刑事诉讼中的一些常态化操作所产生的弊端是进一步加剧控辩实质不对等从而造成屈从型自愿的关键因素，主要体现在两个方面：第一，审前羁押率依旧偏高。如第一章所述，自2018年《刑事诉讼法》实施和2021年"少捕慎诉慎押"刑事司法政策提出以来，审前羁押率整体呈下降态势，但未决羁押率依旧偏高，且各地间不平衡的现象依旧严重。究其原因，在我国，视逮捕为案件侦查手段的追诉理念在认罪认罚案件中依然盛行。① 不符合比例原则的羁押,增强了对被追诉人的心理和身体强制,进而增加了被追诉人为逃避诉累而违心认罪的概率。值得一提的是,未决羁押不仅在重罪案件中为公安司法人员利用职权压迫认罪提供了土壤,在轻罪案件中亦是造成此类问题的关键成因。适用速裁程序办理的认罪认罚案件中,"刑事拘留直接移送审查起诉"办案模式虽在案件快速处理层面发挥了重要作用,但羁押率也在一定程度上被倒逼抬升。② "刑事拘留直接移送审查起诉"实质上是对于拘留期限的延长,而拘留期限的延长在《刑事诉讼法》层面需要以存在特殊情况为限;但公安机关之所以能够直接移送审查起诉,表明犯罪嫌疑人原本应不具备特殊情况。因此,这种办案模式在轻罪案件中的适用,存在与《刑事诉讼法》立法目的相背离的嫌疑,亦为控诉方"游说"辩护方接受量刑建议提供了强制性环境。第二,控辩双方信息掌握程度差异明显。认罪认罚案件具备自愿性的前提条件是保障被追诉人在认知层面的明知与明智。被追诉人认罪认罚,需要其对程序和在案证据情况有清晰的认知,即具有明知性;在此基础上,被追诉人作出理性选择,需要具有明智性。认知层面的困境使被追诉人更容易受到公权力机关的威胁、引诱和欺骗,导致屈从型自愿情况的发生。特别值得注意的是,相较于事实有罪者,无辜者因信息匮乏所受到的负面影响更大。③ 我国以往实践通过沿袭大陆法系国家的阅卷制度以平衡控辩双方的信息知悉程度,但"被追诉人并非适格阅卷主体""值班律师阅卷权行使处于瓶颈"等问题,导致认罪认罚案件中阅卷制度的运行效果不佳。虽然《指导意见》借鉴英美法系国家经验提出了"探索证据开示制度",《量刑建议指导意见》在第26条亦规定检察机关在开示证据时应遵循的一般规定,但上述规则依然存在着一定模糊性和瑕疵。"检察机关的法定义务无明确体现""开示证据范围的限制过大有待斟酌"等问题,容易诱使控方基于追诉犯罪的目的,隐匿对被追诉人有利的证据,将证

---

① 郭烁. 认罪认罚背景下屈从型自愿的防范——以确立供述失权规则为例 [J]. 法商研究, 2020, 37 (6): 127-138.
② 周新. 公安机关办理认罪认罚案件的实证审思——以 G 市、S 市为考察样本 [J]. 现代法学, 2019, 41 (5): 161.
③ 鲍文强. 认罪认罚案件中的证据开示制度 [J]. 国家检察官学院学报, 2020, 28 (6): 115-127.

据开示制度演化为检察官赢得胜诉的武器。① 检察机关掌控证据开示的主动权与裁量权,致使控辩双方的信息知悉对比更为悬殊;被追诉人在认知欠缺的状态下,存在作出虚假认罪认罚意思表示的可能。

第二节 认罪认罚共同犯罪中产生"羊群效应"等现象

共同犯罪案件往往案情复杂,社会危害性更大。"在此类案件中适用认罪认罚从宽制度,除了有利于合理配置司法资源、维护当事人的合法利益外,还有化解共犯攻守同盟,降低案件证明难度,以及破解共同犯罪治理难题的'溢出'价值。"② 实践中,认罪认罚从宽制度已经成为各地公安司法机关分化瓦解犯罪组织、获取证据的重要策略。但不可否认的是,由于我国认罪认罚从宽制度总体上以单独犯罪为蓝本进行设计,导致目前针对共同犯罪所产生的某些特有问题不能得到有效回应。

一、认罪认罚共同犯罪中的"羊群效应"现象

相较于单人犯罪,共同犯罪的复杂性及刑事诉讼过程的不确定性更为凸显,每名共犯对自身量刑优待的追求更加"锱铢必较"。实践中,少数办案人员抓住被追诉人希冀"获得从宽处罚""早日摆脱诉讼负累"等心理特点,尝试将共同犯罪中的部分共犯作为全案突破的"工具";其常常利诱部分犯罪嫌疑人(被调查人)、被告人认罪认罚,之后再去欺骗其他尚未认罪认罚的同案犯。身处封闭诉讼环境中的共犯,在听到"同伙通过认罪认罚将获得从轻优待"等"游说"后,较容易基于盲目从众心理选择认罪认罚,此种现象被称为"羊群效应"。认罪认罚共同犯罪中的"羊群效应"现象是办案人员过度追求诉讼效率、指标绩效而产生的不正常现象,易造成虚假认罪等司法错误情形,从而违背自愿性的本质要求。

---

① 刘甜甜. 认罪认罚从宽案件中的证据开示制度研究 [J]. 中国政法大学学报, 2021 (5): 257-268.

② 汪海燕. 共同犯罪案件认罪认罚从宽程序问题研究 [J]. 法学, 2021 (8): 71-82.

二、"另案处理"的现象

长期以来，我国刑事诉讼相关规范对"并案处理"与"分案处理"的规定具有模糊性与非强制性，仅在 1984 年《关于当前办理集团犯罪案件中具体应用法律的若干问题的解答》、2015 年《全国部分法院审理黑社会性质组织犯罪案件工作座谈会纪要》、2021 年《最高法院刑诉法解释》中有所涉及，法律位阶较低且分案审理的具体情形、适用程序不明确。司法实践中，规则的"模糊"造成认罪认罚共同犯罪的"另案处理"率颇高，有学者实证统计出某省 2019 年一审适用认罪认罚处理的 503 件共同犯罪案件（包括全案被告人适用与部分被告人适用）中，"另案处理"率高达 60.24%。[1] "另案处理"随意适用的背后，不乏办案人员基于侦查犯罪、指标绩效的需要，将其作为促使部分共犯认罪认罚的诱饵。"另案处理"（甚至"另案不理"）的诱惑方式可能带来如下负面效应：首先，不利于保障未认罪同案犯质证权的行使。质证权的落实在仅有部分被告人认罪认罚的共同犯罪案件中尤显重要。[2] 虽然《最高法院刑诉法解释》在第 220 条强调了"分案审理不得影响当事人质证权等诉讼权利的行使"，但是第 269 条规定，在"法庭认为有必要"的情况下，才"可以"传唤分案审理的共同被告人到庭对质。法庭对分案审理的共同被告人是否到庭参与法庭调查具有较大的自由裁量权，呈现出较强的职权主义色彩。此种并非以当事人权利为本位的规定，无疑会对未认罪同案犯质证权的落实构成障碍。其次，侦查（调查）、检察人员为降低证明难度，可能会适用"另案处理"以规避口供补强规则。共同犯罪案件中不乏有组织犯罪，相关人员基于证据收集、证明难度的现实考量，可能将具备"并案处理"条件的共同犯罪进行人为分割。当部分共犯受到"另案处理"的引诱选择认罪认罚后，其所作供述在一些地方的实践中会被界定为证人证言，在未认罪同案犯的审判程序中用以规避《刑事诉讼法》第 55 条规定的口供补强原则的适用。

---

[1] 揭萍，吴逸涵. 共同犯罪案件适用认罪认罚从宽实证研究［J］. 中国人民公安大学学报（社会科学版），2021，37（4）：65-74.

[2] 汪海燕. 共同犯罪案件认罪认罚从宽程序问题研究［J］. 法学，2021（8）：71-82.

三、共同犯罪的量刑不均衡现象

实践中，极少数公诉机关以模糊主从犯界定为由在部分同案犯中寻求案件的突破口，导致在后续的量刑建议提出、法庭审判环节严重突破了罪责刑相适应的基本原则。例如，在彭某、余某运输贩卖毒品案[①]中，事实上的主犯彭某因听从公诉人的建议而认罪认罚，第一审被判处有期徒刑十年，但从犯余某因未认罪认罚被判有期徒刑十二年。此案中的检察院和法院显然没有注意到"主犯认罪认罚、从犯不认罪认罚"时的量刑平衡问题，致使量刑严重偏离一般的司法认知。

综上所述，在共同犯罪案件中，办案人员受到指标绩效、诉讼效率等因素的影响，常常将某些被追诉人的认罪认罚作为瓦解共同犯罪的手段工具。此外，由此产生的"羊群效应""另案处理""量刑严重不均衡"等问题是案件偏离协商性程序正义、造成实体不公的主要原因，值得重点关注。

第三节 对未认罪认罚行为人进行报复性惩罚

一、报复性惩罚的表现

前文已述，办案机关为满足诉讼效率和固化指标的要求而采用威胁、引诱、欺骗行为人的方式，可能造成当事人屈从型自愿、共同犯罪中"羊群效应"和不当另案处理等乱象。然而，当说服教育未果、行为人未认罪时，需要警惕办案机关受个人情感因素影响而将案件处理带入另一种极端，即对未认罪认罚行为人进行报复性惩罚。此种情形在犯罪行为隐蔽性强、证据链条难以达到完整程度且整体认罪率较低的毒品犯罪等疑难复杂案件中更易发生。倘若毒品犯罪行为人不配合认罪认罚，刑事诉讼过程中将出现"在审查起诉环节或隐或明的报复性量刑建议，或者在审判环节基于行为人不认罪而进行的报复性审

---

① 揭萍，吴逸涵. 共同犯罪案件适用认罪认罚从宽实证研究[J]. 中国人民公安大学学报（社会科学版），2021, 37（4）: 65-74.

判，或者审判机关认可公诉机关报复性量刑建议而作出的刑罚裁量"。① 发生这种现象，表明极少数办案人员对案件本身复杂性与罪责刑相适应原则的漠视。受制于个体主观情绪处理案件，将导致刑罚缺乏正当性，亦无法使被告人及社会公众对法律心存敬畏。类似于毒品犯罪等重罪案件，因案情复杂、罪重罪轻量刑情节叠加等原因，被追诉人对定罪量刑问题持有异议而行使辩护权的情况不可避免，也具有正当性，极少数办案机关将"辩护"视作主观恶性较大的证明则毫无法理依据；即使被追诉人属于负隅顽抗的情况，虽可以将其用作主观恶性较大负面评价的证明，却也不应超出合理的罪责幅度而施以报复性惩罚。②

二、报复性惩罚的原因

对此，若欲从根本上解决问题，需要探究司法机关受主观情绪驱使而进行报复性惩罚的症结所在。笔者认为，检察机关客观公正义务附随的司法责任风险是导致其在行为人未认罪认罚时选择司法报复、提出缺乏正当性量刑建议的关键，亦是后续审判机关受裁判前信息影响造成锚定效应的根源。以毒品犯罪为代表的某些疑难复杂案件，因证据链条体系完整程度低等因素，着重凸显了检察人员的客观公正义务，即基于"国家法律监督者"的角色定位，我国检察机关需要更加超脱地对各种合法权益予以保护，"无论该权益是国家的、社会的抑或是个人的包括犯罪嫌疑人、被告人、罪犯的"。③ 认罪认罚从宽制度对检察人员履行客观公正义务亦提出了新的要求，④ 其应超越控诉职能，通过客观取证、中立审查等努力实现案件的"客观真实"。在法律明确界定角色性质以及认罪认罚从宽制度拓展职责内涵的双重作用下，倘若行为人未配合认罪认罚，检察机关对此类疑难复杂案件履行客观审查义务的难度上升，承担司法责任的风险亦陡然增加。全面落实司法责任制带来的压力，导致极少数检察人员完全有可能情绪性地"迁怒"于拒绝认罪认罚的行为人，提出报复性从严处理

---

① 陈伟. 毒品犯罪案件适用认罪认罚从宽制度状况研究 [J]. 法商研究，2019，36（4）：10.
② 陈卫东. 毒品犯罪案件如何使用认罪认罚从宽制度 [N]. 中国禁毒报，2021-12-10（5）.
③ 朱孝清. 检察的内涵及其启示 [J]. 法学研究，2010，32（2）：123-135.
④ 龙宗智. 检察官客观公正义务的理据与内容 [J]. 人民检察，2020（13）：7-14.

的量刑建议。后续诉讼流程中，审判机关由于锚定效应的潜在作用，即便知晓检察机关所提量刑建议等"外部锚"锚值可能有违罪责刑相适应原则，也可能受锚值影响而采纳量刑建议。

第四节 导致控辩失衡

协商性司法的本质属性要求通过协商、商谈机制的引入，提升被追诉人对实体结果的控制能力。因此，在庭审程序相对简化的情况下，被追诉人实质性参与审前协商的意义被格外凸显。面对犯罪嫌疑人自行辩护能力较弱的现实困境，保障其有权获得律师辩护，是落实《宪法》与《刑事诉讼法》规定的"犯罪嫌疑人、被告人有权获得辩护"基本原则的关键所在。虽然在"刑事案件律师辩护全覆盖"和"签署具结书需要律师在场"的要求下，律师参与认罪认罚案件的程度有所提高，但"有效参与"的缺乏使审前协商中控辩失衡的问题尤为突出。

一、律师有效参与失位

域外法国家和地区的相关规定均强调了律师协助进行认罪协商的职责以及对此在法律层面的保护。美国的辩诉交易制度须有辩护律师代表被追诉人与检察官进行谈判；日本刑事司法改革中的"协议、合意制度"要求，"在达成合意的过程中，必须有辩护人出席，而且合意需要获得辩护人的同意"，"检察官不能只与犯罪嫌疑人、被告人之间达成协议"。[1] 律师协助旨在保障犯罪嫌疑人、被告人认罪认罚的真实性与自愿性，并最大限度地维护当事人的合法利益。但在我国司法实践中，有时会出现检察官与被追诉人进行单方面协商的现象。在一些案件中，检察机关与犯罪嫌疑人进行一对一的单方面协商，二者在私下达成量刑合意后，会直接通知辩护律师或者值班律师到场见证认罪认罚具结书的签署；[2] 更有甚者，检察机关为追求量刑建议的采纳率，在与法官进行

---

[1] 龙宗智. 完善认罪认罚从宽制度的关键是控辩平衡 [J]. 环球法律评论，2020，42 (2)：5-22.

[2] 陈文聪. 论我国量刑协商机制的非对称性问题 [J]. 法学论坛，2021，36 (6)：149.

审前沟通的情况下，采取先由犯罪嫌疑人签署具结书、再由律师补签的方式，完全规避了对律师意见的听取。而在具备检察机关、被追诉人、辩护人等多主体共同协商环节的案件中，律师也仅仅扮演着具结书签署见证人的角色。有学者曾对认罪认罚案件中律师的作用进行了三个方面的概括：一是对案件真实性的把关作用；二是对认罪认罚自愿性的保障作用；三是对被追诉人争取从宽处遇的协助作用。① 从此三方面进行评价可以看出，某些律师既无对被追诉人在事实认定、程序适用方面的释法说理以保障认罪认罚的真实与自愿，亦无与检察机关的充分协商以求帮助被追诉人在法律范围内获得最大限度的从宽，将原本应达到的实质性、有效性的参与异化为形式上的参与。

此外，为扭转传统刑事辩护制度中当事人自行委托辩护率低、法律援助律师适用范围较窄的局面，经过试点并在《刑事诉讼法》修正过程中应运而生值班律师制度。《指导意见》第12条第1款规定："值班律师应当维护犯罪嫌疑人、被告人的合法权益，确保犯罪嫌疑人、被告人在充分了解认罪认罚性质和法律后果的情况下，认罪认罚。"第27条规定，认罪认罚案件，人民检察院应当从实体处理、程序选择适用等维度听取值班律师的意见。第31条第1款规定："犯罪嫌疑人自愿认罪，同意量刑建议和程序适用的，应当在辩护人或者值班律师在场的情况下签署认罪认罚具结书。"由此可见，按照立法意图，值班律师是被设计成认罪认罚自愿性维护者和权力制约者角色的，且立法赋予了值班律师以会见权和查阅案卷权，以保证其有效履行职责。但遗憾的是，值班律师在实践中"往往不能起到有效的法律帮助作用；相反，在很大程度上沦为司法机关认罪认罚从宽程序合法性的见证人与背书者。"② 因轮班机制、职业风险和经济利益等多重因素的共同作用，少数值班律师一个工作日见证数个认罪认罚案件，甚至在同时段见证数个认罪认罚案件。有学者曾对某市基层值班律师制度的运行现状进行实证调研后发现，当地值班律师普遍在未阅卷的情况下仅通过检察机关提供的《起诉意见书》和量刑建议了解案件事实，③ 倘若其

---

① 王敏远，顾永忠，孙长永. 刑事诉讼法三人谈：认罪认罚从宽制度中的刑事辩护 [J]. 中国法律评论，2020（1）：1-21.
② 汪海燕. 三重悖离：认罪认罚从宽程序中值班律师制度的困境 [J]. 法学杂志，2019，40（12）：12-23.
③ 马晓燕，孔庆丹. 浅谈认罪认罚从宽制度下的值班律师制度 [J].《上海法学研究》集刊，2020（16）：131.

没有深度介入案件，通常很难提出有针对性的法律意见。

二、控辩失衡问题的深层次成因

认罪认罚案件控辩失衡问题的表层原因反映在律师有效辩护、有效法律帮助的缺位；由表及里，造成这一问题的深层次成因是我国刑事诉讼的某些固有缺陷以及认罪认罚从宽制度的缺陷等因素。

首先，我国刑事诉讼的某些固有缺陷，使控辩双方的能力对比更为悬殊。认罪认罚从宽制度所属的协商性司法更加强化了对被追诉人主体性的要求，其核心标志是，被追诉人"必须拥有参与涉及自身利益的决定过程，以及改善自身处境的机会和手段"。① 主体性的提升，需要国家在刑事诉讼活动中对于被追诉人的权利保障达到一定高度。纵观域外法国家和地区协商性司法的发展，均是在围绕被追诉人权利保障基础之上进行一系列改革后形成的；即使是一贯秉承职权主义的欧陆国家，也是在传承职权主义诉讼传统的基础上，吸取当事人主义人权保障相关理念和程序机制后，逐步建立起协商性司法具体制度的。我国刑事诉讼独有的某些缺陷，则限制了提升被追诉人主体性的发展路径，进而逐步加剧了认罪认罚案件的控辩不对等。第一，虽然职权主义国家也具有相对强势的司法职权机关，但各机关分工明确；我国宪法及刑事诉讼法规定的公、检、法三机关"分工负责、互相配合、互相制约"原则在实践中呈现的"配合为主、制约为辅"的形态，导致认罪认罚案件中公权力机关的地位更为强势，辩方发声的空间被进一步压缩。例如，在侦、诉层面，狭隘的"侦诉共同体"观念使检察机关容易迁就侦查（调查）机关的侦查（调查）行为。② 因此，为包容侦查（调查）中的违规或错误，检察机关很有可能绕开辩护律师直接与被追诉人进行协商并签署具结书，实际上架空辩护人的权利使其存在的意义仅为符合规范的形式要求。而前文所述检察官与法官进行审前沟通，亦是公权力机关过度配合、架空辩护律师或者值班律师的典型例证。第二，我国刑事辩护权的设置相对较弱。域外法国家和地区在《欧洲人权公约》的推动下，纷纷将刑事辩护权作为"正当程序"改革的核心任务。法国法律为保证被追诉人

---

① 魏晓娜. 认罪认罚从宽制度中的诉辩关系［J］. 中国刑事法杂志，2021（6）：52-66.
② 黄翀. 以审判为中心的刑事侦诉关系的反思与重构［J］. 东方法学，2017（4）：142-152.

实现自我辩护或获得律师协助，创设了积极有效的程序机制，在此机制下，某些侵犯辩护权的情形可能导致程序无效。① 我国缺乏此种在公权力侵犯辩护权情况下的程序性制裁机制，即使认罪认罚案件需要于审判阶段对自愿性等问题进行审查，《认罪认罚案件同步录音录像规定》也分别在第 2 条和第 12 条规定"听取意见、签署具结书需同步录音录像""同步录音录像可用于庭审的自愿性审查"，但第 12 条中的某些非强制性表述使得庭审较难真正筛查出对辩护权的干涉，且后续的否定性评价能否及时跟进亦不得而知。基于此，少数公权力机关面对微不足道的制约，加之其对律师的"偏见"，会在认罪认罚案件中更加轻视辩方辩护权的行使。

其次，当前学界及司法实务界对于认罪认罚案件的量刑协商机制如何运行（即控辩双方如何进行审前协商）缺乏清晰认识。从制度设计层面而言，目前高层实务部门较为一致的观点认为，"认罪认罚从宽制度绝不是辩诉交易的翻版"；② "认罪认罚从宽制度只能影响处罚，不能影响定罪"。③ 我国比较接近职权主义的诉讼模式以发现实质真实为导向，坚持证据裁判原则和罪责刑相适应原则。因此，以证据问题、事实认定、罪名和罪数为对象的控辩协商俨然被排除适用，④ 控辩双方仅可就量刑情节进行协商。在明确量刑协商的前提下，当前对于协商程序的具体设置尚待规范，一些程序问题模糊不清，例如，"辩方能否主动提出协商请求，协商程序如何进行，协商失败或法院不认可协商协议（具结书），认罪口供能否作为证据使用"。⑤ 由于量刑协商在某些规范设计层面的问题尚未厘清，检察机关在缺乏明确指导和程序性制约的情况下，不会且不愿切实实施量刑协商机制，致使辩方意见听取过程、具结书签署过程有随意性、失范性的一面。而从辩护人层面而言，某些律师没有充分意识到认罪认

---

① 施鹏鹏. "新职权主义"与中国刑事诉讼改革的基本路径 [J]. 比较法研究, 2020 (2): 72-89.

② 最高人民法院刑一庭课题组. 刑事诉讼中认罪认罚从宽制度的适用 [J]. 人民司法（应用）, 2018 (34): 5.

③ 胡云腾. 完善认罪认罚从宽制度改革的几个问题 [J]. 中国法律评论, 2020 (3): 75-86.

④ 陈卫东. 认罪认罚从宽制度的理论问题再探讨 [J]. 环球法律评论, 2020, 42 (2): 23-36.

⑤ 龙宗智. 完善认罪认罚从宽制度的关键是控辩平衡 [J]. 环球法律评论, 2020, 42 (2): 5-22.

罚从宽制度将辩护从对抗模式引入协商模式后，侧重方向变化、协商性增强、辩护重心前移等辩护新特征，其在片面追求无罪辩护、忽视协商技巧提升的情况下，会错失向被追诉人释法说理并向检察机关提出有效意见的机会，导致辩护权行使明显缺失。

最后，值班律师制度设计的本质初衷即为弥补因现有律师资源不足所产生的认罪认罚案件自愿性保障缺失的问题，实践状况却事与愿违。应当说，由于《刑事诉讼法》只规定值班律师提供法律帮助，并未对所提供法律帮助的性质进一步明确，值班律师诉讼行为性质不明是阻碍其有效履行职责的关键所在。多位学者从不同角度分析认为应当明确值班律师的辩护人属性。从刑事诉讼基本职能划分角度来看，"如果诉讼参与人参与诉讼的直接目的是维护犯罪嫌疑人、被告人合法利益，其履行的就应当是辩护职能"；[①] "法律帮助在英文里面叫'legal aid'或者'legal assistance'，不论叫辩护律师，还是叫值班律师，他们都是维护当事人合法权益的法律专业人员，本质上不应该有所区别"。[②] 从"辩护"概念角度而言，值班律师所提供的法律帮助具体表现为手段性辩护权利、条件性辩护权利和保障性辩护权利的行使，可以被现代法治意义上的"辩护"概念所涵摄。[③] 诚如上述学者所言，将值班律师定义为辩护人是合理的，但更应将其进一步限定为"应急性、临时性"的辩护律师。值班律师制度作为一种特殊的法律援助形式，具有援助目标群体不特定和援助内容存在局限性等特征，故与传统法律援助有所差异。[④] 从域外值班律师制度的发展历史可见，英国警察局值班律师计划中，若犯罪嫌疑人无委托律师，值班律师在收到警察通知后应立即赶到警局为犯罪嫌疑人提供法律帮助并保障讯问程序的合法。[⑤] 在澳大利亚的值班律师制度中，南澳大利亚州法律援助署官网上仅将值班律师制度定位为"为确保在简易法庭处于不利地位的人获得正义而提供的免

[①] 汪海燕. 三重悖离：认罪认罚从宽程序中值班律师制度的困境 [J]. 法学杂志, 2019, 40（12）：12-23.

[②] 王敏远, 顾永忠, 孙长永. 刑事诉讼法三人谈：认罪认罚从宽制度中的刑事辩护 [J]. 中国法律评论, 2020（1）：1-21.

[③] 肖沛权. 论我国值班律师的法律定位及其权利保障 [J]. 浙江工商大学学报, 2021（4）：144-152.

[④] 吴宏耀. 我国值班律师制度的法律定位及其制度构建 [J]. 法学杂志, 2018, 39（9）：25-32.

[⑤] 郭婕. 法律援助值班律师制度比较研究 [J]. 中国司法, 2008（2）：101-105.

费的值班律师帮助";维多利亚州法律援助署甚至规定,如果案件被推迟审理或者当事人宣称自己无罪,应为其申请法律援助律师辩护而非由值班律师进行辩护。① 因此,值班律师犹如急诊医生,其面对的是不特定群体并"随叫随到",体现出其法律服务的应急性;也正是基于此种"应急性",导致其不可能深入地了解案件细节从而为当事人提供一种深思熟虑的辩护方案,故也兼具有"临时性"的特征。正因如此,诸如澳大利亚等国家才对其援助服务的范围作出严格限定以保障当事人的合法权益。我国在引入值班律师制度时,实际忽略了值班律师的应急性与临时性,误读了"值班"的概念,加之缺少在具体制度层面的合理设计,导致值班律师在一些情形下沦为见证人的角色。具体来说,我国在实然层面过度看重值班律师在认罪认罚自愿性保障维度应发挥的职能,但缺乏合理制度设计的跟进。例如,在轮班机制和援助对象不特定因素的双重作用下,值班律师与当事人本应基于辩护而产生的信赖关系难以建立,值班律师既无动力也缺乏能力有效参与认罪认罚案件的量刑协商,因为只有存在信任基础,律师才有机会细致地了解案情,提出有针对性的辩护材料和意见。由于目前对值班律师功能的过度期待与其本质概念、固有属性存在明显出入,故使值班律师回归其应然定位,明确其"应急性、临时性"辩护律师的性质成为一种趋势。有学者对此进一步提出,在认罪认罚从宽制度改革中,实务层面案件的复杂性导致值班律师可能无法胜任相应职责;为确保犯罪嫌疑人、被告人认罪认罚的自愿性,值班律师可能不是一种必需的、应然的选择。② 值班律师制度作为法律援助制度下属的一项子制度,需要在体系性的考量下以法律援助制度的整体发展带动值班律师制度的发展。以扩大传统法律援助覆盖范围为切入点,在认罪认罚案件中,"维持与发展值班律师与传统法律援助律师并存的二元法律援助体系",③ 这或许是解决实践问题的可行性路径。但此路径在以下方面尚需进一步探讨:第一,如何合理划定适用值班律师或法律援助律师的案件范围?第二,在现有律师资源分配不均的前提下,若扩大认罪认罚案件传统法律援助的覆盖范围,如何进行合理的资源配置?

---

① 张海粟,郎金刚. 域外值班律师制度简介[J]. 公民与法(综合版),2017(7):28.
② 吴宏耀. 我国值班律师制度的法律定位及其制度构建[J]. 法学杂志,2018,39(9):25-32.
③ 王迎龙. 值班律师制度的结构性分析——以"有权获得法律帮助"为理论线索[J]. 内蒙古社会科学,2020,41(5):98-106.

第五节 认罪认罚案件中求刑权与量刑权的冲突

一、立法规定产生的理论争议

针对刑事司法实践中出现的量刑畸轻畸重等诸多量刑不公问题，我国在21世纪初开展了量刑规范化改革试点工作，并在2010年发布《人民法院量刑指导意见（试行）》和《关于规范量刑程序若干问题的意见（试行）》两个规范性文件以总结改革试点经验。这两个意见中明确了量刑程序应具有相对独立性，检察机关应当在全面收集量刑证据的基础上提出量刑建议。[①] 对抗性司法中的量刑建议，本质上是检察机关基于求刑权（即量刑建议权），就被告人所应判处的刑罚向人民法院提出的请求意见，旨在"三角诉讼结构"下，为辩方量刑辩护权的行使和法官的合理量刑提供参照。目前学界较为一致的共识是，量刑建议权作为一种司法请求权，不具有最终结论性；与之相对，由法官专门享有的刑罚裁量权才具有终局性。[②]

在对抗性司法跨越至协商性司法的时代背景下，现行《刑事诉讼法》及相关司法解释对于认罪认罚案件中量刑建议的规定在一定程度上赋予了量刑建议对裁判的制约力。这些规定引起了学界和法院、检察院等实务部门的争鸣。我国《刑事诉讼法》第201条规定，在审查处理认罪认罚案件的量刑建议时，应该遵循"原则+例外"的模式。[③] 有学者认为，量刑建议对法院裁判的制约力

[①] 熊秋红. 认罪认罚从宽制度中的量刑建议 [J]. 中外法学，2020, 32（5）: 1168-1186.

[②] 冀祥德. 量刑建议权的理论基础与价值基础 [J]. 烟台大学学报（哲学社会科学版），2004（3）: 286-290.

[③] 《刑事诉讼法》第201条规定："对于认罪认罚案件，人民法院依法作出判决时，一般应当采纳人民检察院指控的罪名和量刑建议，但有下列情形的除外：（一）被告人的行为不构成犯罪或者不应当追究其刑事责任的；（二）被告人违背意愿认罪认罚的；（三）被告人否认指控的犯罪事实的；（四）起诉指控的罪名与审理认定的罪名不一致的；（五）其他可能影响公正审判的情形。人民法院经审理认为量刑建议明显不当，或者被告人、辩护人对量刑建议提出异议的，人民检察院可以调整量刑建议。人民检察院不调整量刑建议或者调整量刑建议后仍然明显不当的，人民法院应当依法作出判决。"

体现在"一般应当"和"明显不当"两个关键词上。① 基于法教义学分析可知，除动摇认罪认罚从宽制度适用基础的五种例外情况外，法院的刑罚裁量权仅体现在对以下三种情形可依法判决：第一，检察机关的量刑建议有明显不当且不予调整；第二，检察机关的量刑建议有明显不当且调整后仍明显不当；第三，被追诉方针对量刑建议提出异议，检察机关不调整或调整后仍明显不当。② 总之，《刑事诉讼法》第201条明确了法院对于量刑建议的处理结论应具有"采纳"的倾向性，需要对其进行适当容错，即使是检察机关最初的量刑建议存在一般不当，或者经调整后的量刑建议仍然一般不当，法院亦应给予足够的尊重。承认认罪认罚案件中量刑建议具有一定的"预决效力"，源于其形成机制相较于非认罪认罚案件存在特殊性。"认罪认罚从宽程序中的量刑建议得到了辩方的认可，本质上是控辩双方关于量刑的共同意见。"③ 被追诉人自愿选择签署具结书的基础是对事实、罪名及适用法律问题提出辩方意见，并在实质进行量刑协商后对控方提出的实体和程序层面的处理方案表示认同。换言之，被追诉人之所以选择合作性司法的诉讼机制，目的是希望对裁决方案的设计施加一定影响。因此，认罪认罚程序中的量刑建议包含着犯罪嫌疑人、被告人对认罪认罚利益的明确期待。有学者对此解释提出质疑，特别是法院部门的专家反对声音明显。有专家认为，虽然控辩双方协商达成一致后的量刑建议是带有司法公信力的承诺，但要注意区分承诺者与兑现承诺者的不同。承诺者是拥有求刑权的检察机关，而兑现承诺者是享有定罪量刑权的审判机关。承诺者与兑现承诺者是在分工负责基础上的相互制约关系，这决定了承诺与兑现承诺不可能是完全的一一对应关系。④ 由此可见，从审判权的立场出发，法院采纳量刑建议是在实质审查前提下，对其是否符合法律规定进行评价；法院不能毫无原则地对量刑建议予以包容。

我国《刑事诉讼法》第201条的规定初步显现了"在量刑建议采纳层面求

---

① 闫召华. 论认罪认罚案件量刑建议的裁判制约力 [J]. 中国刑事法杂志，2020（1）：17-28.
② 林喜芬. 论量刑建议制度的规范结构与模式——从《刑事诉讼法》到《指导意见》[J]. 中国刑事法杂志，2020（1）：3-16.
③ 闫召华. 论认罪认罚案件量刑建议的裁判制约力 [J]. 中国刑事法杂志，2020（1）：17-28.
④ 杨立新. 对认罪认罚从宽制度中量刑建议问题的思考 [J]. 人民司法，2020（1）：9-14+30.

刑权对量刑权是否具有制约力"的争议。然而,《指导意见》的相关规定使得不同立场更加对立化,量刑建议采纳规则的适用亦更不明确。《指导意见》在第40条和第41条规定了量刑建议的采纳模式问题,① 其中有关规定虽然与《刑事诉讼法》第201条相类似;但是,《指导意见》相较于《刑事诉讼法》增加的相关表述,意味着采纳量刑建议是在实质审查原则的框架下进行的。这些表述包括"事实清楚,证据确实充分""指控的罪名准确""量刑建议适当"。具体而言,人民法院首先要审查是否存在五种法定除外情形,再审查量刑建议是否符合"适当性"的要求,全部符合的予以采纳,不符合的不予采纳,明显不当时启动告知调整程序。在采纳机制的问题上,《指导意见》区别于《刑事诉讼法》的核心差异是,对于量刑建议适当与明显不当之间存在的"一般不当"中间区域,② 不能得出法院一般应当接受的结论。但是,《指导意见》也未对进一步的处理机制进行规定。③ 面对不同规范所规定的两种采纳规则,学界和司法实务界产生了明显的理论分歧。以检察机关为代表,显然乐见《刑事诉讼法》所规定的模式,其试图通过较宽的"适当"概念使更多量刑建议能够对裁判结果起到约束作用;而审判机关则坚持较窄的"适当"概念,以

---

① 《指导意见》第40条:"量刑建议的采纳。对于人民检察院提出的量刑建议,人民法院应当依法进行审查。对于事实清楚,证据确实、充分,指控的罪名准确,量刑建议适当的,人民法院应当采纳。具有下列情形之一的,不予采纳:(一)被告人的行为不构成犯罪或者不应当追究刑事责任的;(二)被告人违背意愿认罪认罚的;(三)被告人否认指控的犯罪事实的;(四)起诉指控的罪名与审理认定的罪名不一致的;(五)其他可能影响公正审判的情形。对于人民检察院起诉指控的事实清楚,量刑建议适当,但指控的罪名与审理认定的罪名不一致的,人民法院可以听取人民检察院、被告人及其辩护人对审理认定罪名的意见,依法作出裁判。人民法院不采纳人民检察院量刑建议的,应当说明理由和依据。"
第41条第1款:"人民法院经审理,认为量刑建议明显不当,或者被告人、辩护人对量刑建议有异议且有理有据的,人民法院应当告知人民检察院,人民检察院可以调整量刑建议。人民法院认为调整后的量刑建议适当的,应当予以采纳;人民检察院不调整量刑建议或者调整后仍然明显不当的,人民法院应当依法作出判决。"
② 量刑建议"一般不当"包括量刑建议自始不当和经调整后"一般不当";后者又包括"量刑建议明显不当"调整后的"一般不当","辩方提出合理异议"调整后的"一般不当",以及"量刑建议明显不当且辩方提出合理异议"调整后的"一般不当"三种情形。
③ 根据规定可以推导出法院可能存在两种处理机制:第一,不启动告知调整程序,法院在不采纳量刑建议的基础上可直接依法裁判;第二,启动告知调整程序,检察机关可对量刑建议进行调整。

捍卫法官对裁判结果的独立控制。①

此外，在量刑建议的提出方式问题上，量刑建议"精确化"自 2018 年《刑事诉讼法》明确规定认罪认罚从宽制度以来已备受关注；《指导意见》对此进一步深化，明确提出方式应采取"确定刑为主、幅度刑为辅"的原则。②量刑建议的"精准化"意味着法官的自由裁量权会被限定在"一个点"。毫无疑问，此项规定使关于认罪认罚案件量刑建议对裁判的制约力问题的讨论更为激烈，必将进一步加剧检察机关求刑权与法院量刑权之间的冲突。

二、权力冲突导致的实践问题

在实践层面，检察机关与审判机关关于量刑建议采纳问题上的分歧，不免带有某种功利目的；而求刑权与量刑权的冲突，利益受损最为严重的往往是处在刑事诉讼较为弱势地位的被追诉人。实践中，因权力之争导致被告人利益受损的情形常见于以下两种：第一，一审法院没有采纳量刑建议，检察机关为追求量刑建议的采纳，基于公诉权和法律监督权从而轻易提出抗诉，致使被追诉人深陷刑事诉讼的不确定状态中，此多见于一审法院拒绝后的从轻判决；第二，一审法院因不满量刑建议对量刑裁量权存在制约力而产生过度抵触情绪，针对适当的量刑建议亦不予采纳，但就不采纳的理由缺乏实质性说理，由此造成被追诉人对量刑期待性利益的落空，此多见于一审法院拒绝后的从重判决。

例如，"郭某某危险驾驶"案③体现了检察机关为追求量刑建议的最大限度采纳而提出抗诉的随意性。此案中，河南省平舆县人民法院第一审未采纳量刑建议，对被告人作出"拘役 3 个月并处罚金人民币 5000 元"的判决。河南省平舆县人民检察院予以抗诉，理由是量刑建议并无明显不当，第一审判决未采纳量刑建议且未说明理由，不仅违反法定程序，且适用法律错误。第二审审理中，驻马店市中级人民法院认为，检察机关抗诉意见不成立，驳回抗诉以维持原判。根据裁判文书可知，第一审法院与第二审法院皆未认为量刑建议存在

---

① 陕西省人民检察院课题组. 认罪认罚案件量刑建议精准化——内涵新解与采纳规则重构[J]. 法律科学（西北政法大学学报），2021, 39 (3)：142-152.

② 《指导意见》第 33 条第 2 款："办理认罪认罚案件，人民检察院一般应当提出确定刑量刑建议。对新类型、不常见犯罪案件，量刑情节复杂的重罪案件等，也可以提出幅度刑量刑建议。提出量刑建议，应当说明理由和依据。"

③ 河南省驻马店市中级人民法院（2019）豫 17 刑终 656 号二审刑事裁定书。

明显不当的情形。抗诉机关依照《刑事诉讼法》所规定的原则，主张量刑建议不存在明显不当情况的，法院应予以采纳，故以"适用法律错误"为由提出抗诉，暗指法院没有适用《刑事诉讼法》的规定以尊重量刑建议的预决效力。第二审法院显然不赞同检察机关的逻辑，坚持认为审判机关针对"一般不当"的量刑建议，具有不受求刑权制约的独立行使量刑权的权力。值得注意的是，原审被告人郭某某没有就一审裁判提出上诉，说明一审裁判与其期待利益相吻合，较大可能是法院作出了相比量刑建议更为轻缓的裁判。在此情况下，检察机关并没有以《刑事诉讼法》第228条所规定的法定抗诉事由为依据启动抗诉，而仅以法院无故不采纳量刑建议为由提出，说明其关注的重点不在于量刑是否公正，而在于意见是否得到尊重。这种全然置被告人合法权益于不顾，只强调维护检察机关在认罪认罚案件中的主导权力的做法，不免存在滥用法律监督权的嫌疑，有损"法律守护人"的角色定位。本案中，虽然第二审法院最终维持原判，检察院的不当抗诉并未对被告人的刑罚造成实质性影响，但抗诉启动的第二审程序使案件当事人的地位长期处于不确定状态，并可能因长期陷于讼累而产生诸多不必要负担；被告人也可能由此形成对国家公诉部门的不信任感，造成检察机关公信力的丧失。

又如，张某某走私国家禁止进出口的货物、物品罪案[①]则体现了实践中部分法官对量刑建议的抵触情绪，即使量刑建议并无不当也不愿采纳，以此表示对独立行使刑罚裁量权的维护。此案中，原公诉机关建议原审法院对被告人在有期徒刑一年至一年六个月内处罚，并适用缓刑，并处罚金。第一审法院判处张某某有期徒刑两年，缓刑三年，并处罚金人民币五万元，引发了被告人上诉。第二审法院认定原公诉机关提出的量刑建议并无不当，故撤销原审部分判决，改判有期徒刑一年六个月，缓刑两年，并处罚金人民币五万元。本案的关键在于，第一审法院未对量刑建议如何不当进行说理，倘若存在明显不当情形亦未启动告知调整程序；相反，第二审法院却认可了量刑建议的适当性。如此一来，即使量刑建议确有不当，也不免使公众怀疑第一审法院并非基于客观公正立场而是带有情绪地行使裁判权。这种检法之争，使个别法官完全忽视认罪认罚从宽制度的特殊价值，对检察院"干涉"裁判权的行为予以报复，最终导致被告人无法兑现立法层面关于"从宽处罚"的承诺。而在2020年曾引起刑

---

① 广东省高级人民法院（2019）粤刑终445号二审刑事判决书。

事法学界广泛热议的"余金平交通肇事案"中,面对第一审、第二审判决书争议的"第一审法院可否改变量刑建议""第二审法院是否违反上诉不加刑原则"等几个问题。其中有学者认为,第一审、第二审法院有可能是对检察机关被赋予的量刑建议权本身怀有反感和抵触的情绪,以致神仙打架,被告人遭殃。① 由此可见,求刑权与量刑权的冲突,损害的是认罪认罚的被告人的正当权益,应当用法律明文规制并加以调和。认罪认罚案件中的量刑建议制度所引发的法检之争,本质上与我国的司法职权配置等深层次原因有关。对此,笔者将在第六章进行深入分析,并探究破解其中困局的合理路径,希冀为认罪认罚案件中量刑建议制度的规范化运作提供助力。

第六节 辩护方内部冲突导致"骑墙式辩护"

一、认罪认罚案件中"骑墙式辩护"的两种典型情形

前文已述内容更多关注的是辩护律师及犯罪嫌疑人、被告人与公安司法机关之间的关系,本部分将着重研究认罪认罚案件中辩护律师与犯罪嫌疑人、被告人(委托人)之间的关系和由此产生的实践问题。实践中,辩护律师与被追诉人就辩护意见发生冲突的现象时有发生;在以往的非认罪认罚案件中,此种冲突大多表现为在定罪程序与量刑程序适度分离的诉讼改革背景下,辩护人在定罪程序审理中作无罪辩护,继而又在量刑程序审理中作罪轻的量刑辩护。而在适用认罪认罚从宽制度的案件层面,由于诉讼重心的前移,辩护人与被追诉人内部意见冲突的表现形态有所变化,通常表现为两个方面:第一,被追诉人在审查起诉阶段签署具结书,但认罪并非心悦诚服,被追诉人与辩护人基于投机的目的达成策略,由辩护人进行无罪辩护。此种冲突实质上是辩护人与被追诉人私下协商一致的辩护策略,因此可以称之为非真实性的辩护内部冲突。第二,辩护人基于某种原因,在未征得认罪认罚的被追诉人同意的前提下,在庭审过程中作无罪辩护。此种冲突真实反映了被告人与辩护人的意见相左,所以

---

① 孙远,郭烁. 余金平交通肇事案中的法检之争 [EB/OL]. 微信公众号"法学学术前沿",2020-04-16.

可被称之为真实性的辩护内部冲突。对于在刑事诉讼进程中体现出的辩护方内部冲突，也有学者将其定性为"骑墙式辩护"。①

针对认罪认罚案件中出现的上述现象，引发了辩护人能否在认罪认罚问题上提出不同意见的讨论。虽然从2021年12月颁布的《量刑建议指导意见》第35条的规定中可以解读出被追诉人的认罪认罚与辩护人的无罪辩护之间并非非此即彼的关系，在某种程度上认可了辩护人对于认罪认罚案件可以当庭发表无罪辩护意见；②但是，有辩护人认为"当事人认罪、律师作无罪辩护"的情况恐依旧难以实现，辩护人在庭审中所持的不同意见较难被法官接受。③面对实然层面控辩审三方的认识差异，笔者认为，尚需进一步对认罪认罚案件中典型"骑墙式辩护"情形产生及引起争议的原因、造成的影响、疏解的思路等加以讨论，以求合理规制此类现象，达成多方主体间的共识。

二、认罪认罚案件中产生"骑墙式辩护"的原因

两种"骑墙式辩护"的情形伴随着认罪认罚从宽制度的实施而大量产生，并引发了学界及司法实践界在认识层面的分歧，原因大概可分为共通原因和两种现象各自特有的原因两类。

（一）二者的共通原因

1."独立辩护人"理论的发展与争议

部分辩护人在被追诉人认罪认罚前提下依旧选择无罪辩护，学界对此种辩护方式的适当性争议颇大。争议无法绕开的关键在于辩护人与当事人的决策分配权问题以及随之产生的对"独立辩护人"理论的不同主张。关于辩护人与当事人的决策权分配问题，存在大陆法系国家的律师控制模式与英美法系国家的

---

① 韩旭. 认罪认罚从宽案件中的"骑墙式辩护"[J]. 西南民族大学学报（人文社会科学版）. 2022, 43（2）：78-86.
② 《量刑建议指导意见》第35条："被告人认罪认罚而庭审中辩护人作无罪辩护的，人民检察院应当核实被告人认罪认罚的真实性、自愿性。被告人仍然认罪认罚的，可以继续适用认罪认罚从宽制度，被告人反悔不再认罪认罚的，按照本意见第三十四条的规定处理。"
③ 王小兵. 最高检"量刑建议指导意见"不会对律师办理认罪认罚案件带来实质改观[EB/OL]. 微信公众号"厚启刑辩"，2021-12-29.

当事人控制模式两种解决方案。① 二者的本质区别在于，辩护人控制模式下，辩护人对于辩护策略和辩护目标的选择拥有自主决定权，辩护人更具有公益属性。当事人控制模式下，强调的是当事人的自治权，辩护人被定义为被告人的利益代言人，需要尽可能尊重当事人的意志。我国的传统观念中，辩护人与当事人的关系模式属于辩护人控制模式，"独立辩护人"制度是其理论表达，这是部分辩护人独立于被告人意志作无罪辩护的理论基础。坚持"独立辩护人"观点的学者认为，辩护人具有独立的人格，其根据事实和法律形成辩护思路并从事辩护活动，并非犯罪嫌疑人、被告人的附庸。但此种理论在实践中暴露出了辩护人与委托人思路不一致进而各说各话的问题，甚至出现了部分辩护人不顾当事人利益采取哗众取宠式的"政治性辩护"，引发了学界对传统观念的质疑和反思，一时间，"适度借鉴当事人控制模式"成为研究热点。有学者在研究独立辩护的具体内涵和边界后认为，我国应采取相对独立的辩护观，辩护人原则上在关键决策中负有引导义务，仅在技术性问题上拥有决定权。② 另有学者通过"逆向"界定辩护人独立辩护的空间，提出"权利保留原则"，并进一步明确了被告人依照权利保留原则所拥有的保留性权利。③ 诸多主张中，观点较为一致的部分是对于"是否认罪"的实体权利，当事人具有自主决定权，即无论被追诉人内心的真实意愿如何，只要其在形式上作出认罪的意思表示，辩护人原则上不能进行无罪辩护。由此可见，围绕着"独立辩护人"理论所形成的几种主张，秉持绝对"独立辩护人"论的学者和律师认同认罪认罚案件无罪辩护的正当性，甚至在未征得被告人同意的情况下，辩护人依然可以独立选择辩护形态。然而，近年来对"独立辩护人"论质疑的观点亦获得了部分学者和司法工作人员的支持，因此认罪认罚案件中辩护人独立发表无罪辩护意见现象遭遇某种批评甚至抵制。

2. 辩护人现场见证具结书签署行为的性质并不明确

《刑事诉讼法》第174条第1款和《指导意见》第31条第1款均规定：

---

① 陈虎. 律师与当事人决策权的分配——以英美法为中心的分析 [J]. 中外法学，2016，28（2）：447-461.
② 高洁. 论相对独立的辩护观——以辩护律师与被告人的关系为视角 [J]. 时代法学，2013，11（4）：76-84.
③ 方柏兴. 论辩护冲突中的权利保留原则——一种协调被告人与辩护律师关系的新思路 [J]. 当代法学，2016，30（6）：138-147.

"犯罪嫌疑人自愿认罪，同意量刑建议和程序适用的，应当在辩护人或者值班律师在场的情况下签署认罪认罚具结书。"由于辩护人"现场见证具结书签署"行为的性质模糊，无明确规定，主张辩护人可独立发表无罪辩护意见的学者认为，辩护人或值班律师在场及在具结书上签字的主要功能是见证具结书的签署过程，目的是保证认罪认罚的自愿性和明智性，不能将签字直接理解为辩护人对指控意见和量刑建议的认可。① 这是当下"辩护人在认罪认罚案件中可发表无罪辩护意见"观点的一项重要论据。但亦有观点认为辩护人在具结书签署过程中并不单纯扮演的是"见证人"角色，其签字意味着对被追诉人认罪认罚和量刑建议的认同；倘若后续发表无罪辩护意见，将存在违反司法诚信的嫌疑。由此，辩护人现场见证签署具结书行为的性质的模糊，为"骑墙式辩护"创造可为空间的同时，使此司法现象是否存在正当性面临着更大的争议。

（二）两种"骑墙式辩护"各自特有的原因

作为策略的认罪认罚与辩护人无罪辩护现象产生的特有原因是，刑事案件无罪判决率低。被追诉人与辩护人通过内部"辩护协商"，策略性地选择由前者签署认罪认罚具结书，后者进行无罪辩护。在这种情况下，被追诉人内心往往并不甘心于从轻量刑，只是希望在无罪辩护效果不佳时依然能最大限度地保证利益，故而功利性地选择认罪认罚、签署具结书，并委托辩护人为获得无罪判决一搏。造成辩方此种投机心理的关键原因在于，我国刑事案件的无罪判决率极低。司法实践中，基于检察系统判决指标的考量，检察官与法官为将无罪判决率降至最低而进行的多方面沟通在所难免，因此产生了许多被"雪藏"的可能形成无罪判决的案件。据最高人民法院历年工作报告显示，以2021年为起点上溯五年，五年间只对5264名公诉案件被告人和3751名自诉案件被告人依法宣告无罪，每年被宣告无罪的被告人数量分别仅占全年一审判处罪犯数量的0.052%、0.068%、0.084%、0.057%和0.080%。当事人作为理性的诉讼主体，在仅追求无罪判决风险较大的情况下，选择认罪认罚以求将轻缓量刑作为"兜底保障"，并委托辩护人作无罪辩护以求利益的最大化，这是一种较为务实的选择，也进而造成了此类辩护策略的大量兴起。

未征得认罪认罚被追诉人同意的无罪辩护现象产生的特有原因是，外部原

---

① 闫召华. 辩护冲突中的意见独立原则：以认罪认罚案件为中心 [J]. 法学家，2020 (5)：133-147.

因所致的"辩护内部协商"不能。质疑绝对"独立辩护人"论的学者认为，被追诉人对认罪与否具有自主决定权，辩护人应将案件情况、相关法律及时、详尽地告知被追诉人，使被追诉人可以在全方位了解案件信息的基础上作出尽可能理性的抉择。① 但我国刑事诉讼法律的相关规定显示，辩护人履行全面告知义务面临着一些外部阻碍，即使辩护人有意愿与被追诉人进行"辩护协商"，也往往陷入客观不能。《刑事诉讼法》未规定被追诉人可以作为阅卷权的主体，虽然在第 39 条第 4 款规定了辩护律师向犯罪嫌疑人、被告人核实有关证据的权利，但理论界部分学者一直主张应对告知的证据加以合理限制，② 从条文中不能当然解读出"阅卷论"和"告知证据论"的观点。③ 基于核实证据权的理论分歧，实践中大多数辩护人因职权机关排斥、规避职业风险等因素的考量，往往不能就案件情况向被追诉人进行全面、充分的告知。此外，伴随认罪认罚从宽制度实施所探索的证据开示制度，尚因规则存在模糊性而无法真正保障被追诉人的信息知悉权。当事人由于对案件信息认知的缺乏，导致其可能盲目且孤注一掷地选择认罪认罚，这种看似自主的意思表示可能实质伤害到自身利益。辩护人为维护被追诉人的实质利益，不能完全"袖手旁观"，在未能有效劝说当事人接受其辩护方案的情况下独立进行无罪辩护，实则是一种无奈之举。

三、认罪认罚案件中"骑墙式辩护"的利弊分析

"骑墙式辩护"的核心优势在于，可以尽可能避免冤错案件的产生。认罪认罚从宽制度的实践中，基于公权力机关指标效应、人权保障性配套措施跟进不力等原因，也会出现被追诉人"屈从型认罪"的现象。面对被追诉人的违心认罪，辩护人进行无罪辩护，本质上是维护了当事人的实质利益，有利于防止冤假错案的发生，实现司法正义。《指导意见》第 39 条规定了审判阶段法院对

---

① 高洁. 论相对独立的辩护观——以辩护律师与被告人的关系为视角 [J]. 时代法学, 2013, 11 (4): 76-84.
② 朱孝清. 再论辩护律师向犯罪嫌疑人、被告人核实证据 [J]. 中国法学, 2018 (4): 44-45.
③ 阅卷论，即认为《刑事诉讼法》第 39 条第 4 款的规定"等同于认可了犯罪嫌疑人、被告人的阅卷权"；告知证据论，即认为《刑事诉讼法》第 39 条第 4 款的规定表明辩护律师可以"将案内有关证据的内容特别是与犯罪嫌疑人、被告人陈述不一致甚至有较大出入的内容告知犯罪嫌疑人、被告人"。

认罪认罚自愿性、合法性的审查义务，并对重点核实的内容进行明示。肯定辩护人在认罪认罚案件中可以进行无罪辩护，一定程度上可以解决当前庭审自愿性审查形式化的问题，确保审查的有效性。此外，多元性辩护观点的展示可以为司法机关提供多角度的审视思路。

"骑墙式辩护"的弊端主要有两个方面：第一，在未征得认罪认罚被追诉人同意的无罪辩护现象中，辩护人与委托人的相互信任关系有可能遭受损害。虽然辩护律师（司法实践中绝大多数辩护人是辩护律师）属于专门法律技艺的掌握者，能够洞悉并预估案件走向，但在一些情况下，被告人利益并不完全等同于辩护律师仅以法律眼光框定之法律利益。① 当事人所处的经济、社会、心理、道德、政治以及宗教后果都将成为其选择是否认罪的考量重点，② 这些因素均非仅依靠法律标尺所能完全评判的。因此，倘若辩护人强行进行无罪辩护，当事人可能基于这些非法律性因素对辩护人产生不满，致使委托辩护制度所依赖的相互信任关系受损。实践的情况亦表明，此种情况下，辩护人经常遭遇与委托人发生立场冲突的尴尬，甚至因此遭遇委托人的投诉。③ 第二，认罪认罚案件中的两种典型"骑墙式辩护"情形，较大概率对司法机关量刑产生一定消极影响。对量刑产生消极影响的主要原因来源于两个方面的因素：其一，面对同一案件中存在的两种截然相反的辩护形态，法官不免会对其中的逻辑自洽性产生怀疑，进而认为辩护观点存在着自相矛盾、前后不一的问题。这种对于逻辑自洽性的质疑，在实然层面不但不具有利益均沾的优势，反而可能使辩护力量相互抵消。其二，认罪认罚从宽制度的适用，一个重要的价值导向即为控辩合作所带来的诉讼效率的提升，辩护人所作无罪辩护将会增加案件的复杂性，使专门机关产生厌烦，甚至排斥心理，此时专门机关极有可能排除认罪认罚从宽制度的适用或者在量刑建议中有不利反应，导致辩方在诉讼结果上得不偿失。④

---

① 宋远升. 律师独立辩护的有限适用 [J]. 法学，2014（8）：114-122.
② 陈虎. 律师与当事人决策权的分配——以英美法为中心的分析 [J]. 中外法学，2016，28（2）：447-461.
③ 陈瑞华. 独立辩护人理论的反思与重构 [J]. 政法论坛，2013，31（6）：1-24.
④ 闫召华. 辩护冲突中的意见独立原则：以认罪认罚案件为中心 [J]. 法学家，2020（5）：133-147.

第七节　认罪认罚案件中被害人的参与权缺位

一、被害人参与权"应然"与"实然"的分离与割裂

前文已述，认罪认罚从宽制度的功能价值天然性地包含了修复受损害的社会关系、促进和谐社会建设的内涵。我国的认罪认罚从宽制度所需要打造的是保障被追诉人司法人权、提高诉讼效率以及促进社会和谐等多元化价值"兼收并蓄"的中国特色的认罪协商制度。恢复性司法理念同样摒弃了严格竞争的零和博弈思路，主张通过合作、对话的形式化解纠纷，故将恢复性逻辑引入认罪认罚从宽制度中不会产生"排异反应"。相反，诉讼中多方主体的对话参与使被害人权益得到保障、修复的同时，有助于被追诉人的"加害恢复"，即通过被追诉人真实的认罪悔罪，愈合其自己导致的创伤，以使其从罪过和恐惧中解脱出来，重新回归社会并预防再犯。[①] 可以说，将被害人引入原本的控辩协商机制、一定程度上形成合理的"多边谈话"机制，是实现被追诉人利益、被害人利益、公共利益"共赢"的有效路径。然而，与认罪认罚从宽制度秉持理念有所出入的是，在司法实践中，被害人的角色定位与权利配置并未得到合理重视，大多数情况下处于边缘化地位，成为刑事诉讼中"被遗忘的人"。目前已有例证明显地体现出被害人在认罪认罚案件中实质参与的缺位。在张某故意伤害刘某某一案中，[②] 犯罪嫌疑人张某在故意伤害刘某某并造成其轻伤后，虽然具有自首情节，但拒绝与被害人协商以达成赔偿和解。检察机关在本案中没有积极斡旋，履行促成双方和解的职责；且在没有充分听取被害人诉求的情况下与张某协商提出量刑建议。法院最终采纳量刑建议并引起被害人的不满。有学者归纳出目前被害人实质参与权丧失的三种典型形态：第一，考虑被害人态度的案件较少；第二，即使被害人实质参与，也很难在案卷材料中找到相关权利

[①] 闫召华."合作司法"中的恢复逻辑：认罪认罚案件中被害人参与及其限度 [J]. 法学评论, 2021, 39 (5)：185-196.

[②] 陈磊. 认罪认罚从宽制度被害人权益保护困境与纾解 [J]. 中国检察官, 2021 (6)：48-53.

表达的记录；第三，实践中对被害人权益的保障大多倚重赔偿损失，忽视了精神层面的修复。① 这种"应然"与"实然"的分离与割裂，促使研究者必须基于当下的司法现状，分析被害人遭遇漠视的深层次原因，并对被害人如何合理参与认罪认罚案件的问题作出制度设计，以真正满足制度的理性期待。

二、被害人参与权缺位的成因分析

笔者认为，造成上述困境的主要原因有以下两点：第一，立法层面对被害方权益保障的规定过于概括，可操作性不强。首先，听取意见权的规定缺乏可操作性。相关规范对被害方权益保障的规定重点聚焦于意见表达层面。《刑事诉讼法》第173条规定，认罪认罚案件中，检察机关需要就犯罪事实、罪名、法律适用、量刑以及程序选择问题听取被害人及其诉讼代理人的意见。② 《指导意见》第16条在此基础上进一步规定，检察机关应当将"是否达成和解、调解协议"或者"是否赔偿损失"以及"是否取得被害方谅解"作为对犯罪嫌疑人从宽处罚的重要考虑因素。③ 但是，上述条文尚缺乏对听取意见的时间、方式以及意见实质效力的明确规定。其次，缺少保障被害人知悉权的规范。既然公安司法机关需要听取被害人意见，但若被害人对认罪认罚从宽制度、指控罪名、诉讼进度、案件处理情况缺乏必要知悉，将无法在与控方对话时充分、有效地发表意见。因此，真实、充分且及时的信息知悉是被害人参与程序的前提，对此应当明文规定。最后，缺少对被害人异议的司法救济规定。

---

① 闫召华."合作司法"中的恢复逻辑：认罪认罚案件中被害人参与及其限度[J].法学评论，2021，39（5）：185-196.
② 《刑事诉讼法》第173条："人民检察院审查案件，应当讯问犯罪嫌疑人，听取辩护人或者值班律师、被害人及其诉讼代理人的意见，并记录在案。辩护人或者值班律师、被害人及其诉讼代理人提出书面意见的，应当附卷。犯罪嫌疑人认罪认罚的，人民检察院应当告知其享有的诉讼权利和认罪认罚的法律规定，听取犯罪嫌疑人、辩护人或者值班律师、被害人及其诉讼代理人对下列事项的意见，并记录在案：（一）涉嫌的犯罪事实、罪名及适用的法律规定；（二）从轻、减轻或者免除处罚等从宽处罚的建议；（三）认罪认罚后案件审理适用的程序；（四）其他需要听取意见的事项。人民检察院依照前两款规定听取值班律师意见的，应当提前为值班律师了解案件有关情况提供必要的便利。"
③ 《指导意见》第16条："办理认罪认罚案件，应当听取被害人及其诉讼代理人的意见，并将犯罪嫌疑人、被告人是否与被害方达成和解协议、调解协议或者赔偿被害方损失，取得被害方谅解，作为从宽处罚的重要考虑因素。人民检察院、公安机关听取意见情况应当记录在案并随案移送。"

《指导意见》第18条规定，被害方对认罪认罚从宽处理提出异议的，不影响认罪认罚从宽制度的适用。① 如果被害人认为自己的意见没有被检察官充分考虑并坚持对案件处理提出异议，应当如何畅通其进行司法救济的渠道，需要加以规定。立法层面缺失有效指引是办案人员放松规范化操作的关键原因。第二，司法机关与被害方的诉讼价值取向具有差异性，双方利益重叠区的限制致使公权力机关处理案件过程中不可能过分关注被害方利益，极端情况下甚至忽视了其合法权益。国家公诉与被害方的诉求并不总是相一致的，不一致性可能更是两种利益的主要关系向度。公诉机关需要体现的是全局式的司法理性，被害方则更关注个案正义，具有感性色彩。② 尤其在认罪认罚从宽制度中，刑事政策落实、司法人权保障、诉讼资源合理配置、修复受损社会关系均是需要公权力机关进行合理协调的。办案人员过度迎合被害人诉求，是"私诉"取代"国家公诉"、诉讼模式退化为"弹劾式"模式的表现。但合理认识到二者在价值取向上的差异，并不意味着对被害人的漠视。认罪认罚案件中，检察机关考虑到制度适用率指标、诉讼效率提升等因素，自然而然地对被害人参与存在排斥心理。向被害人履行告知义务、组织听取意见、促成和解、调解均需要消耗司法资源，倘若被害人对量刑、赔偿的期待没有得到最大程度的满足，在降低诉讼效率的同时，使程序很难推进，办案人员通常认为得不偿失。然而，这种现象也不是以追求多元化功能价值的认罪认罚从宽制度所乐见的。关于此，笔者将在后续认罪认罚从宽制度完善的相关章节中，以有限性原则为基础，从知悉权、协商权（意见交换权）、异议提出和寻求司法救济权三个方面出发，进一步对认罪认罚案件中被害人的诉讼参与及制度保障提出相关完善构想。

---

① 《指导意见》第18条："被害方异议的处理。被害人及其诉讼代理人不同意对认罪认罚的犯罪嫌疑人、被告人从宽处理的，不影响认罪认罚从宽制度的适用。犯罪嫌疑人、被告人认罪认罚，但没有退赃退赔、赔偿损失，未能与被害方达成调解或者和解协议的，从宽时应当予以酌减。犯罪嫌疑人、被告人自愿认罪并且愿意积极赔偿损失，但由于被害方赔偿请求明显不合理，未能达成调解或者和解协议的，一般不影响对犯罪嫌疑人、被告人从宽处理。"
② 宁佳，卢乐云.重罪认罪认罚案件中被害人权利的有限扩张[J].西南民族大学学报（人文社会科学版），2021，42（8）：62-68.

第八节　认罪认罚撤回后有罪供述"照单全收"

回溯认罪认罚从宽制度从试点到正式入法、再到全面实施的历程，立法及最高司法机关对待认罪认罚撤回问题的态度一直讳莫如深，甚至带有一些消极色彩。《关于在部分地区开展刑事案件认罪认罚从宽制度试点工作的办法》（以下简称《认罪认罚从宽制度试点办法》）未对认罪认罚的撤回作出明确规定，仅在第19条和第20条中提及被告人否认指控的犯罪事实时，可能涉及程序的转换和量刑建议的不采纳。《刑事诉讼法》的规定大致延续了既有规范，在第201条和第226条规定了量刑建议排除适用和程序转换两个方面内容，但是依旧缺乏具体的操作指引。《指导意见》虽然通过专门章节规定"认罪认罚的反悔与撤回"，但是对撤回的原因、具结书中被追诉人认罪的效力、是否适用"上诉不加刑"原则等均语焉不详。[1] 2021 年出台的《量刑建议指导意见》第30条、第34条规定，被追诉人认罪认罚后反悔的，人民检察院应当建议人民法院不再适用认罪认罚从宽制度，撤回从宽量刑建议，并建议法院在量刑时考虑相应情况。在官方原本模糊的立场上，《量刑建议指导意见》的规定似乎进一步昭示了最高实务部门对待认罪认罚撤回的消极态度。

立法和司法层面模糊，甚至消极倾向性的立场，导致实践中办案人员虽在形式上遵循规范保障被追诉人反悔后的程序转换，但内心是相对排斥的，这在撤回后的证据后果问题上体现得尤为明显。有学者经调研后发现，办案人员"对此前被追诉人认罪所收集的相关有罪证据几乎不作处理并在此后诉讼中照单全收地适用"；[2] 亦有学者对实践现状提出质疑，认为如果仅将允许撤回停留在形式层面，有罪供述并不排除适用的做法，会使被告人在有罪认定方面无法实现撤回认罪认罚的效果。[3] 笔者认为，造成目前司法工作人员怠于在认罪认罚撤回后进行相关证据排除的深层原因主要有以下三点。第一，部分学者及办案人员将证据法的价值局限于"发现真实"。有学者认为："如存在认罪认

---

[1] 汪海燕. 被追诉人认罪认罚的撤回 [J]. 法学研究，2020，42（5）：17.

[2] 马明亮，张宏宇. 认罪认罚从宽制度中被追诉人反悔问题研究 [J]. 中国人民公安大学学报（社会科学版），2018，34（4）：93-101.

[3] 汪海燕. 被追诉人认罪认罚的撤回 [J]. 法学研究，2020，42（5）：17.

罚属非自愿、非明知……情况，并且供述及相关证据能与其他证据相印证，真实性得以保证的，可以采纳。"① 显然，这种观点是将"有罪供述"对于刑事诉讼发现实质真实的价值置于首要位阶，有必要最大限度地保障此类证据在"求真"层面的意义。但不可否认的是，证据法在"求真"的同时蕴含着"求善"的价值，甚至在位阶上会优先考虑"求善"的价值。米尔建·R.达马斯卡（Mirjan R. Damaska）将证据排除规则归纳为内在排除规则和外部排除规则两种。前者是指为提高事实认定之准确度而设置的排除规则；后者指的是为了与事实真相的追求无关的诸多价值，而排除有证明力之信息的诸多规则。② 域外法中非法证据排除规则等诸多例证表明，刑事诉讼的证据法体系需要权衡多重价值目标，不能单纯考量"发现实体真实"的单一价值目标。认罪认罚案件中反悔权的行使，既体现了防范制度风险、保证查明案件事实的功能，又体现了协商性司法框架下被追诉人对"认罪"的自主选择权；在证据法层面排除被撤回的有罪供述是保障当事人认罪认罚自愿性、维护"不得强迫自证其罪"原则的关键所在。第二，即使在学理层面否定撤回"有罪供述"的证据能力，司法实践中亦缺乏相关规范保障。一些学者通过对反悔时间和反悔事由的分析，得出在特定情形下否定"有罪供述"证据能力的正当性，从而寻求司法人权保障与司法效率优化间的平衡。有学者构建的反悔后有罪供述的具体适用规则中，将第一审裁判前反悔的事由归纳为任意性反悔、"契约成立瑕疵"下的有因反悔、非法取证情形下的反悔等，并逐一分析是否禁用口供以及是否扩及对"毒树之果"的否定。③ 还有学者分述了侦查和审查起诉阶段、第一审庭审阶段、上诉阶段三个维度构建有罪供述的排除规则，认为在侦查、审查起诉阶段可以无理由、无条件反悔，而在第一审庭审及上诉审阶段，具有"违背明知、自愿性"等正当理由情况下的反悔才具备正当性并可以适用"口供排除"规则。④ 学者意见中，普遍认为针对一般意义的不自愿口供，需要排除其证据能

---

① 秦宗文.认罪认罚案件被追诉人反悔问题研究［J］.内蒙古社会科学（汉文版），2019, 40 (3): 125-131.
② 康景文.论认罪认罚从宽制度中认罪供述的撤回——以证据排除为视角［J］.河南大学学报（社会科学版），2022, 62 (2): 41-47.
③ 田力男，杨振媛.认罪认罚反悔后有罪供述适用问题探究——以"司法契约"理论下有罪供述撤回为切入点［J］.公安学研究，2019, 2 (4): 77-90+124.
④ 马明亮，张宏宇.认罪认罚从宽制度中被追诉人反悔问题研究［J］.中国人民公安大学学报（社会科学版），2018, 34 (4): 93-101.

力。但是，目前我国立法仅对于存在身体虐待等显性非自愿情形，确立了排除证据能力的"痛苦标准"，对于威胁、引诱、欺骗等隐性非自愿情形的合法边界和处理方式没有明确规定。协商性司法要求提升被追诉人对诉讼的实质参与程度，需要保障其对案件事实、制度适用的实体及程序后果的明知性和自愿性。因此，办案人员采取威胁、引诱、欺骗等不当手段所造成的犯罪嫌疑人"屈从型自愿"，应尤为引起关注。当下司法实践中缺乏规制此类情形的规范，是导致当事人撤回认罪认罚后，大量自愿性存在瑕疵的供述无法适用排除规则的又一重要原因。第三，有的公安司法人员过度依赖口供办案。我国刑事司法一直存在"口供至上"的办案模式，"由供到证"是形成证据链条、审查案件事实的普遍路径。认罪认罚案件虽然强调坚持证据裁判原则，防止因犯罪嫌疑人、被告人认罪而降低证据要求和证明标准，但是很多办案人员基于办案压力和制度中诉讼经济原则的价值考量，往往过于依赖口供定案，以至于更加忽视对其他证据证明力的评价。在前期办案人员不能确保证据质和量的情况下，一旦认罪认罚撤回并否定"有罪供述"的证据能力，其他证据材料因时过境迁而发生湮灭，案件将陷入事实存疑的尴尬局面，这是公安司法人员所难以接受的。因此，由于传统办案模式的影响，实践中办案机关也较为抵触对撤回后"有罪供述"的排除适用。

第九节　公诉机关擅自撤销具结书或擅自调整量刑建议

实务中，与犯罪嫌疑人、被告人在签署《认罪认罚具结书》后行使反悔权相对应的是，有些检察机关单方撤销具结书的效力抑或当庭擅自调整量刑建议。在河南省金水区检察院办理的一起认罪认罚案件中，犯罪嫌疑人芦某某在值班律师的见证下签署量刑建议为有期徒刑一年六个月到二年的认罪认罚具结书。然而，该具结书在第一审阶段并没有被随案移送，检察院仅以"经研究认为被告人刑期偏轻"为由单方撤回了具结书中所载的协商内容，由此引发了辩护方关于"程序违法"的质疑。① 检察机关擅自撤销或变更的情形，常被犯罪嫌疑人、被告人视作背信弃义、有损司法公信力的表现。为了防止检察机关随意反悔，影响司法公信力，《量刑建议指导意见》对这类行为进行了规制。《量刑建议指导意见》第 30 条规定："对于认罪认罚案件，犯罪嫌疑人签署具结书后，没有新的事实和证据，且犯罪嫌疑人未反悔的，人民检察院不得撤销具结书、变更量刑建议。除发现犯罪嫌疑人认罪悔罪不真实、认罪认罚后又反悔或者不履行具结书中需要履行的赔偿损失、退赃退赔等情形外，不得提出加重犯罪嫌疑人刑罚的量刑建议。"该规定表明，一般情况下，检察机关一旦与被追诉人签订具结书并提出量刑建议，不能任意撤回或作出不利于被告人的调整。有学者在解读时亦认为对于具结后量刑建议的调整应遵循"调低不调高"原则。② 限制检察机关任意适用具结书撤回权或量刑建议调整权的本质在于，具结书是检察机关与当事人的合意产物，具有一定的公法契约属性；基于契约的基本原理，检察机关不应擅自作出这类有损司法公信力的行为。

然而，基于刑事案件涉及公共利益、追求案件实质真实等因素的考量，《量刑建议指导意见》第 30 条也肯定了检察院在发现新罪、漏罪等特殊情况下有"反悔"的权力。但现在的问题是，在第一审庭审阶段检察机关若发现遗漏案件事实需要行使"反悔"权力，此时不一定带来被追诉人的当然反悔。如若被追诉人依旧认罪认罚，势必牵涉检察机关的公诉变更程序和重新启动量刑协商程序，多种程序并存的情况下如何协调，相关规范缺乏进一步规制。如若被追诉人选择撤回认罪认罚，那么其之前"有罪供述"的证据能力是否应当予以排除，亦缺乏进一步规制，学界也存在诸多争议。例如，有学者认为，公权力在被追诉人反悔问题上负有一定责任时，先前供述及相关证据依旧具备可采性，只需对当事人在量刑层面予以适度补偿。③ 而另有学者认为具结书无效后，之前的有罪供述原则上不可直接作为有罪证据使用。④

---

① 谢寅宗，毕雨梦. 河南一检察院撤回认罪认罚具结书：汇报后认为量刑偏轻 [EB/OL]. 微信公众号"澎湃新闻"，2020-09-10.
② 李勇. 解读《认罪认罚案件开展量刑建议工作的指导意见》八大问题 [EB/OL]. 微信公众号"悄悄法律人"，2021-12-21.
③ 秦宗文. 认罪认罚案件被追诉人反悔问题研究 [J]. 内蒙古社会科学（汉文版），2019，40（3）：125-131.
④ 汪海燕. 被追诉人认罪认罚的撤回 [J]. 法学研究，2020，42（5）：17.

第十节　检察院与法院事前量刑沟通违反刑事诉讼基本原则

量刑建议制度随着认罪认罚从宽制度改革的兴起，在驱动来源层面发生了主体上的转换。如果说源起于 21 世纪初的量刑规范化改革，最高人民法院和全国各地方 120 多家法院主导开展，目的是纠正某些个案在量刑上出现的不公平、不均衡现象，①那么认罪认罚案件中的量刑建议，检察机关将其作为串联控辩关系和控审关系的重要载体（量刑建议既反映了控辩合意，又是法院审查裁判所需的关键材料），自然而然地提升了对其适用的依赖程度。2021 年 12 月，《量刑建议指导意见》颁布之时，最高人民检察院第一检察厅负责人曾表示，2020 年检察机关量刑建议采纳率约为 95%，2021 年法院对量刑建议的采纳率为 96.85%。采纳程度被视为认罪认罚从宽制度实施成效的硬性指标，此种行政压力传导至基层单位，体现在对各个检察机关和内部人员的业绩考核指标体系中。量刑建议采纳率的指标设置，使检察人员不得不引起重视。然而实践中，检察院对量刑建议采纳率的热切追求却遭到了法官的某些消极抵触。迫于指标考核的行政压力，少数检察官通过当面口头沟通或电话沟通等方式，事前征求法官意见，以避免量刑建议遭遇法官排斥。就沟通时间而言，一般是在犯罪嫌疑人签署认罪认罚具结书之前，案件还没有移送法院时；类似"潜规则"在制度确立初期基本上可达到"一案一沟通"的程度，而后期办案遇到新情况时，检察官也普遍习惯于与法官就量刑问题进行深入沟通。②相关学者在调研中获悉，有案件中，法官致电检察官对其提出的"贴底量刑"建议存在异议，要求应当接近于刑罚幅度的顶格进行处分，检察官随即接受，甚至认为此类事先沟通在当地法检两家早已司空见惯。③

法检关于量刑事前沟通的现象在一定程度上是对刑事诉讼程序正义理论中控审分离、控辩平等等多项基本原则的违背。随着认罪认罚从宽制度所带来的

---

① 熊秋红. 认罪认罚从宽制度中的量刑建议 [J]. 中外法学, 2020, 32 (5): 1168-1186.
② 左卫民. 量刑建议的实践机制：实证研究与理论反思 [J]. 当代法学, 2020, 43 (4): 51.
③ 孙皓. 量刑建议的"高采纳率"误区 [J]. 中外法学, 2021, 33 (6): 1503-1522.

诉讼结构的变革，实践层面对程序正义的理解发生变化实属正常，认罪认罚从宽制度并非对传统程序正义论的完全抛弃，而是在"扬弃"的基础上继承并赋予其新的内容。然而，法检两家于量刑层面的事前沟通，着实缺乏在认罪认罚从宽制度框架下对程序正义理论进行正确理解，以致该做法背离多项刑事诉讼基本原则。第一，与"控审分离"原则相悖。控审分离的基本含义之一是，"法院的审判必须在检察机关提出合法的正式起诉的前提下才能开始和进行。在开启审判程序方面，法院是完全被动的：没有正式的控诉请求，法院不得主动地对任何刑事案件进行审判"。[1] 此要求是针对"法官应排除偏见与预断、保证公正且中立"的法律价值追求所提出的。实践中，法官中立地位受到的最大威胁是控审职能的集中或混淆，而法官在审判开始前与追诉方进行单方面接触，即为控审职能混淆的典型表现之一。前文已述，认罪认罚从宽制度所依托的协商性司法，以保障底线公正为基础，其中一个侧面是需要保障被追诉人对诉讼模式的正确认知和理性、自愿选择适用。《刑事诉讼法》及《指导意见》赋予了法院对认罪认罚真实性、自愿性和量刑建议适当性进行司法审查的职责。倘若法官早已在审前就案件事实、定罪量刑等事项与检察官交换意见，不免形成预断；且检察机关虽然负有客观公正义务，但公诉地位决定了其维护法律正确实施的职责受限，因此法官庭前听取控方意见，亦不免对辩方抱有偏见。基于心理学理论，先前的心理活动会对之后的心理活动形成一种准备状态或心理倾向，从而影响后续心理的活动。[2] 因此，法检的事前沟通混淆了控审职能，在一定程度上致使法官对案件存在偏见和预断，从而容易造成认罪认罚自愿性、量刑建议适当性司法审查的形式化。第二，与"控辩平等"原则相悖。有学者认为"控辩平等"原则包含平等武装、平等对抗、平等保护和平等合作四方面的内涵。[3] 协商性司法保障底线公正的另一侧面是需要保障被追诉人对诉讼进程的充分参与，前文论述了其所含的两方面具体内容；[4] 检法两家的事前沟通行为导致控辩平等原则在认罪认罚从宽制度框架中被束之高阁，进而使这两方面内容均遭破坏，底线性公正亦无法实现。首先，控辩平等中平等

---

[1] 陈瑞华. 刑事审判原理论[M]. 北京：法律出版社，2020：261-262.
[2] 马运立. 控审分离原则之法理探析[J]. 政法论丛，2012（1）：117-123.
[3] 冀祥德. 控辩平等之现代内涵解读[J]. 政法论坛，2007（6）：89-101.
[4] 两个具体方面分别是，第一，审前协商的充分参与权；第二，多种异议的充分提出权。

合作的内涵是"审前协商、充分参与权"的基础，法检两家事前沟通对前者的背离，导致后者的实现遭遇瓶颈。平等合作在协商性司法中的作用尤为凸显，其关键在于控辩存在相互意见一致的合意。《指导意见》亦规定检察机关需要对认罪认罚案件的事实、罪名、法律适用、量刑和程序适用等方面听取辩方意见，并争取协商一致。实践中，检察机关在被追诉人签署认罪认罚具结书之前，将基本案情和拟适用的刑罚或者刑期"汇报"给法官并征求意见，待到意见反馈且沟通一致时再与被追诉人协商以完成具结书的签署。在整个量刑协商过程中，检察官以提高量刑建议采纳率为目标，将会更加重视法官意见，轻视辩护律师的辩护意见。① 具结书中对量刑问题的"控辩合意"，实质上更多反映的是法官态度而非辩方态度；辩方"审前协商充分参与权"徒具形式，其没有实现在协商性司法下对诉讼进程施加己方影响的目的。其次，控辩平等中平等保护之内涵在认罪认罚从宽制度中映射的是，裁判者需要保障辩方"多种异议充分提出权"的有效行使；法检两家关于量刑事前沟通是对前者的违背，亦使后者遭到破坏。平等保护主要约束的是司法裁判者的行为，要求其在刑事诉讼过程中极力避免或克服自己先入为主或者存有偏见，对控辩双方的询问、举证、质证以及其他有关诉讼活动的意见和建议，给予同等条件、同等机会和同等处理。② 认罪认罚案件中，虽然审判程序有所简化，但即使是速裁程序，《指导意见》等规范亦规定审判人员应当询问被告人对指控事实、证据、量刑建议以及适用程序的意见，以此充分保证辩方的异议提出权，被告人甚至可以进行实体反悔与程序回转。遗憾的是，有学者借助庭审直播的手段完成实证调查，对样本案件中量刑建议的法庭讨论周期、主体参与程度等指标信息作出评估。在通过田野调查方法补充相关材料后，该学者基本证实了量刑建议高采纳率的实施效果与庭审机制的运行之间是相互脱节的，即量刑建议更多时候只不过是象征性地展示于诉讼进程中，对其采纳与否实质敲定于法检两家的私下沟通，而非庭审机制内的实质审查和控辩质证辩论。③ 审判人员没有实质性给予辩方针对量刑问题同等发表意见的机会；有意偏向控方意见而规避辩方意见，亦使裁判者无法基于双方声音作出同等处理。因此，两机关事前协商致使辩方

---

① 刘文涛. 挑战、机遇与应对：认罪认罚从宽制度下的律师辩护 [J]. 大连海事大学学报（社会科学版），2021，20（5）：26.
② 冀祥德. 控辩平等之现代内涵解读 [J]. 政法论坛，2007（6）：89-101.
③ 孙皓. 量刑建议的"高采纳率"误区 [J]. 中外法学，2021，33（6）：1503-1522.

异议不能在庭审中有效提出并获得反馈,这是违背平等保护的必然结果。

第十一节 司法实务界某些观点存在模糊有罪证明标准的嫌疑

正确理解和适用有罪的证明标准,是实现认罪认罚从宽制度保障司法公正和优化司法资源配置目标的重要保障。自2016年试点以来,官方立场均认为认罪认罚案件有罪的证明标准应坚持"证据确实、充分"的法定证明标准。2016年9月,在颁布《在部分地区开展刑事案件认罪认罚从宽制度试点工作的决定》的新闻发布会上,最高人民检察院万春同志在答记者问时鲜明指出:"办理认罪认罚案件,仍然必须按照法定证明标准,依法全面收集固定证据、全面审查案件,坚持以事实为根据、以法律为准绳,严把事实、证据关和程序关。"[①] 在认罪认罚从宽制度正式确立后所发布的《指导意见》中也明确规定:"坚持法定证明标准,侦查终结、提起公诉、作出有罪裁判应当做到犯罪事实清楚,证据确实、充分,防止因犯罪嫌疑人、被告人认罪而降低证据要求和证明标准。"即使是在庭审程序相对简化的速裁案件中,亦将速裁程序适用的条件限定在"案件事实清楚"和"证据确实、充分"的范围内。相比官方立场对于"法定证明标准"的坚持,有关"认罪认罚案件是否应降低证明标准"的争论在学界和司法实务界一直层出不穷,某些人士甚至认为认罪认罚案件适用放宽的证明标准是大势所趋。其中,两种较为代表性的逻辑推演路径如下:第一,被追诉人认罪会降低证明标准;第二,相对简单的案件适用速裁程序或简易程序,因庭审简化导致证明标准下降成为必然。

一、以是否认罪为视角,认为认罪会导致证明标准降低

有的地方高级法院课题组的调研报告中指出,控辩协商机制的引入,标志着法院对案件的判决基础不是建立在真实案件基础上,而是控辩双方达成合意的事实以及被告人对运用协商程序的自愿性审查上,因此对认罪认罚案件放宽

[①] 全国人大常委会办公厅. 全国人大常委会办公厅2016年9月3日新闻发布会[EB/OL]. 中国人大网,2016-09-03.

证据证明标准势在必行。① 这种忽视犯罪事实真实性的主张，强化了"口供中心主义"，甚至增加了公安司法人员借认罪认罚从宽制度之名义进行非法取证的风险。在"扫黑除恶"专项行动中，已出现办案人员利用各种手段劝诱当事人认罪认罚，将证据存疑案件进行"定罪化"处理的现象，实质是以认罪认罚从宽制度的名义模糊了有罪的证明标准并促使违法行为合法化。有学者曾指出办理黑恶势力犯罪时出现的口供依赖症问题，认为即使这类案件盘根错节、证据收集面临较大难题，但在适用认罪认罚从宽制度时也切莫走非法取证的错误工作方式。② 诸多司法实务界人士主张以是否认罪为界分，对已认罪认罚案件降低证明标准，存在着降低证明标准有助于纾解证据收集、审查等方面办案压力的考量；但究其本质原因，牵涉到某些公安司法人员对认罪认罚从宽制度宏观设计的认识存在错误。2016年中央政法工作会议指出，中央政法委将会同政法各单位，在借鉴诉辩交易等制度合理元素基础上，抓紧研究提出认罪认罚从宽制度试点方案。③ 在推进此项改革的过程中，确实也参考、借鉴了域外一些国家和地区的相关经验。④ 然而，认罪认罚从宽制度究竟借鉴了辩诉交易中的何种合理元素，则需要见仁见智，具体分析。以强调纠纷解决、认可"合意真实"为基础的美国辩诉交易制度中，通常情况下，法官对事实基础的审查基本上是形式性的，辩诉交易制度下定罪的证据事实、证据标准被大幅度降低。⑤ 不可否认，我国是以职权主义逻辑为底色引入协商性司法形态的，"坚持实质真实观"是学界、立法及高层实务部门始终秉承的基本价值取向。官方立场没有考虑借鉴辩诉交易的类似做法将基本价值取向进行变更，但某些基层司法工作人员显然没能正确辨析认罪认罚从宽制度需要借鉴辩诉交易中哪些合理元素。

---

① 山东省高级人民法院刑三庭课题组. 关于完善刑事诉讼中认罪认罚从宽制度中的调研报告 [J]. 山东审判, 2016, 32 (3)：101-102.
② 樊崇义. "扫黑除恶"斗争中相关问题研究 [J]. 人民检察, 2019 (1)：24.
③ 闵丰锦. 多维度与差异化：认罪认罚案件的证明标准探析 [J]. 证据科学, 2017, 25 (4)：448.
④ 胡云腾. 完善认罪认罚从宽制度改革的几个问题 [J]. 中国法律评论, 2020 (3)：75-86.
⑤ 孙长永. 认罪认罚案件的证明标准 [J]. 法学研究, 2018, 40 (1)：167-187.

二、以案件难易为视角，认为程序简化会导致证明标准降低

在认罪认罚案件的繁简分流机制下，形成了速裁程序、简易程序和普通程序三种刑事案件处理程序。《刑事诉讼法》第 222 条规定，"案件事实清楚"和"证据确实、充分"的案件可以适用速裁程序审理。官方立场显然没有因案件复杂程度所致诉讼程序的差异，而打破对一元证明标准的坚持。当然，程序简化更为明显的速裁程序没有改变一元证明标准，简易程序在官方立场中亦无改变证明标准的可能。然而有质疑观点认为，在庭审程序简化，甚至不进行法庭调查和法庭辩论的前提下，这种证明方式能否达到法定证明标准存在疑问。因此必须匹配能够适应庭审简化的证明标准，即将证明标准有所放宽。实务中以轻微案件适用简化程序为分界，变更一元证明标准的主张，实际上是将程序简化与形式化庭审等同视之。以速裁程序为例，《量刑建议指导意见》第 44 条第 3 款规定，适用速裁程序审理案件，公诉人简要宣读起诉书后，审判人员应当当庭询问被告人对指控的事实、证据、量刑建议和适用速裁程序的意见，并且核实被告人签署具结书的自愿性、真实性、合法性。人民法院在判决宣告前，应当听取辩护人的意见和被告人的最后陈述意见。由此可见，"程序相应简化与庭审流于形式之间并无必然因果关系"，[1] 横向三方构造的保留使运用司法证明达到法定证明标准依旧具备可能性。基于此，当前针对认罪认罚案件证明标准层面进行完善的任务有两个：第一，如何在速裁程序、简易程序坚持最低限度实质化庭审的基础上，确保认罪认罚真实性审查的有效性；第二，如何落实检察官全面查清案件事实的客观义务，以法定证明标准对各阶段诉讼活动进行有效指引。而那些将程序简化与证明标准相挂钩进而模糊有罪证明标准的主张，实际上存在为掩饰"片面追求诉讼效率"目的而找寻借口的嫌疑。

总之，尽管认罪认罚从宽制度为世界范围内协商性司法的发展贡献了"中国智慧"，但不可否认的是，其在立法设计和司法实践过程中出现了一些问题，这也是制度发展到深水区所不可避免的。然而，在新时代司法改革的背景下，这些问题会逐步得到妥善解决。在后续章节中，笔者将结合新时代司法改革的成果，对认罪认罚从宽制度的完善路径和配套制度构建作出相应探索，希冀对制度的运行优化有所裨益。

---

[1] 汪海燕. 认罪认罚从宽案件证明标准研究[J]. 比较法研究, 2018 (5): 71-81.

第六章

"人性"二重性视角下我国认罪认罚从宽制度的完善

第一节 实现合意机制中的控辩对等

控辩对等原则是协商性司法中合意机制得以运行的前提。"协商性的程序正义理论"需要保障被追诉人对诉讼进程的充分参与，实质是更加强化了对被追诉人主体性的要求。只有控辩双方真正在地位平等、权力（利）对等、义务对等的情况下进行协商性司法框架下的诉讼活动，才能保证合意的真实、自愿、互利并最大限度地体现诚信化。我国认罪认罚从宽制度实践中产生的屈从型自愿问题、律师有效辩护（法律帮助）缺乏问题等，均是控辩对等失位的典型例证。因此，在认罪认罚案件中，维持协商的自愿性、公平性和有效性，必须首先实现协商双方主体的实质对等。

一、协调职权主义逻辑是实现控辩对等的核心要义

"认罪认罚从宽制度的确立，相当于在原有的以职权主义为主导逻辑的刑事诉讼系统中植入了一个以控辩协商为主导逻辑的子系统。"[①] 认罪认罚从宽制度虽然标志着我国已构建起了与世界刑事诉讼发展潮流同步的"第四范式"，但是这种"第四范式"的形成是以职权主义为底色的。我国对认罪认罚从宽制度的设计基本遵循两方面的思路：第一，坚持职权主义逻辑下的"实质真实观"，事实真相的发现绝不能是如同辩诉交易般通过妥协、协商出来的；第二，在定罪问题不可妥协的前提下，肯定量刑协商机制。《量刑建议指导意见》中

---

① 魏晓娜. 认罪认罚从宽制度中的诉辩关系 [J]. 中国刑事法杂志，2021（6）：52-66.

已不再回避使用"协商"字眼,第33条要求人民检察院在就主刑、附加刑、是否适用缓刑等提出量刑建议前,应当充分听取犯罪嫌疑人、辩护人或者值班律师的意见,尽量协商一致。不可否认的是,在宏观价值层面,坚持"实质真实观"是防范出现类似美国辩诉交易实践中某些司法错误的必然选择的情况。然而,也正是由于职权主义逻辑对微观量刑协商机制的过度控制,使合意、协商在一定程度上只具备规范上的"表面形式",导致被追诉人的主体性实质丧失,无法以平等的人格、地位与职权机关展开对话。

职权主义逻辑决定了办案机关在诉讼程序中的积极姿态,如审查起诉阶段检察机关必然处于主导地位。但是,我国基于"检察机关为长期羁押审批主体致使中立司法审查缺位"等立法和实践层面的因素,导致检察机关的姿态更为强势,呈现出较强职权的形态。在认罪认罚从宽制度框架下,有学者总结出制度运行中职权性逻辑的主要体现,即包括检察机关独享认罪认罚从宽制度的启动权、量刑建议由检察机关自主决定且缺乏实质协商等方面。[①] 当然,检察机关在量刑协商机制中过于强势的原因,除前述理由之外,还存在基于认罪认罚从宽制度所衍生的特殊理由,即基于立法没有规定犯罪嫌疑人享有沉默权进而口供获取相对容易、无罪判决率极低等因素,检察机关通过认罪认罚从宽制度维系"胜诉率"的愿望并不强烈,主观动力的缺失导致一些检察机关把"从宽"作为对被追诉人"认罪认罚"的恩赐,无形中进一步抬升了自身地位。由此可见,认罪认罚案件的量刑协商机制虽然具有合意、协商的意味,但更多体现在形式层面。受制于职权主义逻辑的影响,控辩实质不对等被进一步放大;检察权不当扩张的同时,被追诉人主体性保障却未达到协商性司法的要求。因此,实现合意机制中控辩对等的关键是,在保证"实质真实观"基本特征的前提下,适当管控量刑协商机制中的职权主义逻辑、切实提升被追诉人的主体性地位;防止职权主义的过度干预,导致控辩平等对话的生存空间被挤压到十分稀薄的境况。对此,笔者将分别从控方和辩方两个维度,讨论如何弥合当前控辩实质不对等的具体路径。

---

① 杜磊. 认罪认罚制度适用中的职权性逻辑和协商性逻辑 [J]. 中国法学,2020(4): 223-225.

二、量刑协商机制中实现控辩对等的具体路径

（一）强化检察官的客观义务

检察官的客观义务是指检察官超越控诉方当事人立场，站在客观立场上履行职责的伦理要求和法律责任。客观义务在大陆法系和英美法系国家法律中均有体现，因所属诉讼构造的不同，检察官客观义务在不同法域中的表现形式和责任程度有所不同。① 在职权主义构造中，检察官具有强大的侦查和控诉职权，需要增设更加规范化、责任程度更高的客观义务，以防止其滥用权力。因此，职权主义国家中检察官的客观义务是一种法律责任，具有制度化的特征，且需要检察官积极作为以履行"积极义务"。而在当事人主义构造中，辩护方亦需要为无罪或罪轻作出努力；但是，当事人主义国家中检察官的客观义务是一种伦理责任，仅需要检察官不违反法律要求承担底线的"消极义务"。由于我国刑事诉讼模式的职权主义特征，在认罪认罚从宽制度框架下，极少数检察机关滥用权力导致屈从型自愿、绕开辩护人与被追诉人进行私下协商、对未认罪认罚行为人进行报复性惩罚等现象偶有出现，故对检察官客观义务的要求应为一种"积极义务"。同时，为防止客观义务的"空洞化"，应当建立健全制度、规范，以促使检察官在办理认罪认罚案件时，全面履行"客观义务"。权力必须存在可加以制衡的义务，强化客观义务的目的即是削弱职权主义逻辑影响下检察机关过于强势的诉讼地位，为量刑协商中控辩地位的相对平等提供基础。

如何保障检察机关在办理认罪认罚案件过程中履行客观义务的实效性？笔者认为有以下两种主要路径：首先，改革绩效评价制度，合理设定考核指标。内部考绩制度所形成的"办案压力"，导致检察官偏向追诉犯罪而弱化客观义务。前文已述，出现认罪认罚从宽制度中的一些乱象，主要原因之一是职权机关内部不合理的考绩指标，极少数检察官为完成制度适用率指标，采用引诱、欺骗等非法方法造成被追诉人的屈从型认罪；为完成制度适用率指标，绕开辩护人，私下与被追诉人进行量刑协商，致使控辩双方协商能力存在不对等；为完成量刑建议采纳率指标，针对个案与法院进行审前沟通，忽略辩方意见导致

---

① 龙宗智. 中国法语境中的检察官客观义务 [J]. 法学研究, 2009, 31 (4): 138-140.

协商机制流于形式。显然，不合理的考核指标，对检察官个体产生的是"逼迫"效应。认罪认罚从宽适用率、量刑建议采纳率是多重因素共同作用的结果，并不单纯取决于办案人员积极性这一个侧面，一味强调指标绩效只会有损司法公正。故取消不合理考核指标的设定尤为关键。首先，需要将检察官履行客观义务的情况纳入绩效考核评价体系。① 检察官的客观义务要求检察官超越控方立场，将追诉犯罪与人权司法保障视作同等重要。《刑事诉讼法》和《量刑建议指导意见》对审查起诉阶段人民检察院的职责列举了包括权利告知、听取意见、自愿性和合法性审查等多项内容，上述职责的落实情况，需要分解制定细化指标，落实到内部考绩制度中。其次，对于检察官履行"诉讼关照"职责所依托的必要制度，需要进行规则细化并有效实施。以证据开示制度为例，当前制度规范依旧过于模糊，无法对于办案人员提供有效指引。认罪认罚案件证据开示制度的探索，存在证据开示范围与对象不明确、证据开示方式阙如、证据开示风险防范与救济机制不完善等问题。②《量刑建议指导意见》第 26 条第 2 款规定："言词证据确需开示的，应注意合理选择开示内容及开示方式。"此种模糊性较强的表述，使实践中检察人员基于风险和效率的考量，较少开示证人证言和同案犯供述。此外，第 26 条第 1 款中使用"促使犯罪嫌疑人认罪认罚"的表述，带有强烈的追诉立场倾向，将制度的目标设定为督促被追诉人及早认罪认罚。然而，此种表述中对促进控辩双方信息知悉平等目的的忽视，是与检察官客观义务宗旨相悖的。

（二）明确认罪认罚案件中有效辩护的标准

有效辩护理论起源于美国宪法第六修正案"被指控人享有获得律师帮助辩护的权利"，这一宪法性权利在 20 世纪经过多个判例明确，被告人的律师帮助辩护权是指有效辩护权。在 1970 年美国确立辩诉交易程序合宪性后，通过麦克曼诉理查德森（McMann v. Richardson）案，首次确立了有罪答辩中有效辩护的判断标准，并在后续一系列案件中多次重申保障被追诉人在辩诉交易程序中的有效辩护权。③ 协商性司法中底线公正的要求在于被追诉人的认罪建立在

---

① 韩旭. 检察官客观义务的立法确立——对检察官法第五条的理解与适用 [J]. 人民检察，2019 (15)：26.
② 李昌盛，李艳飞. 比较法视野下认罪认罚案件证据开示制度之构建 [J]. 河北法学，2021, 39 (9)：71.
③ 祁建建. 美国辩诉交易中的有效辩护权 [J]. 比较法研究，2015 (6)：126-142.

明知、明智和自愿基础上，且在认罪后能够充分参与诉讼活动中。但是，确保协商性司法实质公正并非易事，犯罪嫌疑人、被告人法律知识匮乏且部分处在被羁押状态的客观现状，使被追诉人依托律师有效帮助完成各项诉讼活动成为应然选择。律师的有效法律帮助是提升当事人诉讼能力，维护控辩实质对等的关键。《量刑建议指导意见》首次将"有效辩护"理念引入我国刑事法律规范。《量刑建议指导意见》第39条的规定表明，法院审查认罪认罚案件的一项重要内容即为值班律师或辩护人是否提供了有效法律帮助或者辩护。目前需要进一步明确认罪认罚案件中有效辩护的标准，以真正达成提升被追诉人诉讼能力的效果。

认罪认罚案件辩护人履行有效辩护职责，需做好以下三方面的基础工作：第一，全面告知诉讼权利、认罪认罚的性质和法律后果。被追诉人认罪认罚自愿性的前提是知悉认罪认罚从宽制度的内涵以及制度项下的各项诉讼权利和法律后果，值班律师或者辩护人需要为被追诉人提供细致的法律咨询服务并有效回应其关切。虽然法律亦规定公安司法机关的告知义务，但侦诉机关基于诉讼立场的限制，可能更偏向于通过告知进行认罪教育，因此值班律师或者辩护人的解释更加翔实、客观、全面，符合当事人立场。第二，在准确把握案件事实和证据情况的基础上，为被追诉人提供辩护方案的选择建议，以保证其自主、合理地行使选择权。值得注意的是，辩护人原则上不能置被追诉人意志于不顾，代替其行使认罪权等与实体性利益关系密切的权利。辩护人虽然具备丰富的法律知识和诉讼经验，但是某些关键性权利可能涉及被追诉人在法律利益之外的其他利益考虑，故辩护人不宜越俎代庖。辩护人正确的履职方式是，在行使阅卷权并准确把握案件事实和证据情况的基础上，对于证据、罪名定性以及重大法定情节作出分析，进而制定辩护方案，并和当事人沟通提出建议。第三，与检察机关进行深入的量刑协商。《量刑建议指导意见》第24条、第25条规定，人民检察院应当将拟认定的犯罪事实、涉嫌罪名、量刑情节，拟提出的量刑建议及法律依据告知犯罪嫌疑人及其辩护人或者值班律师；辩护人或者值班律师可以对量刑建议提出不同意见并针对意见提交影响量刑的证据材料。辩护人应敏锐意识到认罪认罚案件中辩护重心前移的事实，针对上述条文中提及的五方面内容进行有效回应，并在必要调查的基础上提出影响量刑的证据材料。辩护人履行有效辩护职责包括但不限于上述几方面，在强制措施变更、与被害人达成和解等事项中，辩护人亦应积极履职。

142

(三) 引入无效辩护程序性制裁机制

如果说有效辩护是较为宏观的理念概念，以实现被指控人的公正审判权为目标，探讨辩护权及其保障体系，[①] 那么无效辩护则是通过法院对律师辩护行为的否定评价，实现对被告人的权利救济，切实维护其辩护权。[②] 没有救济的权利不是真正意义上的权利，只有将无效辩护现象通过程序性制裁机制予以否定评价，才可督促律师尽职尽责，切实落实控辩对等，故我国有必要适当引入无效辩护制度。引入无效辩护的核心是确立无效辩护的证明标准。证明标准需要被科学设置，既要保证制度可以对当事人的权益维护产生积极影响，又不能过度阻碍律师职业的正当发展。美国联邦最高法院在 1985 年通过希尔诉洛克哈特（Hill v. Lockhart）案将无效辩护两步法的审查标准适用于辩诉交易。两步法的要求在于，首先，被告人必须表明律师没有尽职履责，辩护低于合理的客观标准；其次，被告人必须表明律师的瑕疵辩护对其产生不利结果，换言之，律师的瑕疵辩护与不利诉讼结果之间存在因果关系，倘若没有不当辩护，诉讼结果将会发生转变。但是，两步法的证明标准使被告人主张无效辩护存在较大难度，被告人即使可以完成对第一步"律师不当辩护"的证明，也几乎无法证明第二步"律师不当辩护是导致不利诉讼结果的直接原因"。[③] 在之后的实践中，以帕迪拉诉肯塔基（Padilla v. Kentucky）案为例，联邦最高法院对律师履职的义务要求进行提高；而拉弗勒诉库珀（Lafler v. Cooper）案强调了有效法律帮助实质要保障被告人获得公平交易的机会，不能因瑕疵辩护使被告人自主选择权受到损害。笔者认为，律师在认罪认罚案件中履行告知义务、提出合理辩护方案建议、与检察机关展开量刑协商的核心目的是，保障被追诉人在对自身诉讼前景有清晰认识的前提下，理性地行使自主选择权。因此，如若对两步法证明标准进行借鉴，第二步标准在认罪认罚案件中可具体表述为"律师不当辩护与当事人诉讼权利受损存在直接因果关系"。

对被追诉人有效辩护权造成侵犯的侵权主体除辩护人之外，还有公安司法机关，即基于公权力干涉造成的无效辩护，亦有学者称之为国家侵权型无效辩

[①] 王迎龙. 值班律师制度的结构性分析——以"有权获得法律帮助"为理论线索 [J]. 内蒙古社会科学，2020，41（5）：98-106.
[②] 闵春雷. 认罪认罚案件中的有效辩护 [J]. 当代法学，2017，31（4）：27-37.
[③] 祁建建. 美国辩诉交易中的有效辩护权 [J]. 比较法研究，2015（6）：126-142.

护。① 在办理认罪认罚案件的实践中，一些地方出现个别司法人员青睐"本地律师"和法律援助律师，对"外地律师"和委托律师有意规避的现象；甚至极少数办案机关要求被追诉人解除与委托律师的委托关系，强制其接受由法律援助机构指定的律师提供辩护，否则就不适用认罪认罚从宽制度。在量刑协商过程中，还存在极少数检察官对提出不同意见的律师进行施压的现象，表示若再提出冲突性辩护意见，则提高量刑建议中的刑罚幅度。权力机关的干涉，在妨碍辩护律师进行有效辩护的同时，使自身的优势地位不当扩张，进一步制约控辩实质对等的实现。办案机关对这种侵权情形的产生应负有主要责任。虽然有学者认为在认罪认罚程序中尚不具备将此种无效辩护类型进行移植借鉴的可行性，②但上述现象不仅损害被追诉人获得律师帮助辩护的权利，同时有损司法权威，故需予以重视。法院可将此类无效辩护现象纳入《量刑建议指导意见》所列庭审重点审查的内容中，由此产生的程序性制裁后果可能是重置认罪认罚或转换诉讼程序。

第二节 完善刑事法律援助制度

前文认为，从固有属性和域外法发展情况分析，值班律师作为一种特殊的法律援助形式，应当将其定位为"应急性、临时性"的辩护律师。由于我国规制值班律师制度时，忽视了应急性与临时性的特征，赋予其在认罪认罚案件中多项职责要求的同时配套措施没有进一步跟进，导致值班律师工作"形式化"。目前，我国需要将值班律师制度回归其应然定位，在认罪认罚案件中以法律援助制度的整体发展带动值班律师制度的发展，深化值班律师与传统法律援助律师并存的二元体系。具体而言，值班律师的工作中心应侧重于在刑事诉讼早期阶段，为被追诉人提供及时的法律咨询和程序协助，确保认罪认罚案件经得起司法公正检验的主要力量应为委托辩护律师与传统法律援助律师。但是，由于委托辩护率的上升空间有限，促成更多律师为被追诉人提供法律保障，甚至实现认罪认罚案件律师辩护实质性全覆盖的关键在于法律援助制度。微观上，传

---

① 吴纪奎. 对抗式刑事诉讼改革与有效辩护 [J]. 中国刑事法杂志, 2011 (5): 60-66.
② 闵春雷. 认罪认罚案件中的有效辩护 [J]. 当代法学, 2017, 31 (4): 27-37.

统法律援助律师的权利配置与诉讼各阶段的辩护要求契合度更高，更有利于维护被追诉人的合法权益；中观上，提升法律援助律师参与认罪认罚案件的数量和质量，是刑事案件律师辩护全覆盖工作中的应有之义；宏观上，刑事法律援助制度着眼于基本人权保障[1]，每个公民都有成为潜在犯罪嫌疑人、被告人的可能，刑事法律援助工作将维护个案中的司法人权拓延至整个社会群体，对全民福祉的增进具有重要意义。因此，有必要以认罪认罚案件为切入点，完善值班律师与传统法律援助律师并存的二元体系。

一、合理划定适用值班律师或传统法律援助律师的案件范围

基于我国现行立法对法律援助案件范围的设定狭窄，就近期规划而言，笔者将认罪认罚从宽制度中法律援助的案件范围作如下划分：第一，在适用速裁程序可能被判处三年有期徒刑以下刑罚的案件中，由值班律师充分发挥有效法律帮助的作用，可以满足实践需要；第二，对于可能判处三年有期徒刑以上的案件，应由法律援助律师提供有效辩护；第三，针对可能被判处三年有期徒刑以下但非适用速裁程序的案件，除条件不具备的地区外，原则上应当通知法律援助机构指派律师担任辩护人。笔者作出上述划分，主要基于三方面的理由：第一，由于适用速裁程序的案件均为事实清晰、没有争议的轻微刑事案件，被追诉人认罪认罚后，《刑事诉讼法》亦规定一般不进行"法庭调查"和"法庭辩论"，因而律师在定罪量刑上发挥的作用较小。[2] 目前值班律师在没有出庭权的情况下，如若其在履职过程中达到有效法律帮助的应然要求，是可以满足保障速裁案件中被追诉人合法权益的。但值得注意的是，如果出现法官告知检察机关调整量刑建议的情况，控方需要与辩方展开双方协商，应当赋予值班律师对量刑建议调整的协商参与权。第二，"可能判处三年有期徒刑以上刑罚"是实体法上区分重罪和轻罪的一个节点，此不仅符合我国刑法总则一些条款以三年有期徒刑为界限的做法，而且纵观刑法分则所有罪名，严重刑事犯罪的量

---

[1] 吴羽. 论刑事法律援助全覆盖[J]. 中南民族大学学报（人文社会科学版），2021，41(8): 120-127.

[2] 王迎龙. 值班律师制度的结构性分析——以"有权获得法律帮助"为理论线索[J]. 内蒙古社会科学，2020，41(5): 98-106.

刑起点大都设置为三年有期徒刑。① 可能判处三年有期徒刑以上刑罚的案件，即使被告人认罪认罚并适用简易程序，也可能在某些量刑事实上存有异议，因此有必要由法律援助律师出庭提供辩护，当前诸多学者也持此观点。② 第三，可能被判处三年有期徒刑以下刑罚但非适用速裁程序的案件，庭审中可能适用简易程序或普通程序。《法律援助法》第25条第2款规定："其他适用普通程序审理的刑事案件，被告人没有委托辩护人的，人民法院可以通知法律援助机构指派律师担任辩护人。"严格地讲，此规定实质已将法律援助范围扩展至适用普通程序的案件，以最大限度地契合刑事案件律师辩护全覆盖的宗旨。因此，笔者将由简易程序或普通程序审理的可能判处三年有期徒刑以下案件划归到应当适用法律援助的范围内，与现行立法的宏观方向一致。而对于此类案件，符合条件的地区应当由当地法律援助机构指派律师，且应当重视提高审前法律援助率；只有在条件相对匮乏的地区，当地法律援助机构才可视情况决定是否指派律师。第四，上述划分标准符合现实情况，具有可行性。以2019年和2020年两年为例，判决超过三年不满五年有期徒刑和五年以上有期徒刑至死刑的被告人总数为267078人③和258919人④，分别占全年生效判决人数的16.08%和16.94%；相比之下，1999年全国法院仅"判处五年以上有期徒刑至死刑案犯人数"一项数据就高达157462人次，占判处案犯总数的25.89%。⑤ 刑事犯罪结构在十多年间发生了重大变化，重罪案件数量大幅下降的趋势，让实现法律援助律师在重罪案件中"全覆盖"的目标成为可能，这也是亟待推动建设更高水平法治中国的当下所应当做到的。

二、构建多元化的法律援助服务提供模式

随着认罪认罚案件对法律援助资源要求的不断提高，当前刑事法律援助面

---

① 汪海燕. 重罪案件适用认罪认罚从宽程序问题研究［J］. 中外法学，2020, 32（5）：1189.
② 陈光中, 魏伊慧. 论我国法律援助辩护之完善［J］. 浙江工商大学学报，2020（1）：5.；吴羽. 论刑事法律援助全覆盖［J］. 中南民族大学学报（人文社会科学版），2021, 41（8）：120-127.；吴宏耀. 我国值班律师制度的法律定位及其制度构建［J］. 法学杂志，2018, 39（9）：25-32.
③ 中国法学会. 中国法律年鉴（2020）［M］. 北京：《中国法律年鉴》社，2020：1284.
④ 中国法学会. 中国法律年鉴（2021）［M］. 北京：《中国法律年鉴》社，2021：1401.
⑤ 中国法学会. 中国法律年鉴（2000）［M］. 北京：《中国法律年鉴》社，2000：122.

临的诸多问题需要得到进一步正视，问题聚焦于资源配置和人员构成两个层面。第一，目前法律援助资源配置不均衡，主要反映在东西部差异和城乡差异上。我国执业律师大部分集中于经济发达的省市，如北京、广州、上海、浙江、江苏等地，中西部地区律师资源普遍匮乏。有相关调研显示，截至2021年，我国西部地区还有近百个县没有律师事务所，个别县甚至连一名律师都没有。① 而针对同一省（自治区、直辖市）内部而言，律师资源往往倾向于省会城市，周边县（市）、乡（镇）的资源短缺。例如，吉林省会长春市，城区以外的5个县（市）区仅有法律援助律师12人，社会律师48人；湖南与云南的省会城市集中了全省50%的律师；浙江的杭州、宁波与温州集中了全省60%以上的律师。② 第二，办理法律援助案件的人员构成不合理。目前承担办案任务的人员主要包括法律援助机构的专职人员和经法律援助机构指派的社会律师两类。前者容易造成"管办不分"、难以自我监督的问题，后者由于存在硬性摊派现象，社会律师参与积极性不高。

面对上述问题，多位专家学者主张借鉴域外法国家合同制模式和公设辩护人模式以解决实践困境③，《法律援助法》也进行了相应探索。④ 笔者认为"公设辩护人"制度更适合我国国情，理由如下：第一，合同制模式虽然引入市场竞争机制，有利于调动社会律师积极性，但市场竞争机制意味着要以充足的律师规模和经费投入为基础。这可能与当下我国中西部偏远地区的现实情况并不相符，故合同制模式在缓解偏远地区法律援助资源匮乏问题上具有一定的局限性。第二，对平衡法律援助资源分配而言，设立公设辩护人制度具有一定的现实意义。具体来说，在各基层法律援助机构层面，整合现有内部办案人员并吸纳有意愿的社会律师，建立专职化的公设辩护人队伍。从制度上应明确此类主体不具有公职身份，以保证办案的独立性，但在待遇上可参照事业单位人

---

① 蒲晓磊. 增加"法律援助机构律师"规定 促进中西部法律援助工作 [N]. 法治日报, 2021-06-11（2）.
② 顾永忠. 法律援助机构的设立、职能及人员构成之立法讨论 [J]. 江西社会科学, 2021, 41（6）: 178-187.
③ 吴宏耀, 余鹏文. 构建多元化的法律援助服务提供模式 [J]. 中国司法, 2020（6）: 73-79; 程滔, 杨永志. 法律援助模式多元化探究 [J]. 中国司法, 2019（11）: 105-107.
④ 《法律援助法》第15条："司法行政部门可以通过政府采购等方式，择优选择律师事务所等法律服务机构为受援人提供法律援助。"

员标准给予工资福利。在中央、省两级政府层面，需以强化经费和律师资源保障责任为基础，在遴选和培训的前提下，可通过组织派遣公设辩护人到欠发达地区的方式，提高当地的法律援助能力①，跨地区调配资源可以为当地公设辩护人队伍注入有生力量。

第三节　完善认罪认罚自愿性的保障措施

现代法治国家，将保障人权价值置于刑事诉讼的首要地位。我国刑事诉讼法的任务是，既要惩罚犯罪，又要尊重和保障人权。在认罪认罚案件中，为了有效实现刑事诉讼法的任务，必须保障犯罪嫌疑人、被告人认罪认罚的自愿性。为此，笔者认为应该从"完善保障性规范""完善认罪认罚反悔后的证据排除规范""严格遵守上诉不加刑原则以保障被告人的自由选择权"三方面完善认罪认罚自愿性的保障措施。其中，"完善认罪认罚反悔后的证据排除规范"将在本章第十节详细阐述。

一、完善保障性规范

（一）以证据开示为基础，充分保障犯罪嫌疑人的知情权

正当程序的要求不只是程序公正，而且程序公正必须有助于引导出实质公正的结果，这种结果的实现仅靠向犯罪嫌疑人、被告人提供律师帮助是远远无法达到的，而必须借助于广泛的证据开示。② 证据开示制度是保证认罪认罚自愿性的关键基础。自愿性以明知性要素为构成条件，证据开示有利于明知性要素的知悉。犯罪嫌疑人、被告人若要理性、自愿地认罪认罚，就必须充分了解控方掌握的证据。在全面开示证据的基础上，犯罪嫌疑人、被告人与控方展开量刑建议的协商，最终达成双方合意。如果犯罪嫌疑人对证据情况一无所知，便无法作出是否选择认罪认罚的决定，这与认罪认罚制度的初衷背道而驰。

---

① 吴宏耀，余鹏文. 构建多元化的法律援助服务提供模式 [J]. 中国司法，2020（6）：732-79.
② 孙长永. 当事人主义刑事诉讼与证据开示 [J]. 法律科学（西北政法学院学报），2000（4）：85.

信息对等是控辩双方协商的前提，因此刑事诉讼中证据开示的范围应当是全面的，即所有证据都应当开示，尤其要向犯罪嫌疑人开示无罪、罪轻的证据。其旨在营造对等的信息交流、互通平台，使双方的协商结果建立在所有证据信息的基础上，减少"诈欺""刑讯"的成分。证据开示制度不仅有利于节约司法资源、提高诉讼效率，还由于保障了犯罪嫌疑人的知情权，因此也极大地提升了犯罪嫌疑人认罪认罚的主动性和自愿性。证据开示的时间应当适时恰当，笔者认为应当在被追诉人与控方就量刑建议协商时进行开示。如果在侦查阶段进行证据开示，可能导致被追诉人之间串供，伙同他人毁灭证据，对后续侦查行为产生不利影响；如果在签署具结书时开示证据，则由于时间仓促，犯罪嫌疑人无充分准备时间而导致知情权的缺失，双方无法进行平等的协商，不能保障认罪认罚的自愿性。

《量刑建议指导意见》第29条规定，人民检察院可以针对案件具体情况，探索证据开示制度，保障犯罪嫌疑人的知情权和认罪认罚的真实性及自愿性。该条规定存在以下五方面的不足：第一，虽然对证据开示制度作了规定，但只是原则性的规定，不具备可操作性；第二，该条属于任意性规范，因此人民检察院可以变更、选择适用，也可以不适用；第三，没有对证据开示的范围、时间作出明确规定；第四，证据开示制度只是处于"探索"阶段；第五，没有规定开示的对象。为了充分保障犯罪嫌疑人的知情权和认罪认罚的真实性及自愿性，建议将本条修改为，人民检察院在向犯罪嫌疑人告知量刑建议之前，应当向犯罪嫌疑人及其辩护人或者值班律师全面开示证据。

（二）完善认知规范，保障犯罪嫌疑人、被告人获得律师的有效帮助权

名义上，被追诉人对自己是否作出认罪的决定享有绝对权利，但事实上，在没有辩护人的情况下，被追诉人根本不享有任何保护。[1] 被追诉的法律地位衍生出一系列后果，犯罪嫌疑人、被告人永远不能与公权力机关进行有效抗衡，其诉讼利益可能被侵害。办案机关虽然具有保障犯罪嫌疑人、被告人权利的职责，但少数办案机关并不履行其相应的保障权利的义务。在认罪认罚案件中，律师有效帮助的缺位，可能导致犯罪嫌疑人、被告人"明智性"丧失，自愿性难以保障。在少数案件中，办案人员的权利告知往往流于形式，而值班律

---

[1] 乔治·费希尔. 辩诉交易的胜利——美国辩诉交易史 [M]. 郭志媛，译. 北京：中国政法大学出版社，2012：6.

师或者辩护律师的介入会帮助犯罪嫌疑人、被告人有效地了解指控的罪名、法律后果等实质结果。但是，值班律师定位为法律帮助者，缺乏辩护人相应权利，导致实践中值班律师的功能逐渐异化为签署认罪认罚具结书时的"见证人"，会见当事人效果大打折扣。[①] 值班律师的辩护人化是理论界解决该问题的热点建议之一，究其根源在于，阅卷权、调查取证权等权利为保障犯罪嫌疑人、被告人的认识明知性、明智性提供了证据支撑。但是，《量刑建议指导意见》仅规定值班律师有阅卷权，没有规定值班律师的调查取证权。因此，建议立法或者司法解释赋予值班律师调查取证权，以便有效保障认罪认罚的真实性和自愿性。

二、严格遵守上诉不加刑原则，保障被告人的自由选择权

上诉不加刑原则是指第二审人民法院审判仅有被告人一方上诉的案件，不得以任何理由加重被告人刑罚的一项审判原则。因此，不论被告人的上诉理由是否得当，都不能以其不服判决或态度不好而在第二审判决中直接加重原判刑罚，也不能以事实不清、证据不足为由发回重审而加重被告人刑罚。该原则的目的是保障被告人的上诉权。我国《刑事诉讼法》第237条第1款规定了该原则，并且规定了唯一例外的情形，即第二审人民法院发回原审人民法院重新审判的案件，有新的犯罪事实，人民检察院补充起诉的，可以不受该原则的限制。《量刑建议指导意见》第45条第1项规定，被告人不服适用速裁程序作出的第一审判决提出上诉的案件，如果被告人以事实不清、证据不足为由提出上诉的，应当裁定撤销原判，发回原审人民法院适用普通程序重新审理，不再按认罪认罚案件从宽处罚。"不再按认罪认罚案件从宽处罚"，意味着在该种情形下原审人民法院可以加重被告人刑罚。该条规定违背了刑事诉讼法规定的上诉不加刑原则。刑事诉讼法是上位法，《量刑建议指导意见》等只能在遵守刑事诉讼法原则的基础上，对刑事诉讼法实施中的一些情况作进一步解释。因此，笔者认为《量刑建议指导意见》的此项规定应该无效。同时，废除《量刑建议指导意见》的该项规定，有利于消除被告人的担忧，充分保障被告人认罪认罚的自由选择权，从而保障认罪认罚的自愿性。

[①] 王迎龙. 值班律师制度研究：实然分析与应然发展 [J]. 法学杂志, 2018, 39 (7): 115.

第四节 完善认罪认罚案件证据规则

虽然学界对于"口供中心主义"的批评从未停止,但是客观地说,犯罪嫌疑人、被告人的供述和辩解是认罪认罚案件中的核心证据类型之一。出于对言词证据的不信任,我国建立了与西方国家相类似的言词证据适用规则,初步构建了主要针对言词证据进行审查判断的刑事证据规则体系,散见于法律、司法解释中。[①] 目前,我国的刑事证据规则体系缺少完备性和可操作性,违反规则的否定性法律后果缺失,亦使整体不具有强制执行力。[②] 因此,在认罪认罚从宽制度的语境下,需要结合制度的特征、属性,对其中的某些证据规则进行完善以体现出认罪认罚案件的特殊性。

一、完善非法证据排除规则

《刑事诉讼法》第52条规定,严禁刑讯逼供和威胁、引诱、欺骗以及其他非法方法收集证据,不得强迫任何人证实自己有罪。该规定在基本价值取向上体现了联合国《公民权利和政治权利国际公约》第14条中禁止强迫自证其罪原则的内涵,核心是强调认罪的"非强制性"。以2010年《关于办理刑事案件排除非法证据若干问题的规定》《关于办理死刑案件审查判断证据若干问题的规定》的颁布和2012年《刑事诉讼法》的修改为标志,我国确立了非法证据排除规则。《刑事诉讼法》第56条以及《最高法院刑诉法解释》第123条、第124条,进一步明确了导致供述证据能力缺失的非法手段。刑讯逼供和变相刑讯逼供所产生的非法供述、以暴力对本人及其近亲属相威胁所产生的非法供述是排除的重点,但是对于其他诸多形式的威胁、引诱、欺骗而产生的供述是否排除没有规定,与禁止强迫自证其罪的原则性规定相距甚远。鉴于此,有学者

[①] 法律和司法解释中已经明确规定的证据规则主要指非法证据排除规则;另外,在审查判断证据程序中所体现出的证据规则主要包括关联性规则、意见证据规则、原始证据优先规则和补强证据规则。(樊崇义. 刑事证据规则立法建议报告 [J]. 中外法学, 2016, 28 (2): 285-315.)

[②] 兰跃军. 刑事证据规则体系的建构 [J]. 中国刑事法杂志, 2015 (6): 72.

呼吁细化"威胁、引诱、欺骗及其他方法"的内涵和范围。[①]

着眼于认罪认罚从宽制度的特殊性,需要讨论的是,此类案件中对非法供述的排除,应坚持目前我国《刑事诉讼法》和司法解释所确立的非法证据排除标准,抑或是提升至不得强迫自证其罪的最高标准,还是通过进一步细化非法手段的方式以在两种标准之间寻求适度的中间标准?首先,认罪认罚案件中不允许出现任何"灰色地带",以最高标准指引非法口供排除是不符合制度的本质特征的。认罪认罚从宽制度中的"从宽"机制,本身蕴含一定的"激励""劝诱"成分,被追诉人在选择认罪认罚时,或多或少存在期待获得特定量刑减让的心理。如果完全依据最高标准,禁止即使最为轻微的外部影响对被追诉人的认罪选择造成干涉,那么认罪认罚从宽制度将不具备发展的空间,公安司法人员也无法基于制度的目的和宗旨展开任何实质性的认罪教育。出于被追诉人在两类案件中利益诉求具有实质性差异的考量,美国也区别规制了辩诉交易中认罪答辩自愿性与非认罪案件中供述自愿性的标准。其次,我国亦需要完善目前法律文本中规制的非法证据排除制度。针对供述类证据在认罪认罚案件中的特殊价值和实践情况,进一步细化办案人员利用非法手段获取供述应给予排除的情形;尤其应当重点关注利用某些隐性的威胁、引诱、欺骗以获取被告人认罪认罚的方式。我国刑事司法中对非法证据排除的实然标准与禁止强迫自证其罪原则的要求本就存在差异,在传统非认罪案件本就没有适用最高标准的当下,我国不应针对认罪认罚案件,在非法证据排除标准的基础上作进一步降低。相反,正是由于被追诉人选择认罪认罚对个案中制度的适用具有关键意义,实践中少数办案人员出于对指标绩效等动机的考量,通过"过度量刑劝诱""以加重刑罚相威胁"等隐性非法手段迫使被追诉人作出认罪认罚的意思表示,加剧了当事人"屈从型自愿"的风险。并且,目前我国刑事诉讼程序在不同程度上存在封闭性,审前较高的羁押率以及法律帮助的缺失,降低了被追诉人规避威胁、引诱、欺骗等外界干扰而理性行使自主选择权的能力。总之,在认罪认罚案件中,我们对于少数"灰色"取证手段的容忍应当是有边界的,需要非法证据排除规则作出必要调整以规制某些不当情形。虽然认罪认罚从宽制度的实践操作是不断发展且错综复杂的,很多情形应由法官根据具体案件予以自由裁量,但是需要针对典型情形作出必要探讨,并在未来立法上加以明

[①] 李思远. 论我国刑事证据规则体系的构建 [J]. 证据科学, 2019, 27 (1): 26.

晰，更需要通过指导性案例等方式明确一些实际操作手段是否符合认罪认罚自愿性的要求、是否应纳入非法证据的排除范围。①

二、完善口供补强规则

非法证据排除规则对于认罪认罚案件自愿性的保障具有关键意义，而供述真实性的问题则涉及口供补强规则的适用。口供补强规则属于限制口供证据证明力的规则，是对定罪的限制。我国《刑事诉讼法》规定，只有被告人供述，没有其他证据的，不能认定被告人有罪和处以刑罚。立法对于认罪认罚案件的证明标准未作降格处理，认罪认罚案件的有罪的证明标准仍然是，犯罪事实清楚，证据确实、充分。但是，这是否意味着运用口供补强规则进行证明的方法亦要求一成不变，是需要讨论的。

认罪认罚从宽制度正当性的基础之一是保障口供的真实性。值得注意的是，补强证据对口供可靠性、真实性起到的是支持和担保的作用，但并不表示若无补强证据，供述就不具备真实性，只依据口供不能形成心证。事实上，司法人员通过审查口供本身的逻辑性和可信度、审查获取口供的过程、运用经验法则等方法，可以对口供的真实性形成主观判断的心证②，只不过单独依据口供不能定案，需要补强证据达到"证据确实、充分"的有罪的证明标准。因此，认罪认罚案件中不能免除对口供补强规则适用的同时，需要优化其运用方式，根据口供和补强证据的实际情况灵活适用。

首先，不宜适用口供补强规则进行过度补强。对于补强证据所应达到的证明要求问题，一直存在两种观点：第一种观点是，除口供本身之外的补强证据应能够独立达到排除合理怀疑的证明程度；第二种观点是，口供与其他补强证据共同达到排除合理怀疑的程度。应当说，后者符合我国刑事证明标准的要求。③ 实际情况是，即使是基本内容真实的供述，也可能由于犯罪嫌疑人、被告人无法完全清楚地回忆起案件全过程细节，导致某些情节与其他证据所证明的事实不符。若要求口供得到其他证据全面且直接的印证支持，恐怕将会有诸

---

① 杜磊. 论认罪认罚自愿性判断标准 [J]. 政治与法律，2020 (6): 148-160.
② 纵博. 认罪认罚案件中口供判断的若干问题 [J]. 中国刑事法杂志，2019 (6): 110-125.
③ 谢安平，郭华. 证据法学 [M]. 北京：法律出版社，2014: 160.

多真实供述被排除。目前，我国口供补强规则的司法运用存在过度补强的问题，即对口供补强的强度往往提出了相当高的要求。① 这种做法虽然有利于最大限度地保证供述真实性，减少冤假错案的发生概率，但是不免存在机械性运用补强证据规则、办案效率低下的问题，亦与诉讼的现实状况不符。在认罪认罚从宽制度兼顾公正与效率的目标下，需要纠正对口供补强规则的某些认识，以符合当前刑事诉讼的现实要求。

其次，灵活适用口供补强规则，实质突出其"质量规则"的属性。有学者在对我国刑事证据规则提出立法建议时认为，对于补强证据规则应作如下立法表述："以下证据不能单独作为认定案件事实的依据，需与两份以上与其有不同来源的、具有证明力的其他证据相互印证，才能作为认定案件事实的依据。"② "两份以上"补强证据数量的要求，在非认罪案件中具备合理性，但在认罪认罚案件中的要求可以更为灵活。补强证据规则最早的源头是大陆法系的法定证据制度，因此必然与一定的证据数量有关；但不同于法定证据制度对于数量评价的严格要求，补强证据规则更表现为"质量规则"③。认罪认罚从宽制度中，若补强证据的隐蔽程度较强且与补强对象在某方面的重合度较高，对轻微案件可以探索利用单独的一个隐蔽性证据满足口供补强规则的要求。

最后，认罪认罚案件应当谨慎对待补强证据规则中"罪体标准"向"可信性标准"的流变。英美补强证据规则中的正统形式表现为"罪体规则"。一般而言，控方需要将犯罪的如下三个要素证明到排除合理怀疑的程度：第一，有损害或者伤害发生；第二，损害或伤害系因犯罪行为而非自然或意外原因造成；第三，被告人系犯罪行为人。绝大多数美国的司法辖区认为"罪体"包括前面两个要素，补强证据需要对"罪体"部分进行补强，"被告人系犯罪行为人"要素则无须补强。④ 然而，在补强证据规则发展的过程中，出现了一种替代选择，即可信性标准。有学者认为，在可能判处一年有期徒刑以下刑罚的认罪认罚案件中，可以采用可信性标准以放宽对口供之外的独立证据补强的要

---

① 秦宗文，叶巍. 认罪认罚案件口供补强问题研究［J］. 江苏行政学院学报，2019（2）：124.
② 樊崇义. 刑事证据规则立法建议报告［J］. 中外法学，2016, 28（2）：285-315.
③ 谢安平，郭华. 证据法学［M］. 北京：法律出版社，2014：158.
④ 李训虎. 变迁中的英美补强规则［J］. 环球法律评论，2017, 39（5）：121-141.

求,扩大补强证据的范围。① 在可信性标准的框架下,补强证据的范围不限于能够证明犯罪事实发生的"罪体"性证据,对范围的限定只要求其可以证明供述具备可信性。具体而言,可信性标准下的补强证据可归纳为两种形式:一是"综合权衡模式",二是"特殊知识模式"。② 第一种模式中具体的证据种类包括有关供述自发性的证据;是否以欺骗、诡计、威胁或许诺获得供述;被告人的身体和心理条件,即年龄、教育和经历;以及在作出陈述时是否有律师在场等。第二种模式中主要包括一些能够印证供述"特殊细节"的证据。通过分析第一种模式所包含的证据种类不难发现,其实质是认可供述形成程序中的过程性证据可以用来佐证口供的可信性。笔者认为,此类证据对于保障供述自愿性的作用更为凸显,如若将其适用于担保供述的真实性,存在将自愿性和真实性相混淆的嫌疑。具备自愿性的口供未必真实,以典型的替人顶罪现象为例,此类案件的当事人具备自发供述替人顶罪的动机,其虚假供述较大概率是在理智且没有受到公权力非法压迫的情况下作出的。因此,仅将此类证据视作对供述可靠性的担保,不足以完全排除虚假供述的风险。而对于第二种模式中的证据类型,可作为尝试,谨慎适用于可能判处一年有期徒刑以下刑罚的案件中,以降低补强难度,提升诉讼效率。

第五节 建立健全认罪认罚案件的量刑规范

认罪认罚从宽制度以宽严相济刑事政策为基本原则,需要深入推进量刑规范化改革,以确保适用认罪认罚从宽制度的案件真正可以落实"该宽则宽、当严则严、宽严相济、罚当其罪"的刑事政策。为进一步规范量刑活动、配合认罪认罚从宽制度实践的需要,最高人民法院、最高人民检察院于2021年6月联合印发了《关于常见犯罪的量刑指导意见(试行)》,将规范的罪名从2017年版本中的15种增加至23种,将常见量刑情节的适用从原来的14种增加至

---

① 秦宗文,叶巍.认罪认罚案件口供补强问题研究[J].江苏行政学院学报,2019(2):125-126.
② 李昌盛.虚假供述的第二道防线:口供实质补强规则[J].东方法学,2014(4):105-121.

18种，并将罚金、缓刑的适用纳入规范范围。① "两高三部"于2020年11月发布新的《关于规范量刑程序若干问题的意见》亦涉及了认罪认罚案件所适用的量刑程序规定。然而，笔者认为，为深入推进认罪认罚案件中的量刑规范化工作和量刑建议工作，最高人民法院、最高人民检察院应联合制定一部《认罪认罚案件量刑规范》。

一、构建认罪认罚案件量刑规范的现实意义

制定《认罪认罚案件量刑规范》在当前具有如下现实意义：第一，消弭法检之间争议。基于司法实践中出现的法检两机关关于量刑建议问题的冲突，审判机关对量刑建议产生抵触的原因可以归结为两点，其一，量刑问题牵涉复杂，检察机关未必具备提出精准量刑建议的能力；其二，量刑建议的约束力存在侵犯法院刑罚裁量权的嫌疑。由"两高"机关联合制定适用认罪认罚案件的量刑规范，可以使检察人员深入学习、掌握量刑规律和量刑方法，也有利于针对量刑情节具体适用的标准达成共识。此外，制定《认罪认罚案件量刑规范》可视作检察院、法院常态化事前沟通机制的一种。出于防止法官形成审前预断的考虑，法官不宜就个案的量刑问题在审前介入，但通过法检两机关联合制定规范文件的方式，审判机关间接地进行量刑指导，在一定程度上可以化解部分法官认为量刑建议干涉裁量权行使而产生的排斥心理。第二，有利于实现"类案类判"。与英美法系国家更加注重裁判人员运用个体独立的正义观进行判决相反，我国刑事司法模式中"类案类判"的正义观根深蒂固。② 由最高司法机关结合认罪认罚案件的特殊性对量刑方法、量刑情节的适用作出明确指引，有利于维护罪责刑相适应原则，最大限度地消除不同地方、不同级别司法机关针对普遍性量刑问题的差异化认识。第三，贯彻刑罚个别化的理念。在许多国家的刑事政策和刑事立法完成了从刑事古典学派观点向刑事社会学派观点转变的当下，遵循刑罚个别化的理念得到推崇。刑罚在对客观犯罪行为和结果进行考察的同时，不能忽视犯罪主体存在的个别性差异，需要强调以特殊预防为目的

---

① 沙雪良，胡闲鹤. 常见犯罪量刑指导意见起草人：量刑规范了，可总体保证司法公正 [EB/OL]. 新京报网，2021-07-12.
② 魏晓娜. 冲突与融合：认罪认罚从宽制度的本土化 [J]. 中外法学，2020, 32 (5)：1211-1230.

的预防刑和矫正刑。2021 年版《关于常见犯罪的量刑指导意见（试行）》中已明确，认罪认罚案件中针对基准刑的减少，需要综合考虑犯罪的性质，罪行的轻重，以及认罪认罚的阶段、程度、价值、悔罪表现等情况。由此可见，在量刑规范化改革的进程中，刑罚个别化的理念已经得到司法实务界的高度重视。但遗憾的是，《关于常见犯罪的量刑指导意见（试行）》并没有对诸多从宽量刑的参考因素加以明确，只是泛泛而谈一些倾向性的内容；同时，没有根据从宽量刑的参考因素设计出认罪认罚阶梯式的等级体系和从宽量刑幅度。这些应当是制定《认罪认罚案件量刑规范》所要进一步构建并细化的内容，以此贯彻刑罚个别化的理念。第四，有效防范虚假认罪认罚。域外法一些国家的协商性司法制度中，通过限制量刑折扣比例的方式，以辅助判断实践中过度引诱造成被告人虚假认罪的情形，有效控制了被追诉人的认罪非自愿。德国司法实践确立的标准是，认罪和不认罪情况下的"量刑剪刀差"不能将被追诉人置于不可接受的压力之下，而且不能超过被追诉人犯罪的严重程度进行并不妥当的刑罚评估；通常认为，认罪协商下的量刑不得超过正常审判下量刑的 1/3。① 目前，《关于常见犯罪的量刑指导意见（试行）》已在区分个案不同情况的基础上，限定了量刑折扣的上限比例，② 这是一项进步性的规定。在建构适用认罪认罚案件的量刑规范时，需要对此进行吸收与保留，以防范因过度"从宽激励"而导致的虚假认罪。

二、构建认罪认罚案件量刑规范的具体路径

前文已述，现代刑法，不仅要考虑报应刑目的，还需要对体现人身危险性的个别化量刑情节予以考量，以兼顾特殊预防与教育矫正的作用，从而体现刑罚个别化的理念。对此，需要格外关注认罪认罚情节的特殊性，针对被追诉人认罪认罚所附带的不同表征，在量刑规范中设计出阶梯式的从宽量刑幅度，这有助于司

---

① 杜磊. 论认罪认罚自愿性判断标准 [J]. 政治与法律，2020（6）：148-160.
② 《关于常见犯罪的量刑指导意见（试行）》第 14 条："对于被告人认罪认罚的，综合考虑犯罪的性质、罪行的轻重、认罪认罚的阶段、程度、价值、悔罪表现等情况，可以减少基准刑的 30%以下；具有自首、重大坦白、退赃退赔、赔偿谅解、刑事和解等情节的，可以减少基准刑的 60%以下，犯罪较轻的，可以减少基准刑的 60%以上或者依法免除处罚。认罪认罚与自首、坦白、当庭自愿认罪、退赃退赔、赔偿谅解、刑事和解、羁押期间表现好等量刑情节不作重复评价。"

法机关根据不同认罪认罚形态进行不同的"从宽"处遇，差异化"从宽"是对刑罚个别化的贯彻，也可激励被追诉人主动、积极、稳定地选择认罪认罚。

实践中，许多地方司法机关以认罪认罚从宽制度适用于诉讼全过程为基础，提出了"认罪越早、从宽越多"的量刑理念，并根据认罪认罚的不同时间节点，出台了与之相配套的"3-2-1"阶梯式从宽量刑机制；2017年最高人民法院在《刑事案件认罪认罚从宽制度试点工作专报》中也专题介绍了此机制。① 然而，将认罪时间作为梯度化量刑的唯一参考因素，未免单一。《指导意见》第9条在规定司法机关对从宽幅度进行把握时，指出了8项对量刑产生实际影响的因素，包括认罪认罚的诉讼阶段、对查明案件事实的价值和意义、是否有悔罪表现、罪行的严重程度、认罪主动性、认罪彻底性、认罪稳定性和人身危险性。② 在制定《认罪认罚案件量刑规范》时，需要对上述因素予以关注，明确这些参考因素对从宽量刑的影响程度。有学者提出，按照"教育改善难易度"和"办案价值量"为主线，将影响量刑的参考因素进行归类，并在此基础上科学构建梯度式的等级体系和从宽量刑幅度。③ 该建议对完善认罪认罚案件的量刑评价体系具有一定的借鉴意义。

第六节 完善认罪认罚案件中的被害人参与权制度

一、以有限性原则为基础对被害人的诉讼参与权予以保障

考虑到对被害人诉讼参与权的保障是具有两面性的，因此笔者主张以有限

---

① 宋一心，李晨."认罪越早、从宽越多"量刑理念的实例应用及价值探究[J].法律适用，2019（22）：103.
② 《指导意见》第9条第1款："办理认罪认罚案件，应当区别认罪认罚的不同诉讼阶段、对查明案件事实的价值和意义、是否确有悔罪表现，以及罪行严重程度等，综合考量确定从宽的限度和幅度。在刑罚评价上，主动认罪优于被动认罪，早认罪优于晚认罪，彻底认罪优于不彻底认罪，稳定认罪优于不稳定认罪。"
第3款："对罪行较轻、人身危险性较小的，特别是初犯、偶犯，从宽幅度可以大一些；罪行较重、人身危险性较大的，以及累犯、再犯，从宽幅度应当从严把握。"
③ 刘伟琦.认罪认罚阶梯式从宽量刑精准化研究——兼评《关于适用认罪认罚从宽制度的指导意见》[J].北方法学，2020，14（1）：130-145.

性原则为基础对被害人的参与权予以完善。有限性原则要求立法和司法层面既要保障被害方在认罪认罚诉讼程序中的有效参与，增进其对公正司法的认同感，也要认识到被害方过度参与诉讼可能导致的风险，不能一味迎合其诉讼请求。若被害人的意见不能通过诉讼途径得到发声，将会导致其不断地申诉上访；且社会公众对弱者通常具有天然性的同情情感，被害人的合理意见解决不当，将面临较大的社会舆论压力，这些均会动摇认罪认罚从宽制度的正当性根基。但如同前面章节所言，司法机关需要考虑认罪认罚从宽制度的多元化价值，被害人利益仅是要衡量的一个方面，不能为满足被害人的单方利益而弃其他诸多制度目标于不顾。以认罪认罚案件中的被追诉人合法利益为视角，被害人针对赔偿数额进行"漫天要价"的典型现象，有可能导致被追诉人因无法偿付而无法进入认罪认罚从宽的评价视野。基于此，《指导意见》第18条规定："被害方赔偿请求不合理……一般不影响对犯罪嫌疑人、被告人从宽处理。"另外，即使被追诉人有能力偿付从而获得量刑从宽，从加害恢复的角度而言，"赔偿减刑"不会增加其对犯罪社会危害性的认识，也不会提升其真诚悔罪的意识；相反，被追诉人可能认为只要"技术性认罪"辅之以物质赔偿即可获得从宽量刑，这不利于对其进行特殊预防。

总之，以有限性原则为基础对被害人的诉讼参与权予以保障，实质是保障被害方的意见表达、程序参与，但不是赋予其对诉讼进程、案件处理的实际决策权。被害方的参与不能实质干涉公权力机关的司法判断。

二、认罪认罚案件被害人参与权的理性建构

现行立法框架下，有关被害人的知悉权、协商权（意见交换权）和对异议进行司法救济性的权利规定在一定程度上比较模糊、可操作性不强。因此，笔者将以这三方面权利完善为基础，探究认罪认罚案件被害人参与诉讼的合理途径。

（一）完善知悉权制度

被害人对案件相关信息拥有知悉权是参与诉讼的前提基础，且其对诉讼进程的参与有强烈的渴望，如果丧失对相关信息的知悉权，被害人将感到困惑与疏离，甚至因办案机关的漠视造成二次伤害。适用认罪认罚从宽制度处理的案件，被害人在审前有权获得的相关信息应当包括认罪认罚从宽制度的基本规定和其享有的权利，犯罪嫌疑人认罪认罚的情况，当前的诉讼进程，检察机关拟指控的罪名、提出量刑建议的相关情况，以及办案机关的某些关键性处理（如变更强制措施、作出撤销案件或不起诉决定、拟适用程序），等等。特别注意的是，检察机关应当将经过协商、调整后最终形成的量刑建议的相关情况告知被害方，最终成型的量刑建议是保障被害方提出异议并寻求司法救济的重要依据。

（二）完善协商权制度

相关规范需要在协商时间、协商方式以及被害人意见的效力三方面作出进一步规制。第一，检察机关与被害人进行意见交换的时间，应在被追诉人签署认罪认罚具结书之前。被害人对犯罪事实、罪名、法律适用、量刑以及程序选择问题发表意见的目的即是期待检察机关在量刑建议提出过程中作实质性考量。若在被追诉人已经签字具结后再行告知义务，通知被害方进行意见听取工作，在很大程度上已经失去了发表意见的意义。此外，认罪认罚案件的庭审程序存在不同程度的简化，且诉讼重心前移，这更需要在签字具结完成前确保办案人员可以兼听各方意见。美国诉史蒂文斯（US v. Stevens）案中，[1] 受害人因从被追诉人史蒂文斯处购买并吸食过量海洛因致死。检方同意放弃指控史蒂文斯贩卖毒品致人死亡的情节，并与被追诉人达成辩诉交易，以刑罚较轻的贩卖少量海洛因行为进行指控，此过程向被害方刻意隐瞒。在辩诉交易协议已经达成后，检方才向被害人亲属说明情况，后者不满被害人的死亡结果没有作为被指控的情节，并表示不会参加认罪协议听证会。由此可见，美国辩诉交易中存在刻意隐瞒相关情节，待交易达成后再通知被害人协商的现象。我国认罪认罚从宽制度中，为防止检察机关滥用职权从而损害被害人利益，需明确规定被害人行使协商权的时间在具结书签署之前。第二，听取被害人意见的方式，原则上以检察机关与被害人双方进行意见交换为宜；若被害人提出申请，且检察机关认为存在关键量刑情节需要加害方与被害方共同参与以此证实的，可以组织被追诉人及其辩护人、被害人及其诉讼代理人进行多方协商。第三，基于有限性原则，检察机关的自由裁量权不受被害人意见的约束，即被害人意见对检

---

[1] 李建东. 美国辩诉交易程序中被害人权利保障制度及其启示——以三起联邦典型辩诉交易案件为视角[J]. 河南师范大学学报（哲学社会科学版），2020，47（4）：51-61.

察机关提出量刑建议、变更强制措施、作出不起诉决定等无实质约束力。辩诉交易中体现被害人权利保障规范的《刑事被害人权利法》中专门规定"本文中任何条款均不得解释为减损司法部部长或其下属任何官员的自由裁量权"。① 此规定的目的是在被害人表达意见权的同时,明确限制意见对检察官处理案件的干涉作用。《指导意见》第 18 条规定,被害人异议不影响认罪认罚从宽制度的适用;因被害方诉求明显不合理导致未能协商一致的,一般不影响对被追诉人的从宽处理。该规定实际上也是倾向于不赋予被害人意见的实质效力。笔者认为,针对存在被害人的认罪认罚案件,检察机关、法院在考量被害人损害恢复因素对从宽幅度的影响时,应侧重考量被追诉人通过真诚认罪悔罪,对被害人精神修复所做的努力。物质赔偿因存在客观事实而相对容易判定,但实践中犯罪对被害人造成的精神伤害往往更加严重并难以进行程度判断。如果被追诉人为弥补自身过失,真诚地就被害人精神修复作出努力(如当面真诚悔罪、赔礼道歉等),因特殊预防效果的实现,司法机关应当就其事后修复行为作出合理评价并予以一定程度的从宽处理,此有助于办案人员有效规避被害方过度感性的主张和不当的利益诉求,以理智、公正的态度进行司法判断。

(三) 完善提出异议并寻求司法救济权制度

虽然检察机关就量刑建议等问题不应受到被害人意见的实质约束,但是应当允许被害人对案件的相关处理提出异议,并保证其寻求司法救济的渠道畅通。笔者认为,需在以下两方面予以完善:第一,若被害人认为量刑建议中没有实质回应己方的诉求,可在检察机关审查完毕准备提起公诉前,要求其将被害方意见单独列明,一并随案移送。此种情况下,亦不得适用速裁程序审理。《指导意见》第 42 条明确不适用速裁程序办理的情形包括"被告人与被害人或者其法定代理人没有就附带民事诉讼赔偿等事项达成调解或者和解协议";在此基础上可以将规定作扩大化解释,即针对被害人提出合理异议的,也不应适用速裁程序审理,以保障被害人的庭审陈述权。第二,规定在特定情况下,被害人可以就量刑建议的适当性提出异议,法院认为有理有据的,应当告知检察机关调整量刑建议。此规定设置的目的是在公诉提起后至第一审庭审阶段,针

---

① 李建东. 美国辩诉交易程序中被害人权利保障制度及其启示——以三起联邦典型辩诉交易案件为视角 [J]. 河南师范大学学报(哲学社会科学版), 2020, 47 (4): 51-61.

对新出现的特定情况,保障被害人的异议提出权。《指导意见》第 41 条规定,被告人、辩护人对量刑建议提出异议且有理有据的,人民法院应当告知人民检察院予以调整。基于此,可以将提出异议的主体扩大至被害方。在特定情况的设定层面,可以包含以下两种情形:第一,如被追诉人就赔偿问题反悔,实际中断履行或明确表示不履行赔偿义务的,被害人可以就量刑建议的适当性提出异议;第二,被害人有新证据表明检察机关就量刑建议的关键性问题刻意隐瞒,导致其在审前阶段没有发表意见的,被害人可以就量刑建议的适当性提出异议。

第七节　全面贯彻谦抑原则

现代宪法原则要求,国家依照职权实施刑事法律,必须保持谦抑和节制,必须将干预程度控制在可以忍受的范围内;[①] 随之形成的刑事司法谦抑原则,将保障人权视作核心内容,要求司法主体、司法程序、裁判结果应秉持人道主义。认罪认罚从宽制度将强化人权司法保障、化解社会矛盾作为价值理念,与谦抑原则的内涵具有高度契合性。而认罪认罚从宽制度贯彻宽严相济刑事政策,谦抑原则即是对"宽"这一向度的具体定位和扩展。[②] 因此,完善认罪认罚从宽制度需要以谦抑原则为基本准则。其中,减少审前羁押与增加非监禁刑适用,是我国传统刑事诉讼模式下倡导多年但效果并不理想的两种司法人权保障途径,此在认罪认罚从宽制度中亟待进一步落实。

一、减少审前羁押

（一）认罪认罚案件减少审前羁押的正当性依据

刑事强制措施的目的是保障诉讼活动的顺利进行,故在强制措施种类的选择问题上,应与达成上述目标之间合乎比例。若以对被追诉人影响较小的方式

[①] 闫召华."从速兼从宽":认罪案件非羁押化研究 [J]. 上海政法学院学报（法治论丛）, 2017, 32 (3):86.

[②] 胡充寒,路红青. 刑事司法谦抑原则的法哲学思考 [J]. 湘潭大学学报（哲学社会科学版）, 2011, 35 (2):27.

即可保障诉讼活动进行，则公安司法机关不应选择对基本人权干涉程度较高的逮捕措施。在认罪认罚案件中，除上述谦抑原则的基本考量外，减少审前羁押还具有以下两方面正当性依据。

第一，被追诉人认罪认罚，社会危险性降低，从而减少了适用逮捕措施的必要性。自2012年《刑事诉讼法》修正以来，一般情形下逮捕的适用条件被设定为三方面，即犯罪嫌疑条件、法定刑条件和社会危险性条件。对于主观性相对较大的社会危险性条件，《刑事诉讼法》细化列举了五种具体情形，主流观点将具体行为模式归纳为"妨碍刑事诉讼顺利进行"和"继续危害社会"两类，[①] 即"可能毁灭、伪造证据"以及"干扰证人作证或串供的"和"企图自杀或者逃跑的"可归纳在"妨碍刑事诉讼顺利进行"类别；"可能实施新的犯罪的"和"有危害国家安全、公共安全或者社会秩序的现实危险的"以及"可能对被害人、举报人实施打击报复的"可归纳在"继续危害社会"类别。这种理论上的类别区分亦与西方法治国家未决羁押的法定理由相类似。[②] 犯罪嫌疑人自愿认罪认罚，选择将自身置于公权力项下，如实供述自己的罪行，对指控的犯罪事实没有异议且愿意接受处罚，从应然层面而言并不具有实施妨碍刑事诉讼顺利进行的几种行为的可能性。如若犯罪嫌疑人"表里不一"，暗中串供、干扰证人作证、毁灭、伪造证据或者隐匿、转移财产以及有能力赔偿而不赔偿损失的，依据《指导意见》第7条本就不应当适用认罪认罚从宽制度。此外，犯罪嫌疑人真诚悔罪，表明其已经认识到了自己行为对他人、社会和国家的消极影响，产生了一定的负罪感并愿意接受教育改造以消除罪孽，理论上也不具有再次危害社会秩序或对相关人员进行打击报复的可能性。因此，假设被追诉人真诚地认罪悔罪，"认罪认罚"因素是与"减少社会危险性"相关联的。当"社会危险性"作为评价是否适用逮捕措施的标准之一时，被追诉人的认罪认罚行为削弱了此种候审羁押的必要性。立法者同样考虑到了认罪认罚的特殊作用，2018年《刑事诉讼法》第81条中作出了明确的回应，将被追诉人认罪认罚的情况作为是否可能发生社会危险性的考虑因素。

---

① 万毅. 解读逮捕制度三个关键词——"社会危险性""逮捕必要性"与"羁押必要性"[J]. 中国刑事法杂志, 2021 (4): 65-80.
② 域外法国家中，未决羁押的法定理由除具有重大犯罪嫌疑的条件之外，一般还必须具备两个特别理由：其一，为提供程序上的保障所必要；其二，为防止新的危害社会行为所必需。（陈瑞华. 比较刑事诉讼法 [M]. 北京：北京大学出版社，2021：115.）

第二，需要减少审前未决羁押，以回应认罪认罚从宽制度的理念价值。认罪认罚从宽制度价值取向之一是强化人权司法保障，重中之重是保障被追诉人自主选择权行使的自愿性，包括认罪自愿、认罚自愿、程序选择的自愿等。实践中，被追诉人因羁押而处于封闭的刑事诉讼环境中，心理焦虑、信息不对称等因素将影响其作出理性的选择。更有甚者，权力机关利用诉讼境遇的实质差异，造成被追诉人的"屈从型认罪"。由此可见，出于认罪认罚案件司法人权保障的需要，对于非必要案件的被追诉人应作非羁押化处理，以保证被追诉人能在相对放松的环境下，理性地作出诉讼方案的选择，不至于因高度"紧张"而使其选择过分变形。

（二）认罪认罚案件减少审前羁押的有效路径

2021年4月，中央全面依法治国委员会在有关文件中明确提出少捕慎诉慎押刑事司法政策。此政策适用的重点是，犯罪嫌疑人、被告人认罪认罚，没有其他恶劣情节的案件。① 如何在宽严相济刑事政策的指导下进行科学区分对待，对非必要案件的被追诉人适用非羁押性强制措施？如何避免非羁押强制措施适用可能造成的诉讼风险？

首先，办案人员需要扭转某些错误观念。长期以来，少数公安司法人员将"捕与不捕"等同于"罪与非罪"，造成了"构罪即捕"现象的产生，这是将未决羁押作为了一种有效的侦查手段和同犯罪作"斗争"的方式。② 然而，刑事诉讼过程中的每种程序设计、措施构建均蕴含多元化的价值，并非仅单一基于追究犯罪的目的。因此，办案人员在强制措施的选择适用问题上应摒弃诸多观念层面的沉疴痼疾。在最高人民检察院发布的首批"检察机关贯彻少捕慎诉慎押刑事司法政策典型案例"中，办案人员的观念已经有积极转变的趋势。以廖某危害珍贵、濒危野生动物、非法狩猎罪案为例，③ 虽然案件情节严重，被告人所应承担的法定刑档次为五年以上十年以下有期徒刑，但检察人员综合考量了认罪认罚、被追诉人家庭情况等多重因素，选择以非羁押的方式提起刑事

---

① 苗生明. 少捕慎诉慎押，如何正确理解、精准适用？［EB/OL］. 新华网客户端，2022-02-09.

② 闫召华. "从速兼从宽"：认罪案件非羁押化研究［J］. 上海政法学院学报（法治论丛），2017，32（3）：92.

③ 最高人民检察院网上发布厅. 检察机关贯彻少捕慎诉慎押刑事司法政策典型案例（第一批）［EB/OL］. 最高人民检察院网，2021-12-03.

诉讼，法院最终判处实刑。此案中，检察机关适用非羁押性强制措施但依法提起公诉，是打破"不捕就是不罚"认识误区的典型例证。

其次，办案人员需要严格审查"社会危险性"条件。认罪认罚案件中落实"少捕"，主要需在源头上控制审查批捕率。逮捕条件中的犯罪嫌疑条件、法定刑条件相对客观，赋予审查批捕人员的裁量空间较小，故控制批捕率的关键在于严格审查是否满足"社会危险性"条件。2018年《刑事诉讼法》以及2019年《刑诉规则》均通过细化列举的方式，试图降低实务层面出现分歧的概率，为办案人员提供明确指引。但应意识到，通过规范穷尽所有情形是不现实的。基于此，对个案中是否存在社会危险性的判断，应回归"社会危险性"的本质含义，即是否存在妨碍诉讼顺利进行的可能、是否存在发生新的社会危害行为的可能。对于后者，世界范围内存在较大争议。一些反对的观点认为，将此作为审查参考因素并作出负面评价，实质上是对那些尚未被证明有罪的犯罪嫌疑人预先进行自由之剥夺，带有一定的"预期惩罚"的意味，违背了法治国的基本原则，也不符合无罪推定的基本精神。[①] 目前，德国仅有条件地承认了这类羁押理由的合宪性，并进一步提出了一些限制要求；法国已将基于此类理由作出的羁押决定视为一种特别措施或例外，不将其视作未决羁押的一般处理。基于此，笔者认为，对社会危险性的判断，应以"是否存在妨碍诉讼顺利进行的可能"理由为侧重，辅之以"是否存在发生新的社会危害行为的可能"的评价。此外，严格审查"社会危险性"条件意味着侦查机关对于具有社会危险性情形需要提出相关证据并负举证责任。这是遵循证据裁判原则的要求，检察机关的审查不能脱离客观证据而随意进行主观臆断。2021年最高人民检察院印发的《人民检察院羁押听证办法》也明确强调："侦查人员围绕听证审查重点问题，说明犯罪嫌疑人、被告人需要审查或者延长羁押的事实和依据，出示证明社会危险性条件的证据材料。"

再次，合理配置保障手段以防控审前释放的风险。审前释放的风险防控难问题是制约公安司法人员适用非羁押措施的一个关键因素。规避诉讼风险，除依赖审查批捕对社会危险性的综合评估以外，亦要仰仗于非羁押措施配套的保障性机制以控制潜在风险。目前，许多地方检察院积极探索通过科技手段实现对非羁押被追诉人的有效监管。山东省东营市人民检察院与市公安局密切配

---

① 陈瑞华. 比较刑事诉讼法[M]. 北京：北京大学出版社，2021：116.

合，研发应用电子智能监管平台，有效防止非羁押人员脱管脱逃问题的发生，使全市诉前羁押率降至30%以下；浙江省杭州市人民检察院联合市公安局研发非羁押人员数字监管系统，实现对犯罪嫌疑人全方位、全时段、无死角的监管。[1] 此外，对非羁押人员的有效监管，尚需完善社会支持体系，打通监控"最后一公里"。多元化社会主体的共同参与，展开针对被追诉人的司法救助、心理关怀，积极促成刑事和解、调解，有助于被追诉人在平缓宽和的环境中达成教育矫正，亦有利于社会矛盾的化解。

最后，强化羁押必要性审查。减少审前羁押的另一核心关键在于"慎押"。面对羁押期限不适当、违法延长羁押期限的问题，需要建立对羁押必要性的定期审查制度，通过审查及时撤销、变更非必要的羁押。鉴于大多数被羁押人员的法律意识比较淡薄，对审查制度也较为陌生，故应加强检察院负责捕诉部门的依职权启动和看守所的建议启动审查。与此同时，检察机关应依托《人民检察院羁押听证办法》，着重强化"言词审查"，通过类诉讼的模式，检察官能够就是否需要继续羁押问题听取多方主体意见并作出有针对性的回应，一定程度上也可缓释由负责捕诉部门作为审查主体所产生的中立性质疑。

二、增加非监禁刑适用

我国刑事司法步入21世纪后，经历多年发展，犯罪结构发生了重大变化。第一，根据2020年最高人民检察院工作报告，重罪案件从1999年16.2万人下降到2019年的6万人，占比从19.2%下降至2.7%。与之相对的是，判处三年有期徒刑以下刑罚的人数占比从1999年的54.6%上升至78.7%。[2] 第二，《刑法修正案（十一）》实施之后，我国刑法罪名中法定犯的罪名比例已经占到80%左右；[3] 而法定犯与自然犯的一个明显区别，即犯罪嫌疑人社会危险性的差异。轻微罪行占比的大幅提升，加之其中认罪认罚从宽制度的普遍适用，犯罪人的社会危险性进一步降低；故选择与之相匹配的刑罚种类和执行方式显得尤为重要。域外法国家学者认为："服刑人员在监狱待的时间越久，就越远离

---

[1] 苗生明，纪丙学. 贯彻宽严相济 依法充分准确适用少捕慎诉慎押刑事司法政策——"检察机关首批贯彻少捕慎诉慎押刑事司法政策典型案例"解读 [J]. 中国检察官，2022（2）：5.

[2] 樊崇义. 适应犯罪生态变化推进少捕慎诉慎押 [N]. 检察日报，2021-12-30（3）.

[3] 史兆琨. 羁押听证办法出台的背后 [N]. 检察日报，2022-01-11（5）.

社会，重返社会的难度和重新犯罪的可能性越大；犯罪人在监狱内服刑的同时，其家人也备受煎熬，以致对社会造成更多的伤害和不稳定。"① 因此，基于谦抑原则、提升特别预防效果以及促进社会和谐稳定等因素综合考量，对于犯罪轻微且社会危险性有限的认罪认罚案件，有进一步增加非监禁刑适用的必要。

我国刑事司法对于管制、缓刑等非监禁刑的适用，从立法到实践层面均存在一些问题。就立法上而言，部分种类的非监禁刑适用条件的设定过于原则化。例如，《刑法》第72条规定的缓刑适用的实质条件中，"犯罪情节较轻""有悔罪表现"和"没有再犯危险"的表述较为空洞，缺乏明确指引性，这无疑增加了裁判者认定的随意性和难度。而实践层面，从"判"到"管"的衔接不畅、社区矫正流于形式等问题②也是制约法官适用非监禁刑处理的关键因素。然而，认罪认罚从宽制度确立以来，相关规范对于认罪认罚案件适用非监禁刑的某些规定，导致了一些新问题的出现，进一步影响了实践中非监禁刑的宣告概率。基于此，笔者将侧重分析认罪认罚从宽制度的特殊规定对适用非监禁刑造成的实质影响，探寻可行的完善策略。

目前，委托社区矫正机构对犯罪嫌疑人、被告人的居所情况、家庭和社会关系、一贯表现、犯罪行为的后果和影响等进行调查所形成的审前社会调查报告，是法院判处管制、宣告缓刑的重要参考。《指导意见》对社会调查评估的委托主体规定为公安机关、人民检察院和人民法院；实践中，社会调查的委托主体主要为法院和检察院。然而，《指导意见》同时规定，速裁程序的审查起诉期限为10~15天，第一审审理期限为10~15天。《认罪认罚从宽制度试点工作情况的中期报告》显示，对于认罪认罚案件，检察机关审查起诉平均用时26天，人民法院15日内审结的占83.5%。③ 面对紧张的诉讼期限，法院、检察院在完成刑事诉讼基础性工作的同时，需要委托社会调查并获取评估意见是较为不现实的。因此，实践中出现了第一审阶段法院依旧未接收到调查评估报

---

① 王永金，毛婵婵. 法国刑罚制度的矫治回归及其启示 [J]. 人民检察，2017（11）：72.

② 关昕. 我国缓刑制度适用的现实困境与完善举措 [J]. 江西社会科学，2018，38（11）：72.

③ 周强. 关于在部分地区开展刑事案件认罪认罚从宽制度试点工作情况的中期报告 [N]. 人民法院报，2017-12-24（1）.

告的情况；有些案件为满足社会调查所需时间，放弃速裁程序而改为适用简易程序。因此，法院未能及时获取调查评估报告并进行有效审查，是制约非监禁刑适用的核心原因。笔者认为，化解调查时间与诉讼期限不相匹配的关键在于，调动公安机关的积极性。对于符合判处管制、宣告缓刑条件的轻微认罪认罚案件的被追诉人，公安机关应积极依职权委托犯罪嫌疑人居住地的社区矫正机构进行调查评估。同时，应加强检察机关依托共同信息数据平台对侦查阶段实现提前介入，引导公安机关对符合条件的案件主动开展相关工作。此外，《指导意见》亦规定，人民法院可以在无调查评估报告的前提下，对符合管制、缓刑适用条件的认罪认罚被告人判处管制、宣告缓刑。① 此项规定要求法院对非监禁刑适用行使自由裁量权，不得机械地依赖社会调查报告。犯罪事实轻微的认罪认罚被告人，若其确实进行深刻反省，通过积极采取措施的方式弥补罪行、修复受损社会关系，法官可以积极行使自由裁量权，直接作出非监禁刑的裁判。

另外，实践中亦有部分检察官对缓刑量刑建议的理解存在偏差，造成没有及时提出宣告缓刑的量刑建议，在一定程度上影响了此类非监禁刑的适用率。《刑事诉讼法》第176条规定了人民检察院对于认罪认罚案件，应当就主刑、附加刑、是否适用缓刑等提出量刑建议。② 部分办案人员以"缓刑"在《刑法》规定中的位置为参考点，进一步认为，既然缓刑制度具体规定在《刑法》第四章"刑罚的具体适用"中，那么《刑事诉讼法》的规定存在将量刑与刑罚执行相混淆的嫌疑。在这种主张的指导下，缓刑作为刑罚具体执行方式的一种，即使是在精确刑量刑建议中，也不具备提出的规范性依据。其实，早在量刑规范化改革初期，最高人民检察院在2010年发布的《人民检察院开展量刑建议工作的指导意见（试行）》中已明确："量刑建议是指人民检察院对提起公诉的被告人，依法就其适用的刑罚种类、幅度及执行方式等向人民法院提出

---

① 《指导意见》第37条第2款："社区矫正机构出具的调查评估意见，是人民法院判处管制、宣告缓刑的重要参考。对没有委托社区矫正机构进行调查评估或者判决前未收到社区矫正机构调查评估报告的认罪认罚案件，人民法院经审理认为被告人符合管制、缓刑适用条件的，可以判处管制、宣告缓刑。"

② 《刑事诉讼法》第176条："人民检察院认为犯罪嫌疑人的犯罪事实已经查清，证据确实、充分，依法应当追究刑事责任的，应当作出起诉决定，按照审判管辖的规定，向人民法院提起公诉，并将案卷材料、证据移送人民法院。犯罪嫌疑人认罪认罚的，人民检察院应当就主刑、附加刑、是否适用缓刑等提出量刑建议，并随案移送认罪认罚具结书等材料。"

的建议。"基于此,作为检察机关公诉职能重要内容的量刑建议,实际上比《刑法》的要求更广,包含刑罚执行方式。因此,检察人员应当在正确解读量刑建议制度的基础上,综合考虑全案情况,对符合缓刑适用条件的犯罪嫌疑人,积极提出宣告缓刑的量刑建议。

第八节 严格遵守证据裁判原则

一、证据裁判原则的确立

(一)认罪认罚案件确立证据裁判原则的必要性

证据裁判原则是指应当依据证据认定诉讼中的事实,没有证据,不得认定事实。这一原则包括积极性法则和消极性法则两方面。前者的核心在于,诉讼中事实的认定应依据证据;后者则明确,除证据外的任何东西,如主观臆测、妄想、推测均不得作为认定事实的根据。[①] 证据裁判原则作为对抗性司法中证据制度的核心原则,在协商性司法框架下的认罪认罚从宽制度中,依旧存在适用的必要性,原因有两个:第一,从我国刑事诉讼一贯追求的价值层面而言,发现实质真相的价值观贯穿于刑事诉讼的始终。案件真实性需要证据的支持,即使是强调口供作用的认罪认罚案件,自愿且如实的供述依旧没有对现行《刑事诉讼法》中的证据种类造成颠覆,仍然遵循着证据裁判原则中的积极性法则,即诉讼中的事实认定应当依据证据。此外,我国当前较为统一的意见已经表明,认罪认罚从宽制度并非美国辩诉交易制度的翻版,不得对定罪问题进行协商。因此,从证据裁判原则的消极性角度出发,需要明确对定罪问题的协商,不得作为认定事实的依据,以确保制度的根本性立场。第二,基于防范冤假错案的需要。据统计,在刑事协商制度较为发达的美国,监狱中大约有20000名因辩诉交易而遭遇错误定罪的罪犯,美国无罪登记部门在2015年的统计中,大约44%的无罪者是因为辩诉交易而认罪的。[②] 美国发生无辜者认罪司

[①] 谢安平,郭华. 证据法学 [M]. 北京:法律出版社,2014:228.
[②] 杜磊. 认罪认罚从宽制度适用中的职权性逻辑和协商性逻辑 [J]. 中国法学,2020(4):234.

法错误的主要原因在于，效率至上逻辑下，缺乏对认罪自愿性、事实真实性的有效司法审查。公正作为司法的"生命线"，要求认罪认罚从宽制度下的事实认定，应依据满足真实性、关联性和合法性的证据。故基于防范冤假错案的考量，应坚持贯彻认罪认罚案件中的证据裁判原则。

（二）认罪认罚案件贯彻证据裁判原则应遵循的要求

有学者认为，一项法律是否真正接纳证据裁判原则，需要具体符合四项基本要求：一是认定案件事实必须依据证据，没有证据不得确认被告人有罪；二是认定案件事实的证据应当具有证据能力，符合客观性、关联性与合法性的要求；三是认定案件事实的证据应当依据法定程序进行审查判断；四是认定案件事实的证据应当达到法定的证明标准。① 笔者将基于上述四项内容，分析认罪认罚案件贯彻证据裁判原则应遵循的基本要求。

首先，认定事实必须依据证据，意味着认罪认罚案件中，对与定罪、量刑有关的事实，必须均有证据证明。从定罪事实角度而言，前文已述，我国不允许对定罪问题进行协商；应然上讲，有罪证据不足的案件应拒绝适用认罪认罚从宽制度。从量刑事实角度而言，当前亟待重视对量刑建议适当性的证明。我国实务界对于定罪程序的重视程度要高于量刑程序，庭审中法庭调查和法庭辩论环节主要针对被告人罪与非罪的问题展开，并不承认对于被告人量刑问题进行独立审判的可能。② 笔者认为，随着量刑规范化改革的深入和认罪认罚从宽制度的确立，这种观念需要转变。2020年发布的《关于规范量刑程序若干问题的意见》中着重强调了认罪认罚案件中量刑事实审查的独立性。对于适用简易程序的案件，在确认被告人对起诉书指控的犯罪事实和罪名没有异议，自愿认罪且知悉认罪的法律后果后，法庭审理可以直接围绕量刑进行；③ 而对于适用普通程序审理的被告人认罪认罚案件，审理则可以主要围绕量刑和其他有争

---

① 廖勇，吴卫军. 新刑事诉讼法证据规则评析——基于证据裁判原则的视角[J]. 北方法学，2013，7（5）：125-126.
② 樊崇义. 认罪认罚从宽与刑事证据的运用[J]. 南海法学，2017，1（1）：25.
③ 《关于规范量刑程序若干问题的意见》第13条第1款："适用简易程序审理的案件，在确认被告人对起诉书指控的犯罪事实和罪名没有异议，自愿认罪且知悉认罪的法律后果后，法庭审理可以直接围绕量刑进行，不再区分法庭调查、法庭辩论，但在判决宣告前应当听取被告人的最后陈述意见。"

议的问题进行。①检察机关对量刑事实负举证责任，一方面需要对被告人适用的基准刑、从重处罚的量刑情节和从轻处罚的量刑情节进行精准说理；另一方面需要重点回应被告人、辩护人对量刑建议适当性提出的异议。

其次，认定案件的证据应当具有证据能力，意味着认罪认罚案件中，犯罪嫌疑人、被告人供述及其补强证据均需符合客观性、关联性和合法性的要求。对于犯罪嫌疑人、被告人供述类证据而言，需要证明认罪认罚的自愿性和案件事实真实性。被追诉人作为犯罪事实亲历者所陈述的主观事实，应当运用证据证明不存在当事人的法定诉讼权利遭遇剥夺或限制等程序法事项，这是主观陈述可以进入司法评价体系的一般前提。而被追诉人自愿认罪认罚并不代表着供述必然真实，事实为真的求证过程亦是保证认罪认罚制度适用的必要性、可行性、合法性的基础。②我国目前实务和理论研究中关注的重点热衷于认罪认罚的自愿性而忽视了案件事实的真实性，如何避免"只供不证"是值得高度注意的问题。

再次，认定案件事实的证据应当依据法定程序进行审查判断，在认罪认罚案件中应当着重关注，如何在庭审程序大幅简化的情况下，保障确有异议的事实可通过最低限度的法定诉讼程序加以审查判断。在传统对抗性司法中，证据裁判原则下的判决，是由法官经过充分听取当事人（控辩）双方的举证、质证和辩论，在对证据进行充分核实查证的基础上作出的。然而，协商性司法对三方诉讼构造的削减并不意味着完全意义上的放弃。《指导意见》分别在第44条、第46条和第47条中对最低限度的法定诉讼程序予以保留以保证存疑事实可被充分查证。适用速裁程序审理案件，一般不进行法庭调查、法庭辩论，但在判决宣告前应当听取辩护人的意见和被告人的最后陈述意见；适用简易程序审理认罪认罚案件，法庭调查可以简化，但对有争议的事实和证据应当进行调查、质证，法庭辩论可以仅围绕有争议的问题进行；适用普通程序审理认罪认罚案件，可以简化询问、发问，对控辩双方有异议，或者法庭认为有必要调查

---

① 《关于规范量刑程序若干问题的意见》第14条："适用普通程序审理的被告人认罪案件，在确认被告人了解起诉书指控的犯罪事实和罪名，自愿认罪且知悉认罪的法律后果后，法庭审理主要围绕量刑和其他有争议的问题进行，可以适当简化法庭调查、法庭辩论程序。"

② 齐昌聪. 论认罪认罚的事实认定进路［J］. 法律科学（西北政法大学学报），2021，39（3）：134.

核实的证据，应当出示并进行质证。上述规定均表明，即使是庭审最为简化的速裁程序，横向的三方诉讼构造也得到了必要保留，证据裁判原则仍需要实质适用以保障对所有证据的充分核实查证。此外，法律规定认罪认罚案件的程序转换，更是对依照法定程序审查判断证据的底线性保障。

最后，证据裁判原则要求认定案件事实的证据应达到法定证明标准。针对认罪认罚从宽制度自试点以来的"证明标准降低说"，《指导意见》明确回应"防止因犯罪嫌疑人、被告人认罪而降低证据要求和证明标准"。在刑事诉讼的不同阶段，负有举证责任的一方举证无法达到法定的有罪的证明标准时，应产生与没有证据证明案件事实相同的法律效果，职权机关应当相应作出撤销案件决定、不起诉决定或者无罪的判决。

二、证据裁判原则与认罪认罚案件的证明标准

"证明标准降低说"主要源自实务部门过度重视认罪认罚从宽制度的效率价值。实质上，认罪认罚从宽制度的价值是多元化的，《指导意见》第3条通过"坚持证据裁判原则"的规定明确，不能降低认罪认罚案件的证据要求和证明标准。由于认罪认罚案件强调"由供到证"的证明方式且程序相对简化，防范冤假错案、保证底线性司法公正应处于首要的价值位阶。定罪、量刑以及程序法事实均需要具备证据能力的证据加以证明且达到充分的数量要求，认定案件的事实证据应当能通过底线性的法定程序进行审查判断，以此降低协商性司法产生的错误的概率。当然，区别于非认罪认罚案件，在保障底线公正的前提下，突出强调诉讼效率，是协商性司法的典型特征。笔者认为，对认罪认罚案件证明体系的构造，应当强调坚持证据裁判原则下的有罪证明标准不降低，但"由供到证"事实认定模式中的某些证明方法、证明手段可以更为灵活化以实现效率价值。灵活化的诉讼证明可以基于以下三个维度考量：第一，口供补强规则的适用方式可以更加灵活。笔者在前文中已阐明，认罪认罚案件中，不宜通过口供补强规则进行过度补强；应当实质突出"质量规则"的属性，不拘泥于补强证据数量的形式化要求，在某些情况下可利用单独的隐蔽性证据满足口供补强规则的要求；在谨慎对待补强证据规则中"罪体标准"向"可信性标准"转变的前提下，对于可能判处一年有期徒刑以下刑罚的轻微案件，可以尝试应用"特殊知识模式"中的证据类型作为补强证据以满足需要。第二，利用

172

多元化的证明手段证明供述取证过程的合法性,以兼顾公正与效率。目前,庭审对认罪认罚自愿性的审查,主要依赖于审查具结书。此方法不仅存在"形式化审查"的嫌疑进而加大了产生冤错案件的风险,亦可能因为隐性非自愿情况较难把握而加大了审查难度、影响了诉讼进度。笔者主张,检察官对不存在非法取证的程序性事项的举证,可以依托讯问全程录音录像制度实现。此方式既保证了审查质量,也因客观化录音录像的存在降低了法院的审查难度,提高了审查效率。2021年颁布的《同录规定》虽然规定人民检察院办理认罪认罚案件,应当对听取意见、签署具结书活动同步录音录像,但也规定听取意见同步录音录像原则上不包括讯问过程。[①] 对讯问期间同步录音录像的要求,仍然遵从《刑事诉讼法》第123条的规定。[②] 因此,应当扩大侦查讯问阶段同步录音录像适用的案件范围,对于认罪认罚案件,讯问犯罪嫌疑人应当同步录音录像。被追诉人认罪认罚的陈述大多在侦查阶段就已作出,对讯问环节采取同步录音录像是保证后续阶段不存在重复性供述的基础,同时亦可方便检察机关对取证活动合法性的举证、法院对认罪认罚自愿性的审查。第三,强化审前阶段证明义务,以实现庭审程序的简化。在兼顾法定证明标准和庭审简化的双重目的下,应当突出审前阶段的证明义务。检察官在认罪认罚从宽制度中的主导地位和客观义务,要求其在侦查阶段突出检察引导侦查的职责,指导有关部门客观、全面地收集满足法定要求的证据,为检察机关的审前分流工作打下基础。在审查起诉阶段,检察机关应合理利用起诉裁量权,充分发挥不起诉的审前分流和过滤作用;对于有必要提起公诉的案件,在提起公诉之前就要达到定罪的证明标准。[③] 在满足上述条件的基础上,可以实现严格证明的形式性要求降低,进而达到认罪认罚案件庭审程序简化的目的。

---

① 《同录规定》第2条:"人民检察院办理认罪认罚案件,对于检察官围绕量刑建议、程序适用等事项听取犯罪嫌疑人、被告人、辩护人或者值班律师意见、签署具结书活动,应当同步录音录像。听取意见同步录音录像不包括讯问过程,但是讯问与听取意见、签署具结书同时进行的,可以一并录制。多次听取意见的,至少要对量刑建议形成、确认以及最后的具结书签署过程进行同步录音录像。对依法不需要签署具结书的案件,应当对能够反映量刑建议形成的环节同步录音录像。"
② 《刑事诉讼法》第123条:"侦查人员在讯问犯罪嫌疑人的时候,可以对讯问过程进行录音或者录像;对于可能判处无期徒刑、死刑的案件或者其他重大犯罪案件,应当对讯问过程进行录音或者录像。录音或者录像应当全程进行,保持完整性。"
③ 韩旭,刘文涛.认罪认罚从宽制度下的诉讼证明[J].江苏行政学院学报,2020(5):32.

第九节 以相对独立的辩护观处理认罪认罚案件中的"骑墙式辩护"

前文已经论述了认罪认罚案件中"骑墙式辩护"的两种典型情形：一是被追诉人虽然签署具结书，但并非心悦诚服，辩方基于辩护策略的考量，由辩护人在庭审过程中进行无罪辩护；二是辩护人由于某些原因，在未征得被追诉人同意的前提下，擅自进行无罪辩护。"骑墙式辩护"的运用可能面临着一些风险：两种典型情形，均存在较大概率会对司法机关的量刑产生消极影响；而未征得被追诉人同意所擅自进行的无罪辩护，更可能影响辩护人与委托人之间的信赖基础。对此，需要针对认罪认罚案件中的"骑墙式辩护"现象进行合理规制，以克服现实弊端。

辩护人能否违背被追诉人意志进行独立辩护，关乎辩护人与当事人之间的决策分配问题。前文已述，世界范围内解决此问题存在两种不同思路，即大陆法系国家的律师控制模式和英美法系国家的当事人控制模式。我国传统的"独立辩护人"理论采取的是律师控制模式，但在近些年的司法实务中出现诸多问题，学界对此也进行了反思与批评，因而"借鉴当事人控制模式"的观点成为研究热点。笔者认为，刑事辩护因具有专业性和公益性，辩护人为维护被告人实际利益和公共利益的需要，具有保持独立的必要性。但"辩护人独立"存在一定局限，需要从绝对意义走向相对意义，从而以相对独立的辩护观为原则处理认罪认罚案件中的"骑墙式辩护"问题。

一、认罪认罚从宽制度中采取相对独立辩护观的含义及意义

相对独立的辩护观，意味着辩护人的独立性需要划定边界；在辩护方内部决策权的分配问题上，辩护人不具有绝对意义的主导、控制权，当事人在涉及核心利益的问题上享有保留性权利。美国作为典型的采用当事人控制模式的国家，其律师协会制定的用以指导律师执业活动的《职业行为示范规则》中规定，律师应当遵循委托人就代理的目标所作出的决定，应当就追求这些目标所

要适用的手段同委托人进行磋商。① 此规定是严格依据律师与被告人之间为代理关系的逻辑推演出的，原则上由当事人负责"目标"决策，律师负责"手段"决策；而作为典型的"目标"事项，选择是否认罪应当由当事人行使自主决定权。将与被追诉人实体性利益有密切联系的权利作为被追诉人自身的保留性权利，是对绝对独立辩护观将辩护人设定为被告人利益最佳判断者的部分否定。律师具有专业且丰富的法律知识和辩护经验，确实在辩护方案的设计上比被追诉人更为在行；但律师毕竟不同于被追诉人，个案中的被追诉人可能心理承受能力和价值偏好各不相同，且每名当事人在法律利益之外还涉及了其他利益，② 这决定了某些放之四海而皆准的辩护方案不一定符合被追诉人对案件的心理预期。因此，在涉及认罪与否、采用何种辩护方案等关键性决策时，被追诉人原则上应享有自主决定的权利。而此观点在认罪认罚从宽制度中的意义也更为凸显，原因有两个：第一，协商性司法的本质内涵在于，被追诉人通过放弃部分诉讼权利，与公权力机关寻求合作，可以在一定范围内对裁决方案的设计直接施加积极影响。"协商性的程序正义理论"关键也是保障被追诉人对诉讼进程的充分参与。因此，充分保障被追诉人对某些关键性决策的自主决定权，是与协商性司法的内涵与价值相吻合的。第二，类似认罪与否的选择，不仅关乎被告人的实体利益，更关乎其深层次的道德选择。③ 选择认罪在绝大多数情况下意味着被追诉人内心对犯罪行为的反思与觉醒，表示其愿意接受教育改造，在有被害人的案件中可能还涉及物质、精神层面的赔偿。上述这些均是辩护人所不能替代的，辩护人没有实施犯罪行为，又何谈反省自身？因此，被追诉人享有某些保留性权利是符合理性的价值判断要求的。

二、以相对独立辩护观处理认罪认罚案件"骑墙式辩护"的具体路径

处理认罪认罚案件中辩护内部的关系问题，应以相对独立辩护观为基本原则。一般情况下，被追诉人对是否认罪等关键性决策问题应当具有自主决定

---

① 陈虎. 律师与当事人决策权的分配以英美法为中心的分析 [J]. 中外法学，2016，28 (2)：447-461.
② 高洁. 论相对独立的辩护观——以辩护律师与被告人的关系为视角 [J]. 时代法学，2013，11 (4)：76-84.
③ 方柏兴. 论辩护冲突中的权利保留原则——一种协调被告人与辩护律师关系的新思路 [J]. 当代法学，2016，30 (6)：138-147.

权,故原则上辩护人不能在未经认罪认罚被追诉人同意时,擅自实施无罪辩护。辩护人进行有效辩护,更多地体现在保障被追诉人理性地行使自主决定权,而非代替、强制说服其作出选择。首先,辩护人应当向犯罪嫌疑人、被告人详细地告知其享有的诉讼权利、认罪认罚的性质和法律后果;在充分阅卷并形成辩护方案的基础上,辩护人应当进一步对方案设计向被追诉人释明,并分析其中的优势和潜在的风险。这些告知、引导任务是保障被追诉人理性行使选择权的关键前提。其次,针对诸多辩护内部思路不一致的情况,若辩护人认为被追诉人意志与其实质利益存在根本冲突,应先与被追诉人进行协商,与其就争议问题交换意见,尽可能得到被追诉人的认可。辩护人与当事人维持良好的信赖关系是确保委托关系存续的核心,因此即使辩护人认为当事人意见与其实质利益有所出入,其也不应在未履行前置协商义务的情况下,擅自独立行使辩护权。然而,辩护人在认罪认罚案件中也需要存在一定的独立性。刑事追诉涉及被追诉人的多项重大利益,当事人作为法律的"门外汉",很多时候其意思表示未必符合客观的实质利益。面对认罪认罚从宽制度在实践中可能出现的"屈从型认罪",辩护人一旦发现在案证据存在重大问题,若客观条件阻碍辩护内部沟通或沟通未取得实际效果,辩护人基于维护被追诉人实质利益和社会公共利益的需要,应当不受当事人意志的制约,独立地进行无罪辩护。

此外,基于我国刑事案件无罪判决率低的现实因素,辩方为实现诉讼利益的最大化,在内部协商后采用当事人认罪认罚、辩护人作无罪辩护的策略。对此,辩护人基于相对独立性,可以独立行使辩护权,公权力机关不应以此歧视被追诉人,原因如下:第一,此情况下辩护人独立辩护权的行使,没有实质侵犯被追诉人对于认罪与否的自主决定权。这种"骑墙式辩护"现象以辩护方内部的有效沟通为前提,更多的是出于策略的考虑。被追诉人内心的真实想法同样希望追求无罪,选择认罪是为维护自身利益而不得已采用的手段。因此,辩护人作无罪辩护没有侵犯被追诉人的自主决定权;相反,无罪辩护与当事人的内心期待相一致。第二,面对可能存在的前后逻辑不自洽的质疑,此种"骑墙式辩护"形态完全可以实现逻辑自洽的证成。被追诉人选择认罪认罚可被理解为在对犯罪事实主观认识基础上所作出的决定,辩护人可以从证据法层面指出证据瑕疵导致事实存疑,亦可以从刑事实体法的角度指出不符合特定罪名的构成。故基于证据法或实体法展开无罪辩护,可以有效回应逻辑不自洽的质疑。第三,针对此种无罪辩护可能影响诉讼效率而引发的批评与排斥,笔者认为,公正与效率发生冲突时，司法公正的价值位阶应当高于诉讼效率。作为拥有丰富法律知识和执业经验的辩护人尤其是辩护律师，之所以选择进行无罪辩护，即表明案件的事实、证据并非毫无瑕疵、无懈可击。辩护人基于维护司法公正、社会公共利益的立场选择无罪辩护，公权力机关应给予重视而非忽略，甚至歧视。并且无罪判决率低作为此类"骑墙式辩护"现象产生的一个重要原因，在很大程度上与刑事司法的大环境有关，职权机关对此并非毫无责任，若再限制被追诉人辩护权的行使，未免苛刻。

第十节 建立当事人反悔救济机制

《刑事诉讼法》规定了认罪认罚从宽制度，但并未明确规定被追诉人是否有权对认罪认罚进行反悔。《指导意见》虽然通过专门章节规定"认罪认罚的反悔和撤回"，但主要围绕反悔后的程序转换规定相关内容，对反悔的阶段、反悔的原因、反悔后证据的适用等问题未作出明确规定，造成了司法实践中的诸多争议。对此，有必要从分析当事人反悔救济机制的功能定位角度出发，在兼顾多元化诉讼价值的基础上，建立并完善认罪认罚案件当事人的反悔救济机制。

一、建立当事人反悔救济机制的功能定位

（一）反悔救济机制是对认罪认罚自愿性的保障与补救

被追诉人认罪认罚的自愿性由明知、明智和自愿三重维度构成。"环环相扣"的三个侧面，假若某一方面出现问题，均会产生自愿性的瑕疵。"明知"要求被追诉人对享有的诉讼权利、认罪认罚的法律规定、可能面临的诉讼流程等有必要的认识，办案机关没有履行告知义务则可能诱发非自愿认罪。"明智"要求被追诉人能够在认知能力和精神状态正常的情况下，理性地行使自主决定权，辩护人的无效辩护可能造成当事人的不合理认罪，从而导致认罪并非出于其真实意图。"自愿"要求被追诉人在行使认罪选择权的过程中，不受公权力机关的干扰，此种干扰包括较为明显的刑讯逼供，也包括某些隐蔽性较强的威胁、引诱、欺骗等不当干涉。若公权力机关干扰当事人的自主选择，那么自愿

性缺失是显而易见的。此外，基于认罪认罚从宽制度所属的协商性司法的本质属性而言，控辩双方可进行合作的前提是，作为诉讼主体的被追诉人自由选择放弃无罪辩护的机会。这种以诉讼主体性理论为制度根基的协商性司法，本质含义就包括被追诉人有选择认罪认罚的权利，亦有选择不认罪认罚的自由。因此，认罪认罚案件中当事人的反悔救济机制是对自愿性的保障与补救。"保障"的是被追诉人在协商性司法本质要义下的自主决定权；"补救"的是被追诉人的瑕疵性认罪认罚，即当由于各种原因导致认罪认罚偏离明知、明智和自愿的基本要求时，存在一种机制能够挽回被追诉人可能因非自愿认罪而产生的不利诉讼结果。

(二) 反悔救济机制是对违法使用公权力的救济

认罪认罚从宽制度以作为诉讼主体的被追诉人与检察机关展开平等对话为基础。但在实践中，检察机关强势的诉讼地位，甚至违法使用权力，可能使被追诉人面临主体性实质丧失的风险。检察机关违法使用权力主要表现在三方面：第一，违法启动该制度。现行《刑事诉讼法》及相关司法解释赋予检察机关单方面开启认罪认罚从宽制度的权力。检察机关基于绩效指标考核的需要，可能会引诱犯罪嫌疑人适用认罪认罚从宽制度。这种违法启动该制度的现象是导致个案中认罪认罚缺乏合法性的一个重要因素。第二，违法使用量刑协商权。检察机关利用自身信息和资源层面的优势，引诱被追诉人接受己方开出的量刑条件，控辩双方表面上的平等量刑协商可能演变成辩护方不得已的"对价接受"。第三，违法使用量刑建议变更调整权。《量刑建议指导意见》第30条明确规定："对于认罪认罚案件，犯罪嫌疑人签署具结书后，没有新的事实和证据，且犯罪嫌疑人未反悔的，人民检察院不得撤销具结书、变更量刑建议。除发现犯罪嫌疑人认罪悔罪不真实、认罪认罚后有反悔或者不履行具结书中需要履行的赔偿损失、退赃退赔等情形外，不得提出加重犯罪嫌疑人刑罚的量刑建议。"司法实践中确实存在有的检察机关在缺少法定条件下擅自撤销具结书效力或变更、调整量刑建议的现象，该现象迫使立法层面作出明确规定。检察机关单方"违约"的行为，使被追诉人先前为协商所做的努力付之东流，也使其利益期待化为泡影。检察机关在认罪认罚从宽制度中由于具有强势地位，可能导致其违法使用权力，反悔救济机制就是通过被追诉人提出合理的反悔事由，对检察机关的不当行为给予否定性评价，从而达到救济的目的。而认可被追诉人有权撤回认罪认罚，实际上也是通过权利赋予的方式，矫正控辩双方不对等的利益结构，[1] 这也是对被追诉人诉讼主体地位和控辩平等合作的一种维护。

二、当事人反悔的司法风险

机制的设置是具有双面性的，反悔救济机制的不当运行，可能会为被追诉人滥用认罪认罚撤回权提供温床。被追诉人一审宣判后的任意反悔或基于"留所服刑"等目的的反悔上诉，在降低司法效率的同时，亦可能使更多的被告人滋生认罪认罚从宽处罚的投机心理，有违司法诚信。认罪认罚从宽制度确立的一个重要价值是，通过程序的繁简分流，使罪行轻微、争议不大的案件适用速裁程序或者简易程序而得以快速处理，将司法资源的重心配置到疑难复杂、需要进一步落实庭审实质化的案件中。被追诉人反悔后发生程序转换，可能直接推翻了办案人员之前所做的一系列工作，导致办案机关"重复工作"、程序倒流，[2] 这就不难理解司法工作人员为何普遍反感被追诉人行使反悔权。另外，认罪认罚从宽制度的初衷是希望被追诉人通过刑事政策的感召，认识到自身行为的社会危害性，积极悔罪并寻求与公权力机关之间的配合，公权力机关在此基础上给予一定的从宽优惠。一旦被追诉人在毫无正当事由的情况下肆意"单方"毁约，有违司法诚信的原则，属于明显的权利滥用，对认罪认罚从宽制度的全面推行危害至深。[3] 因此，在机制设置具有双面性的前提下，需要把握好其中的度。具体来说，可以通过反悔时间、正当反悔事由等层面的合理规制，兼顾权利救济职能和防范司法风险的双重目的。

三、当事人反悔救济机制的合理建构

（一）明确当事人行使反悔权的时间

"从理论上讲，认罪答辩的撤回必然带来更多的程序耗费，而且撤回的时

---

[1] 郭松. 认罪认罚从宽制度中的认罪答辩撤回：从法理到实证的考察 [J]. 政法论坛, 2020, 38 (1): 106-119.

[2] 马明亮, 张宏宇. 认罪认罚从宽制度中被追诉人反悔问题研究 [J]. 中国人民公安大学学报（社会科学版）, 2018, 34 (4): 93-101.

[3] 董坤. 认罪认罚从宽案件中留所上诉问题研究 [J]. 内蒙古社会科学（汉文版）, 2019, 40 (3): 120.

间越晚,浪费的诉讼资源越多,后续案件处理所需的耗费也越高。"① 并且被追诉人选择撤回认罪认罚的时间越晚,证明其先前选择认罪答辩时的理性、自愿程度越高,受到外界不良干扰的概率越小;倘若被追诉人在第一审宣判之后才提出反悔上诉,其投机的心理可能愈明显。因此,对于当事人行使反悔权的时间设定问题,整体思路是将反悔时间的早晚与反悔事由相关联。反悔的时间越早,对于正当性事由的要求应当越低;反悔的时间越晚,就越应当明确并审查反悔的正当性事由。具体来说,可以进行如下设计:第一,第一审庭审正式开启之前,被追诉人可以任意撤回认罪认罚的意思表示,此阶段的反悔权行使不应附加任何额外条件。原因在于,认罪认罚案件对于程序的简化主要反映在庭审阶段,审前侦查与审查起诉阶段对程序的精简程度并不大;相关规范对审查起诉阶段需要听取辩方关于"认罪认罚后案件审理适用的程序"的意见,即表明审查起诉阶段才需要为后续程序的简化做铺垫。因此,对于第一审庭审开启前的反悔权行使问题,应当以保证被追诉人认罪与否的自主选择为主。有司法工作人员可能质疑,无论被追诉人在何时反悔撤回认罪答辩,均将面临反悔后的在案证据不足问题,后续补充侦查所需要的时间依旧是耗费不小的司法资源投入。对此,应当明确的是,理论及相关立法均强调认罪认罚案件的证明标准不降低,办案人员应当在审前阶段客观、全面地收集用以证明被追诉人有罪、无罪、罪轻或罪重的各种证据,不应仅强调口供的作用而忽略对其他种类证据的收集。实践中,控诉方自主降低证明标准、忽略其他种类证据的收集与固定,本身在履职层面就存在一定的过失,将自身过失作为合理理由以反驳被追诉人正当反悔权的行使,存在推卸责任的嫌疑。第二,在第一审庭审开启后至判决作出之前,被追诉人在具备正当理由的情况下可以撤回认罪认罚(笔者将在下文详述正当理由),原则上不可随意撤回认罪具结。首先,审判阶段被告人反悔不再认罪认罚的,可能涉及速裁程序转为普通程序或简易程序以及简易程序转为普通程序等程序转换,将严重影响诉讼效率。其次,认罪认罚案件中庭审阶段法院的关键任务在于,审查认罪认罚的自愿性、具结书内容的真实性和合法性。若经过实质审查后被追诉人依旧撤回认罪认罚,此时无端违背司法诚信的概率增加。因此,被追诉人反悔权的行使以具有正当理由为先决条

---

① 郭松. 认罪认罚从宽制度中的认罪答辩撤回:从法理到实证的考察[J]. 政法论坛,2020, 38 (1): 106-119.

件。第三，在第一审宣判后至判决生效前，被追诉人以上诉的方式撤回认罪认罚，此时也应在具备正当理由的情况下才可撤回先前的认罪具结。针对被告人的上诉，笔者认为，我国刑事司法目前尚不具备限制上诉理由而实施"有因上诉"的基础。在具备正当理由前提下的上诉，可能产生发回重审或依法改判的效力；若是纯粹基于投机主义的上诉，审判机关应在"上诉不加刑"原则的指导下，裁定驳回上诉，维持原判。这种情况下，检察机关需要谨慎以抗诉对待上诉。《量刑建议指导意见》第39条规定："被告人仅以量刑过重为由提出上诉，因被告人反悔不再认罪认罚致从宽量刑明显不当的，人民检察院应当依法提出抗诉。"该规定表明，检察机关需保持抗诉权行使的"谦抑性"。

（二）明确当事人行使反悔权的正当事由

建立当事人反悔救济机制，需要兼顾被追诉人自主选择权和诉讼效率以及司法诚信等多元化的价值。因此，基于上文所述，应当对第一审阶段和第二审阶段被追诉人行使反悔权设置正当条件。域外法经验表明，设置正当事由是防止被追诉人恶意反悔或技术性反悔的必要路径。美国刑事诉讼中，若被追诉人提供证据证明其有罪答辩的明知性和自愿性受到影响，则有权反悔。[①] 德国的认罪协商程序主要发生在审判阶段，主导者为法官，法官不仅可以启动协商，还应遵循德国《刑事诉讼法》的规定，告知诉讼参与人协商所能包括之内容，并在对案件所有情况及综合量刑考量进行自由评价后，提出刑罚的上限及下限[②]；故若法官未给予被告人以"合格的"劝导，被告人对先前认罪享有反悔权。对此，笔者认为，可以从三方面设定被追诉人在第一审庭审开启后行使反悔权的正当理由：第一，被追诉人违背意愿认罪认罚的。"违背意愿"应从被追诉人认罪时是否具有明知、明智和自愿三个维度具体判断，主要包括被追诉人受到公权力机关暴力、威胁、引诱而违背意愿认罪认罚的；公权力机关履职时存在重大告知瑕疵或故意隐瞒需告知事项，导致被追诉人在对认罪认罚性质和可能产生的法律后果出现误读的情况下作出具结的意思表示；辩护人未按照有效辩护的标准向被追诉人提供法律帮助，导致其在非理性的情况下选择认罪认罚。第二，被追诉人认罪认罚后存在情势变更。有学者将情势变更的事由具

---

① 肖沛权.论被追诉人认罪认罚的反悔权[J].法商研究，2021，38（4）：177.
② 卞建林，谢澍.职权主义诉讼模式中的认罪认罚从宽——以中德刑事司法理论与实践为线索[J].比较法研究，2018（3）：119-129.

体分三种类型,包括证据发生变化,当事人达成和解,以及有特别自首、立功、重大立功等情节。① 由于刑事诉讼处于动态发展之中,即使当事人签署具结书,上述事由的出现也可能动摇认罪认罚的基础或影响量刑建议的适当性,故应当允许当事人在情势变更情形下行使反悔权。第三,认罪认罚不被公权力认可时,被追诉人可以行使反悔权。此种理由包括两种典型样态:其一,检察机关未保护公众对公权力的信赖利益,擅自撤销具结书效力或变更、调整量刑建议;其二,量刑建议在法官作出判决之前的效力待定,裁判者有权根据"职权探知"原则否认控辩双方的审前协商。对此,不应认定公权力机关存在"失信"行为,但应赋予被追诉人以反悔权,在实践中的主要表现形式为被告人对第一审判决的上诉。

有学者会担心,即使设置反悔的前置条件,但在实践中也往往难以审查,可能因审查不力而出现正当反悔被剥夺或者未能及时查明反悔权滥用这两种极端现象。笔者认为,解决此问题需要在正当理由的审查层面,合理地分配证明责任、设置证明标准。证明责任的分配和证明标准的设定需要因反悔事由的不同而有所差异。例如,被追诉人以律师存在无效辩护为由主张反悔的,笔者在前文中已提及,被追诉人应当负有举证责任,证明标准应当参照"两步法"作如下规定:首先,被告人必须表明律师没有尽职履责,辩护低于合理的客观标准;其次,律师的不当辩护与当事人诉讼权利受损存在直接因果关系。而针对被告人因受到暴力、威胁、引诱等公权力不当干扰而非自愿认罪认罚的,应当在完善非法证据排除规则的基础上,先由被告人及其辩护人提出相关线索、材料,然后将举证责任倒置于检察机关,经审理确认或者不能排除以非法方法收集证据情形的,应当支持被告人行使反悔权,一并排除相关证据的证据能力。

(三) 明确撤回的认罪供述应当被排除适用

基于目前我国对认罪认罚撤回后有罪供述及相关证据的证据能力是否排除缺乏明确规定,笔者认为,可以适当借鉴美国《联邦证据规则》中的410规则,明确规定"撤回后的有罪供述一般不具有可采性"。《联邦证据规则》410规则具体包含如下内容:一般情况下,被撤销的有罪答辩或者不抗争的答辩一律排除;有罪答辩或者不抗争答辩中的相关陈述一般应该排除;在与控方授权

---

① 汪海燕. 被追诉人认罪认罚的撤回 [J]. 法学研究, 2020, 42 (5): 17.

的律师进行答辩讨论过程中作出的、没有达成有罪答辩或者达成有罪答辩后被撤回的陈述一般也应排除。后两种陈述在为显失公平或伪证起诉的例外情况下可以采纳。① 适当借鉴410规则是基于以下三点考量：其一，最大限度地保障被追诉人认罪与否的自主决定权。如果在规定被追诉人拥有反悔权的前提下，依旧认可司法机关可以依赖先前控辩协商过程中形成的诸多证据以完成后续裁判，那么法律赋予被追诉人的反悔权将没有实际意义。早在1889年，美国密苏里州最高法院在州诉迈耶斯（State v. Meyers）案中即指出，如果撤回的有罪答辩在之后的程序中可以作为证据使用，对被告人是不利的，且将导致被告人的撤回权变得毫无意义。② 因此，为最大限度保障被追诉人的自主决定权，确保其根据无罪推定的原则在后续程序中享有获得公正审判的权利，应当对认罪供述的证据能力予以排除。其二，一些专家学者认为："如存在认罪认罚属非自愿、非明知……情况，并且供述及相关证据能与其他证据相印证，真实性得以保证的，可以采纳。"③ 对此观点，笔者在前文中已有所回应，即这种主张是将证据法的价值局限于"发现真实"。我们不能否认，发现实质真实应作为刑事诉讼的重要价值之一予以考量，但证据法在"求真"的同时蕴含着"求

---

① FederalRulesof Evidence（2011）410：Inadmissibility of Pleas, Plea Discussions, and Related Statements Except as otherwise provided in this rule, evidence of the following is not, in any civil or criminal proceeding, admissible against the defendant who made the plea or was a participant in the plea discussions:
(1) a plea of guilty which was later withdrawn;
(2) a plea of nolo contendere;
(3) any statement made in the course of any proceedings under Rule 11 of the Federal Rules of CriminalProcedure or comparable state procedure regarding either of the foregoing pleas;
(4) any statement made in the course of plea discussions with an attorney for the prosecuting authority which do not result in a plea of guilty or which result in a plea of guilty later withdrawn.
However, such a statement is admissible (i) in any proceeding wherein another statement made in the course of the same plea or plea discussions has been introduced and the statement ought in fairness be considered contemporaneously with it, or (ii) in a criminal proceeding for perjury or false statement if the statement was made by the defendant under oath, on the record and in the presence of counsel.
② 郝万爽. 论被告人撤回有罪供述的证据能力构建——美国410规则对我国的启迪 [J]. 证据科学, 2021, 29 (2): 179-194.
③ 秦宗文. 认罪认罚案件被追诉人反悔问题研究 [J]. 内蒙古社会科学（汉文版）, 2019, 40 (3): 125-131.

善"的价值,甚至在位阶上会优先考虑"求善"的价值。域外法中非法证据排除规则等诸多例证表明,刑事诉讼的证据法体系需要权衡多重价值目标,不能单纯考量"发现实体真实"的价值目标。认罪认罚案件中,犯罪嫌疑人、被告人所作的供述较大概率是与客观真实相符合的,但证据的形成过程可能并不合法,违背了当事人的真实意志,甚至侵犯了其人身权益。故基于证据法多元价值的考量,也需要禁止先前有罪供述在后续程序中的运用。其三,有罪供述本身在一定程度上存在虚假的可能性。除有罪供述可能在自愿性层面有瑕疵之外,其本身也可能具有一定的虚假风险。笔者在前文中已多次提及,公权力机关将证据不足的案件适用认罪认罚从宽制度,导致"屈从型自愿"现象的产生;且认罪认罚轻罪案件中多次出现当事人"顶包"情况,造成有罪供述虚假。在被追诉人主张撤回认罪认罚的同时排除供述的证据能力,可以及时防止冤假错案的产生,也可避免虚假供述进入后续程序从而加大裁判者的甄别、审查难度。对于因被追诉人作出有罪供述而获得的其他证据,有学者认为,需要兼顾查明案件事实、提高诉讼效率与被追诉人权益保障的多重价值,故排除的范围只限于被告人供述而不排除基于供述所收集的其他证据。① 笔者认为,对于不存在公权力机关影响被追诉人自愿认罪的情况,应以保留其他证据的证据能力为宜。但若反悔理由源于公权力机关通过暴力、威胁、引诱等非法方法获取认罪供述,则需要一并排除通过有罪供述提取到的隐蔽性较强的实物证据。我国现行法律没有将"毒树之果"规定在需要排除的证据范围之内,这将是未来制度完善的一个方向。

第十一节 明确规定求刑权之于法院量刑权无实质约束力

笔者在前文中已述,当前刑事诉讼模式从对抗性司法演变到协商性司法,基于量刑建议承载着控辩双方的审前合意,以及《刑事诉讼法》、相关司法解释对认罪认罚案件量刑建议采纳的相关规定,一时间出现了"认罪认罚案件中

---

① 马明亮,张宏宇. 认罪认罚从宽制度中被追诉人反悔问题研究 [J]. 中国人民公安大学学报(社会科学版), 2018, 34 (4): 93-101.

量刑建议拥有裁判制约力"的观点，并引起了学界和司法实务界的广泛讨论。面对检察机关和法院较为对立的观点，解决的根本途径是要从法理层面明确求刑权之于量刑权的效力，明确法、检两机关在处理量刑建议问题上所应秉持的共同立场，在此基础上重塑认罪认罚案件量刑建议的采纳规则。

一、明确求刑权之于量刑权的效力

求刑权（即量刑建议权）作为代表国家行使追诉权的公诉人或公诉机关享有的一种司法请求权，是不具有终局性的。与之相对，由法官专门享有的刑罚裁量权才具有终局性；检察机关提出的量刑建议之于法官的量刑而言，更多的是作为一种参考。量刑建议从效力上看不具有拘束力的本质原因在于，检察机关行使的求刑权并非刑事诉讼之诉权，不具有刑事诉权为审判权划定边界的作用，故法院的量刑活动本质上可以不受量刑建议的制约。法官的量刑权是一种裁量权而非类似于处理定罪问题时所运用的判断权。量刑事实的纷繁错杂以及量刑所需要考虑的多重价值，注定了其是一个自由裁量的过程，而非定罪可依据程式化的逻辑推演作出"是"与"否"的判断。这也是为何大多数国家规定定罪问题可以交由陪审员、陪审团完成，但量刑问题必须由专业法官裁量的原因。法官根据庭审中查清的犯罪事实和量刑程序中查明的量刑事实合理选择刑罚的种类、幅度、长短和执行方式，但实践中许多量刑事实在起诉时尚未发生，一些信息可能在量刑开始后才由公诉机关以外的个人或机构提出。[①] 由此可见，检察机关的量刑建议不能如同刑事诉权般为刑事审判权划定边界。实际上，如果判定公诉指控的罪行成立，检察机关就已经完成了对于被告人是否构成犯罪以及如何承担刑事责任的证明。由于我国不实行诉因制度，为审判权划定范围的即为检察机关指控的犯罪的客观事实，量刑建议不过是检察机关诉权的一种自然延伸。因此，基于量刑建议权并不在刑事诉权客观范畴之内的考量，检察机关的量刑建议亦不具有法定约束力。此外，根据我国《宪法》第131条的规定，人民法院依法独立行使审判权，审判权的边界相对稳定，定罪权和量刑权作为其核心权能受宪法保障；倘若明确求刑权对量刑权有制约效力，则存在违宪的嫌疑。

---

① 肖波. 量刑建议权与刑罚裁量权关系之澄清——一个刑事诉权角度的检视 [J]. 法律适用, 2011 (1)：93.

当然，有学者可能认为，检察机关根据认罚合意提出的量刑建议有别于以往的量刑建议，它是凝聚控辩双方乃至被害方意见在内的多方合意的结果，是认罪认罚从宽制度的特殊安排；由于量刑建议已经反映了审前合意，法官仅需在确保认罪认罚自愿性的基础上，直接采纳量刑建议并作出判决。① 换言之，由于认罪认罚案件量刑建议反映了审前合意，其采纳问题就应当作出区别于以往的制度安排，实质赋予量刑建议对裁判的制约力。笔者认为，回应上述观点，需要厘清检察机关提出量刑建议的根本作用究竟为何，在此基础上才能判断认罪认罚案件量刑建议是否需要作出区别于以往的制度安排。任何情况下，司法公正均应是诉讼活动中的首要价值并具有优先的价值位阶，检察机关量刑建议权的实质作用也是帮助、促进法院进行正确量刑、维护司法公正。回溯量刑建议制度在我国的发展历程不难发现，学界最早提出赋予检察机关以量刑建议权即是看到了法院滥用刑罚裁量权，导致一些案件出现了畸轻畸重的情况。基于此，检察机关提出量刑建议作为参考，由法官酌情裁判并说明理由，可以增加量刑活动的公开程度，对刑事诉讼的实体公正和程序公正都具有积极的促进作用。② 同时，公诉机关提出量刑建议也为辩护方提供了标杆参照，使辩护方能够更加有的放矢地提出本方意见，法院兼听两方意见，进一步促进了司法人权保障，提升了量刑的公正程度。在认罪认罚从宽制度中，检察机关行使量刑建议权的首要目的亦应是维护司法公正，强化控辩协商的作用需要在维护司法公正的前提下实现，控辩双方审前合意的价值不能违背或取代司法公正的价值。在我国认罪认罚从宽制度中，此观点更具有强化、发展的基础。首先，我国人民检察院行使的是法律监督权，维护司法公正是法律监督的应有之义，此相较于美国有所差异。美国检察官的隶属及产生方式对其行为产生了重要影响，民意、意识形态及政治观念有时影响，甚至操控了检察官所作出的检控决定，③ 这不免提升了检察官为其他因素所驱使而忽视司法公正的概率。我国检察官代表国家进行公诉，开展对刑事诉讼活动的监督工作，维护司法公正是其首要职责，这在认罪认罚案件与非认罪认罚案件中不会有本质差异。其次，认

---

① 陈国庆. 量刑建议的若干问题 [J]. 中国刑事法杂志, 2019 (5): 6-8.
② 冀祥德. 量刑建议权的理论基础与价值基础 [J]. 烟台大学学报（哲学社会科学版），2004 (3): 286-290.
③ [美] Michael Tonry. 比较视角下检察制度的差异性 [J]. 郭大磊, 译. 国家检察官学院学报, 2018 (1): 161.

罪认罚从宽制度的特别法律规范中也不存在"以协商合意价值代替司法公正价值"的意图。无论是简易程序还是普通程序，均没有否认对争议事项需要进行质证、辩论，即使是在庭审最为简化的速裁程序中，也需要听取辩护人意见和被告人的最后陈述意见。显然，法律不允许在认罪认罚案件中以协商合意的诉讼价值完全取代司法公平正义的价值；更何况尚需防范控辩双方就定罪、量刑问题进行暗箱操作，损害司法权威、降低社会公众对司法正义的普遍期待的情况。

总之，检察机关提出量刑建议的根本作用是维护司法公正，这是在任何刑事诉讼活动中毫无差别的。认罪认罚案件首先应当保障司法公正价值的实现，再谈及协商、合意等价值。因此，检察机关求刑权之于法院量刑权无实质约束力，在任何案件中均应成立，认罪认罚案件中量刑建议制度不需要也不能作出区别于以往的特殊安排。

二、明确法检在量刑建议问题上应坚持的共同立场

针对认罪认罚从宽制度司法实践中检察院求刑权与法院量刑权的冲突，基于上文所述，首先应当明确，求刑权之于量刑权无法律约束力，作为量刑参考的量刑建议的本质用途也是帮助、促进法院科学、合理行使自由裁量权，维护司法公正。因此，调和检察机关与法院在认罪认罚案件中关于量刑建议效力冲突的关键在于统一认识，明确两机关所应坚持的共同立场。求刑权和量刑权，尽管行使权力的主体不同，但殊途同归，二者的根本目的是维护司法公正，防止量刑出现畸轻畸重的情况。检察机关、法院应以"维护司法公正、避免量刑畸轻畸重"为基本准则，在此基础上再寻求实现认罪认罚从宽制度的其他多元化价值。检、法两机关唯有在处理认罪认罚案件量刑建议问题上秉持一致立场，并以此指导量刑建议的提出、采纳和调整工作，这样才能有效消弭分歧，缓释冲突。

三、认罪认罚案件量刑建议采纳规则的重塑

立足于前文已述的指引量刑建议处理的基本准则，需要对我国《刑事诉讼法》第201条进行重新解释，以构建科学、合理的认罪认罚案件量刑建议采纳规则。具体而言，可以分为如下几种情况：第一，当法院对案件经过实质审

查，排除五种不应适用认罪认罚从宽制度处理的例外情形后，案件事实清楚，证据确实、充分，量刑建议适当，应当依据现行法律规定采纳量刑建议。法院在这种情况下采纳量刑建议，既实现了司法公正，又体现了协商性司法下合意、对话的价值。第二，当法院对案件经过实质审查，排除5种不应适用认罪认罚从宽制度处理的例外情形后，案件虽然事实清楚，证据确实、充分，但量刑建议明显不当（畸轻或畸重），此时应当根据现行法律规定，由法院告知检察机关调整量刑建议，量刑建议的调整应当能反映多方主体的意见。现行法律对量刑建议明显不当时的处理规则，实质遵循了"以维护司法公正为核心、兼顾协商性价值"的要求。量刑建议明显不当的情况不具有实体公正，法院不予采纳是公正量刑的体现。在此基础上，法院告知检察机关重新开启对话，通过协商予以调整，尊重了协商性司法促进当事人实质参与诉讼、进行沟通对话的理念。第三，当量刑建议仅一般不当并且建议量刑偏重时，① 首先根据司法公正的基本要求，法院不应采纳检察机关所提出的量刑建议。然而，此种情况下，法院可以径直作出裁判，无须履行告知调整的义务。原因在于，此时法院的径直裁判与协商、合意理念所要达到的目的是相同的，二者不存在抵触。协商性司法强调合意的本质，是一种司法人权保障的要求，即希望通过合理对话，使被追诉人实质参与诉讼，对裁决方案的设计直接施加积极影响。被追诉人参与协商的目的无外乎期待从轻处理，法院径直作出从轻判决，符合被追诉人的心理预期，也体现了对司法人权的保障。而检察机关组织审前协商、提出量刑建议的本质追求，亦应是保障司法人权、维护公平正义，并非为争取控诉方的部门利益。既然法院的径直判决对实现此目标追求毫无妨碍，故而检察机关不需要存在异议。实际上，法院对于量刑建议一般不当时的从轻调整也体现了对量刑建议的采纳。"采纳"一词并不能解读出"原样照搬"，其本意是指"吸收他人意见完善自己的见解"。② 这种情况下，法院已经充分吸取了作为参考的量刑建议的意见，在量刑轻重方向上与检察机关保持一致，微小的调整不可成为没有采纳量刑建议的理由。有观点也可能担心，法院的径直从轻判决，

---

① 此种情况与后文所述"量刑建议一般不当且建议量刑偏轻"情况下如何处理量刑建议，是目前《刑事诉讼法》和《指导意见》规定中有所分歧的重点，也是法、检两机关存在争议的核心场域。
② 陕西省人民检察院课题组. 认罪认罚案件量刑建议精准化——内涵新解与采纳规则重构［J］. 法律科学（西北政法大学学报），2021，39（3）：142-152.

可能影响到被害方的利益。这里需要明确的是,法院的从轻调整量刑建议是在符合司法公正的前提下进行的,本身没有背离公平、正义的理念。前文已述,以有限性为原则维护被害方在认罪认罚案件中的利益,保障的重心在于程序参与,而不是保障被害人的意见能够实质左右定罪、量刑。倘若被害人在之前的诉讼阶段已经充分发表意见且在庭审阶段没有出现新的合理异议,应当允许法院在公平公正的前提下从轻量刑。第四,当量刑建议仅一般不当并且建议量刑偏轻时,首先,根据司法公正的基本要求,法院不应直接采纳量刑建议;其次,基于兼顾协商、合意诉讼价值的考虑,也是出于对司法人权保障理念的实质维护,法院应履行告知义务,告知检察机关在重新听取辩方意见的基础上调整量刑建议。

第七章

职务犯罪案件中认罪认罚从宽制度的特色构建

第一节 职务犯罪案件认罪认罚从宽制度之法律框架

一、《监察法》的相关规定及释义

《监察法》是响应党中央依法治国的政策，全面覆盖国家监察对象，持续开展反腐败各项工作的总体性法律规范。2017年6月23日，第十二届全国人民代表大会常委会第二十八次会议对监察法草案进行了审议。同年11月7日，《监察法（草案）》公开征求各界意见。2018年3月14日《监察法（草案）》发布，并最终在2018年3月20日，由第十三届全国人民代表大会第一次会议通过。

《监察法》中有关职务犯罪认罪认罚的规定体现在第31条，即涉嫌职务犯罪的被调查人主动认罪认罚，有自动投案、真诚悔罪悔过，积极配合调查工作、如实供述监察机关还未掌握的违法犯罪行为，积极退赃、减少损失，具有重大立功表现或者案件涉及国家重大利益等情形的，监察机关经领导人员集体研究，并报上一级监察机关批准，可以在移送人民检察院时提出从宽处罚的建议。对于职务犯罪案件中认罪认罚从宽制度，可以重点关注以下四方面：首先，被调查人的认罪和认罚需要同时具备，不是单纯认罪或者认罚就可以适用认罪认罚从宽制度的规定。对于认罪和认罚的具体含义，《监察法》未作出明确的规定，导致职务犯罪案件中监察机关对"认罪认罚从宽制度"存在基础性认知问题。因此，实务中主要采取参考其他法律的规定来认定具体含义。其次，被调查人不仅需要认罪和认罚两个条件，还需要满足四种情形之一，即自动投案,真诚悔罪悔过的;积极配合调查工作,如实供述监察机关还未掌握的违法犯罪行为的;积极退赃,减少损失的;具有重大立功表现或者案件涉及国家重大利益等情形。被调查人若适用认罪认罚从宽制度,则需要满足"认罪+认罚+四个情形之一"①的条件。然后,对被调查人适用认罪认罚从宽的程序较为严格,需要领导人员集体研究,这里一方面强调了"领导人员",而不是监察机关的一般工作人员,另一方面强调作出决定需要经过"集体"研究,而不能搞单独决策。在经领导人员集体研究后,还需要完成报上一级监察机关的批准程序,这两道程序中任意一个节点出现否定性评价都会导致从宽失败。最后,《监察法》对于监察机关提出从宽处罚的建议权,不是义务性的规定,而是授权性的规定。这意味着监察机关在完成法定程序后,监察机关可以自行决定提出或不提出从宽处罚建议,《监察法》没有强制规定监察机关必须作出从宽处罚建议。

二、《刑事诉讼法》的相关规定及释义

2014年10月,党的十八届四中全会确立了认罪认罚从宽制度。"两高三部"于2016年11月16日颁发了《认罪认罚从宽制度试点办法》,以规范性文件的形式率先确立认罪认罚从宽制度,并在18个城市正式启动试点工作。2018年10月26日,新修订的《刑事诉讼法》中用14个条款规定了认罪认罚从宽制度的内容,这体现出《刑事诉讼法》对国家政策的正向回应,认罪认罚从宽制度正式由刑事政策上升为刑事基本法律规定。《刑事诉讼法》对认罪认罚从宽制度涉及较多,② 具体规定了认罪认罚从宽制度的条件、侦查人员的义务、认罪认罚具结书的签署、审判阶段审判长的告知义务、适用认罪认罚从宽制度的程序等基础性内容。《刑事诉讼法》对认罪认罚从宽制度的规定有以下三个特点:首先,认罪认罚从宽制度的规定既包含了实体性,也包含了程序性的规定,程序性规定占据较高比例。③ 实体性规定和程序性规定的结合构建了认罪认罚从宽制度的整体框架。依据《监察法》,在职务犯罪案件中适用认罪

---

① 郑自飞,李美福. 监察机关行使认罪认罚"从宽建议权"的风险及控制 [J]. 警学研究, 2019 (4): 14-20.

② 具体详见《刑事诉讼法》第15、81、162、172、173、174条等。

③ 詹建红. 认罪认罚从宽制度在职务犯罪案件中的适用困境及其化解 [J]. 四川大学学报(哲学社会科学版), 2019 (2): 21-30.

认罚从宽制度存在困难时,《刑事诉讼法》发挥了重要的参考和补充性的作用。其次,《刑事诉讼法》中有较多的强制性规定。例如,第174条规定了犯罪嫌疑人签署认罪认罚具结书时,应当有辩护人或者值班律师在场；第190条第2款规定了审判长的告知义务和审查义务。这些规定体现出《刑事诉讼法》关于认罪认罚从宽制度的程序性的规定较为严格,是有关义务主体必须遵守的内容,而不存在选择适用的自由空间。最后,《刑事诉讼法》中的认罪认罚从宽制度覆盖了案件处理的全部阶段,对侦查阶段、审查起诉阶段、审判阶段认罪认罚从宽制度的适用规定得都较为全面和详细。并且在不同阶段,办案主体的处理方式也不同。例如,第162条规定,公安机关侦查终结的案件,如果犯罪嫌疑人自愿认罪的,应当记录在案,随案移送,并在起诉意见书中记明有关情况；第176条规定,人民检察院审查起诉终结,犯罪嫌疑人如果认罪认罚的,应当就主刑、附加刑、是否适用缓刑等提出量刑建议,并随案移送认罪认罚具结书等相关材料。这些规定也与办案主体不同的职能相匹配,侦查阶段属于刑事案件的开启阶段,要求对案件建立初步了解,发挥好基础性作用；而检察机关需要全面、深入地掌握案情,以做好向审判机关提起公诉的工作。

三、《刑法》的相关规定及释义

《刑法》对认罪认罚从宽制度的规定主要是有关"自首"和"坦白"的内容。①《刑法》对自首的定义作出了简单的规定,对自首情形的实体性处理也作出了相应规定。《刑法》第67条第3款规定:"犯罪嫌疑人虽不具有前两款规定的自首情节,但是如实供述自己罪行的,可以从轻处罚；因其如实供述自己罪行,避免特别严重后果发生的,可以减轻处罚。"该款规定了坦白的概念和对犯罪分子坦白后的实体处理原则。《刑法》中还对个别犯罪的认罪作出了规定。例如,第383条第3款规定:"犯第一款罪,在提起公诉前如实供述自己罪行、真诚悔罪、积极退赃,避免、减少损害结果的发生,有第一项规定情形的,可以从轻、减轻或者免除处罚；有第二项、第三项规定情形的,可以从轻处罚。"该条款针对的对象是犯贪污罪的犯罪分子,是针对犯罪分子认罪的表现,注重考察犯罪嫌疑人（被调查人）的心理和行动；从"从轻、减轻或

---

① 《刑法》第67条第1款规定:"犯罪以后自动投案,如实供述自己的罪行的,是自首。对于自首的犯罪分子,可以从轻或者减轻处罚。其中,犯罪较轻的,可以免除处罚。"

者免除处罚"中可以看出,对认罪的贪污犯罪嫌疑人(被调查人)、被告人的量刑可以视认罪情节突破法定刑的幅度,适用减轻或免除处罚。《刑法》对认罪认罚从宽制度的规定深刻地贯彻了罪责刑相适应的原则,即对犯罪分子给予处罚时,一方面要和犯罪分子的犯罪行为的危害程度相适应,另一方面则是要考虑犯罪分子的主观恶性程度和人身危险性的大小。从《刑法》的规定可以得出,当犯罪分子自首和坦白时,表明犯罪分子能够直视自己的犯罪行为,主动供述自己的罪行,其人身危险性的程度已经有所降低。

四、其他文件的相关规定

除上述《监察法》《刑事诉讼法》以及《刑法》外,还有一些法律性文件等也涉及了认罪认罚从宽制度,主要有以下几个文件:首先,2019年10月24日,"两高三部"发布的《指导意见》。《指导意见》共60条,以《刑法》《刑事诉讼法》的基本原则和宽严相济刑事政策为指导,坚持以问题为导向,对认罪认罚从宽制度的基本原则、适用范围和条件、从宽幅度、审前程序、量刑建议、审判程序、律师参与、当事人权益保障等作出了具体规定。相较于上文三部法律,《指导意见》还对"认罪""认罚""从宽"作出了具体的解释,规定了详细的值班律师参与制度;同时,规定了社会调查评估,即侦查机关、检察机关、审判机关对于认罪认罚的犯罪嫌疑人、被告人的人身危险性进行调查评估。其次,2018年8月,党中央颁布了第三次修订的《中国共产党纪律处分条例》(以下简称《纪律处分条例》)。修订《纪律处分条例》体现了中国共产党坚持用严明的纪律管全党治全党的决心。《纪律处分条例》共11章142条,在体例布局上依然保持6类纪律处分,并对纪律建设提出了新的要求,强调坚持问题导向和使命引领相结合,不断提高纪律建设的政治性、时代性。《纪律处分条例》规定了从宽处分的制度,第17条明确规定了涉嫌违纪的党员如果有"主动交代本人应当受到党纪处分的问题"等六种情形之一的,可以从轻或者减轻处分。《纪律处分条例》与其他文件最大的不同之处在于,针对对象是涉嫌违纪的党员。最后,最高人民法院发布的《关于常见犯罪的量刑指导意见》也为职务犯罪认罪认罚从宽制度提供了参考,该解释有关自首、坦白、退赃、立功的规定也可以为办案人员办案提供实体性的规范,促使其更加准确地做好与量刑有关的工作。

第二节　职务犯罪案件认罪认罚从宽制度的价值

一项制度的设立，必然根植于特定的土壤，有其特定的价值。职务犯罪案件中的认罪认罚从宽制度是我国监察体制改革中的重要制度，其立足于我国的本土国情，是重拳惩治贪污腐败行为的"一剂良方"。该制度的价值主要有四方面。

一、立足现实情境，提高办案效率

（一）职务犯罪案件自身的特殊性

首先，在犯罪主体上，职务犯罪案件的犯罪主体为国家工作人员，何谓国家工作人员？国家工作人员要符合"两个必须"，即必须是国家机关、国有公司、企业、事业单位、人民团体中从事公务的人员或者上述机关、单位委派到非国有公司、企业、事业单位、社会团体从事公务的人员；必须是依法从事公务的人员。国家工作人员受到高水平的教育，智力高、心智成熟、心理防线也较高，这为反腐败工作带来不小的挑战。近几年来，犯罪主体的行政级别越来越高，查处的涉及省部级以上领导干部的案件屡见不鲜，这些犯罪案件对社会的影响力和破坏力较大。其次，在犯罪行为上，作案手段比较隐蔽[1]，手段也越来越新颖，新的作案方法层出不穷。如罪犯利用法律法规不完善的漏洞，钻空子；有的在干部提拔或工程招投标等方面，暗箱操作，进行权钱交易；有的甚至利用高科技手段作案。为了逃避惩罚，受贿人与行贿者相互合作，不配合调查工作，这些都给办案人员的查处工作带来了很大的难度。此外，职务犯罪案件的性质相较于一般的犯罪案件更恶劣，危害性更强。近年来出现一些团伙作案和串案，一些犯罪分子在权力部门内结成有领导、有分工的违法犯罪团体，有组织地滥用权力，如走私案、洗钱案等，他们的犯罪数额特别巨大，令人触目惊心，严重影响了国家机关的廉洁性和公信力。最后，职务犯罪案件的实物证据较少。不管是从犯罪主体、犯罪行为还是犯罪性质看，职务犯罪案件

---

[1] 潘金贵，王霈. 职务犯罪监察调查中的从宽处罚建议制度研究［J］. 重庆社会科学，2021（1）：108.

具有不同于一般犯罪案件的特殊性，给办案人员查处犯罪带来了困难。

（二）提高办案效率

上述职务犯罪案件特殊性具体体现为犯罪主体心理防线不易攻破，犯罪手段隐蔽、新颖，犯罪人数多、数额巨大。这些都给办案人员调查案件带来了特殊的困难。相较于普通犯罪案件，监察人员查处职务犯罪案件时间较长，会碰到多种多样的障碍。例如，如果缺乏犯罪嫌疑人（被调查人）的口供，办案机关找到实物证据的概率较低，证据的稀缺影响了处理案件的效率。此外，自2016年，我国建立了法官和检察官员额制，即通过严格的考核，选拔出最优秀的法官、检察官进入员额，这样无疑会使具备资格的法官、检察官减少，办案人员的缺乏使"案多人少"的压力不断增大，处理案件的进程呈现缓慢趋势，诉讼经济效益相对低。认罪认罚从宽制度会促使犯罪嫌疑人（被调查人）、被告人主动向办案机关供述自己的罪行，及时作出有罪供述，使办案机关掌握了关键证据，减轻了查处的难度和办案压力，加快推动案件处理的进程。此外，有的职务犯罪行为较轻，涉及的金额小，犯罪嫌疑人（被调查人）、被告人可以较早地意识到自身行为的违法性，主动认罪认罚。这样，办案机关可以节省出人力、物力、财力去查处犯罪性质更严重的、案件处理难度更大的职务犯罪案件，做到及时、有序、高效地实现程序分流。职务犯罪案件认罪认罚从宽制度中的"具有重大立功"制度条款，能够促使犯罪嫌疑人（被调查人）、被告人积极揭发其他犯罪行为，使办案机关可以掌握更多的职务犯罪线索，甚至可以突破案件瓶颈，更快地查处案件，提升办案的效率。

二、加大反腐力度，建成法治强国

（一）响应十九届六中全会反腐败的精神

2021年11月8日至11日，中国共产党十九届六中全会在京召开。这次全会审议通过了《中共中央关于党的百年奋斗重大成就和历史经验的决议》（以下简称《党的百年奋斗的决议》）。[1]《党的百年奋斗的决议》内容表明，自党

---

[1] 《党的百年奋斗的决议》指出："党的十八大以来，经过坚决斗争，全面从严治党后政治引领和政治保障作用充分发挥，党的自我净化、自我完善、自我革新、自我提高能力显著增强，管党治党宽松软状况得到根本扭转，反腐败斗争取得压倒性胜利并全面巩固。"

的十八大以来，中国共产党不断加大反腐败工作的力度，扩大反腐败工作的范围，我国的反腐败工作取得了阶段性的胜利，反腐败的各项制度不断完善，反腐败工作成果显著。职务犯罪案件的认罪认罚从宽制度使犯罪嫌疑人（被调查人）、被告人尽快地配合办案机关的反腐败工作，提前自首、坦白、立功，提升反腐败工作的效率，保证反腐败工作的质量。《党的百年奋斗的决议》中明确指出，继续推进新时代党的建设新的伟大工程，坚持全面从严治党，坚定不移推进党风廉政建设和反腐败斗争，做到难不住、压不垮。例如，对极少数罪行特别严重的罪犯判处死刑彰显了党中央全面从严治党、依法惩治腐败的坚强决心。目前，我国反腐败形势依然严峻，职务犯罪案件频发，随着经济和科技的发展，案件处理的难度也在不断加大，影响反腐败工作的进程。党和国家反腐败工作的力度将随之加大，职务犯罪案件的数量会在一定时期保持较多。此外，反腐败工作也面临新的难题，腐败人员的年龄呈现出了年轻化的趋势。例如，2021年7月18日中国纪检监察报发表了《莫用贪腐赌未来》一文，该文介绍了年轻干部腐败的案件，河北省南宫市水务局财务股原90后干部李晓飞因网络赌博走向腐败，面对催债压力，李晓飞从单位账户里挪出20余万元，最后在短时间内共挪用、贪污公款1921.88万元。因此，认罪认罚从宽制度可以扩大腐败问题线索的涉及面，加快反腐败工作的进程，争取早日取得反腐败工作的全面胜利。

（二）有利于建成法治强国

2010年，最高人民法院印发了《关于贯彻宽严相济刑事政策的若干意见》的通知，宽严相济刑事政策已经成为我国刑事立法和司法实践的基本指导原则。该文件明确规定了宽严相济刑事政策的总体工作要求、"从宽""从严""相济"的政策要求以及从宽从严的工作机制，为职务犯罪案件认罪认罚从宽工作提供了指引，即对于认罪认罚的人员给予从宽处理。2016年，"两高三部"《认罪认罚从宽制度试点办法》也明确指出，认罪认罚试点是贯彻宽严相济刑事政策的必然选择。职务犯罪案件认罪认罚从宽制度深刻地体现了宽严相济刑事政策的精神和依法办事的原则，维护了法律的统一和权威，确保了良好的法律效果，推动着建设法治强国的进程。自职务犯罪案件认罪认罚从宽制度建立以来，许多犯罪分子主动向监察机关投案，真诚悔罪悔过，监察机关经过法定程序后提出从宽处罚建议并移送检察机关依法审查起诉，大量认罪认罚的被调查人获得从宽处罚给其他人员起到了启示作用，推动其他犯罪分子尽早地认罪认罚，主动供述罪行，配合办案机关的各项工作。实践充分证明，党中央不断完善认罪认罚从宽制度的决策部署是符合我国国情的。在建设法治强国过程中，党员干部"尊法学法守法用法"是关键，每一位行使公权力的公职人员都要树立法治信仰。伯尔曼说："法律必须被信仰，否则将形同虚设。"党员干部要自觉将法治作为自己的行为准则，坚持以法律为准绳，绝不能徇私枉法，为自己的利益而损害国家利益。因此，职务犯罪案件认罪认罚从宽制度有利于促使犯罪分子与办案机关从对抗走向合作，① 在更高层次上实现办案的公正和效率价值，进而推动全面依法治国各项工作的开展，促进国家治理体系和治理能力现代化，早日完成建成法治强国的目标。

三、优化办案机关职能，保证办案质量

（一）发挥监察机关和检察机关的作用

过去由行政监察机关、中国共产党纪律检查委员会、国家检察机关行使的反腐败职能，已经全部整合到了国家监察机关。监察机关依照《监察法》行使监察权，并将所有行使公权力的人员纳入监察范围，调查职务违法和职务犯罪的案件，做好反腐败的各项工作。《监察法》第31条明确规定了认罪认罚从宽制度，监察机关行使认罪认罚从宽建议权也具备法律规范基础。根据《监察法》的规定，监察机关依法调查处置涉嫌职务犯罪的案件，被调查人存在认罪认罚的情节，由监察机关经过法定程序后，作出最终的决定，可以在调查结束后，案件移交检察机关的同时，提出从宽处理的建议。作为职务犯罪案件的起始阶段，监察机关的调查工作尤为重要，是处理职务犯罪案件的基础性阶段，证据的掌握程度直接影响着后续检察机关及审判机关的办案效率和质量。

检察机关作为国家公诉机关和法律监督机关，在职务犯罪案件中承担着对监察机关移送的案件进行审查起诉的关键职责。检察机关通过对监察机关移送起诉的职务犯罪案件进行审查，保证起诉职务犯罪案件的质量。检察机关根据犯罪事实与情节、犯罪嫌疑人认罪认罚态度等因素，对案件作出起诉或者不起诉的决定。根据《刑事诉讼法》的规定，审判机关依法审理职务犯罪认罪认罚

---

① 李世锋. 认罪认罚制度在职务犯罪案件中的适用与控制［J］. 新疆师范大学学报（哲学社会科学版），2019，40（3）：45-51.

案件，作出判决时，除了法律规定的特殊情形，一般应当采纳人民检察院指控的罪名和量刑建议。"一般应当"体现了检察机关的建议会对案件的处理产生实质上的影响。因此，认罪认罚从宽制度可以使监察机关更完整、更全面地了解案件，掌握案件线索，为检察机关起诉做好基础性的工作；也使检察机关充分发挥好自身职能，对职务犯罪认罪认罚的案件开展全面的审查工作，保障认罪认罚的合法性、自愿性，提出准确、恰当的从宽处罚建议，有利于提高检察机关的司法公信力，为审判机关判决案件做好前置性工作。

（二）保障判决结果的公正

审判机关的审判工作是案件处理过程的关键环节，也是职务犯罪案件认罪认罚从宽制度适用的最后阶段。在一定程度上，审判机关决定最终是否对犯罪嫌疑人（被调查人）、被告人适用认罪认罚从宽制度。根据我国法律的有关规定，人民法院在裁判职务犯罪认罪认罚从宽案件时，一般应当采纳检察机关提出的量刑建议，但是这并不意味着免除审判机关对认罪认罚正当性、合法性进行审查的责任。因此，在职务犯罪认罪认罚从宽程序中，审判机关不仅要依法履行本身特有的裁判职责，更要审查监察机关调查阶段和检察机关审查起诉阶段的各项工作，确保认罪认罚从宽制度的适用具备合法性和正当性，并依法作出合理的判决。我国《刑法》规定了罪刑法定原则，[①] 审判机关在审理过程中，适用认罪认罚从宽制度时，既要严格遵循《监察法》《刑事诉讼法》《刑法》及其他法律的各项规定，严格以罪刑法定原则为标准，又要准确适用"认罪""认罚""从宽"的具体规定，以法律为准绳，做到规范性地适用认罪认罚从宽制度。因此，系统化的完善的职务犯罪认罪认罚从宽制度，能够进一步坚持罪刑法定原则，[②] 为审判机关运用认罪认罚从宽制度处理职务犯罪案件提供全面、合理和规范的适用依据，保证审判机关的审判质量。另外，我国的职务犯罪案件认罪认罚从宽制度充分考虑到了上述三个机关的职能，制度的设计一方面为各机关发挥自身的职能提供了法律保证，使各机关的行为有法律支持，另一方面保证了各机关互相配合、互相协调，共同为职务犯罪案件认罪认

[①] 《刑法》第3条规定："法律明文规定为犯罪行为的，依照法律定罪处刑；法律没有明文规定为犯罪行为的，不得定罪处刑。"

[②] 韩成军. 职务犯罪认罪认罚从宽检察工作机制亟待完善 [J]. 河南社会科学，2016，24（7）：37-43.

<<< 第七章　职务犯罪案件中认罪认罚从宽制度的特色构建

罚从宽制度的准确适用贡献力量。

四、保障人权，彰显制度价值

（一）保障人权

我国《宪法》第 33 条规定"国家尊重和保障人权"，我国《刑事诉讼法》将"尊重和保障人权"规定为我国刑事司法的主要任务之一。保障人权是刑事诉讼的重要价值之一，为了在认罪认罚的职务犯罪案件中保障被追诉人的人权，《监察法》第 5 条、《刑事诉讼法》第 120 条第 2 款和第 173 条等明确了调查机关、侦查机关以及检察机关的职责，赋予了当事人对于刑事诉讼活动的参与权，保障犯罪嫌疑人（被调查人）、被告人充分享有知情权，[①] 使其具备了自由选择的权利，能够自主决定是否认罪认罚。从时间上看，职务犯罪案件的周期相较于普通的刑事案件，调查阶段时间更长，被调查人心理和生理上都有着很大的痛苦。在某种程度上，认罪认罚从宽制度能够因被调查人态度较好、积极配合而缩短留置、羁押和审理的期限，推动诉讼的进程，缓解了被调查人的精神痛苦，也减少了不必要的限制人身自由措施，更好地保障了被调查人的人身权。此外，认罪认罚从宽制度的设计还具有"拯救"被调查人的价值，这一制度贯彻了"惩前毖后、治病救人"的原则，[②] 处理案件的各项工作不只是一味地惩治犯罪，而是更多地赋予了被调查人认罪悔过、改过自新的机会，从而做好挽救、教育工作。

（二）有效防止刑讯逼供

上文已经提到，我国从方针、政策、法律等方面推动人权保障的工作，体现出我国高度重视人权保障工作。然而，实务中仍然暴露出极少数违背人权的问题，最典型的就是刑讯逼供。虽然我国为了打击刑讯逼供的行为制定了许多法律措施，如在《刑法》中设立刑讯逼供罪、在《刑事诉讼法》中确立非法证据排除的规则等。但不可否认的是，刑讯逼供现象在极少数案件处理过程中仍然存在。刑讯逼供是人权保障工作的一大障碍。由于职务犯罪案件在证据上具有特殊

---

① 李仲学，宋芳. 职务犯罪侦查中适用认罪认罚从宽制度的正当性及完善 [J]. 中国检察官，2017 (7)：54-56.
② 桂梦美. 职务犯罪调查阶段认罪认罚从宽的制度逻辑与展开 [J]. 苏州大学学报（哲学社会科学版），2020，41 (5)：48-58.

性，办案机关难以取得证据，实物证据如物证、书证等都较为缺乏，而办案机关为了获得证据，全面掌握案件事实，很有可能会采取刑讯逼供的手段，使被调查人违背意愿作出有罪供述。非法证据排除规则使刑讯逼供获得的关键证据被排除，能够有效避免刑讯逼供现象的发生。我国《刑事诉讼法》在认罪认罚从宽制度的规定中增添了多处有关"意愿"的表述，这表明认罪认罚必须建立在自愿的基础上。职务犯罪案件适用认罪认罚从宽制度，一方面要求办案机关必须依照法律处理案件，不得采取非法手段获得证据，杜绝办案机关采取刑讯逼供的手段查清事实、侦破案件的现象，保障办案机关收集证据方式的合法性、规范性；另一方面，可以促使被调查人作出真实的有罪供述，在自愿的基础上做到认罪认罚，配合办案机关了解案件事实，形成完整的证据链，保证证据的合法有效性。

第三节 职务犯罪案件与普通犯罪案件认罪认罚从宽制度的异同

一、相同之处

（一）都具备制度设定的价值

职务犯罪案件与普通犯罪案件认罪认罚从宽制度都具备制度设定的价值。但是，我国学者对二者制度价值的侧重点存在学术上的争议。有学者认为，二者制度具有不同的价值追求，职务犯罪案件认罪认罚从宽制度主要是从"职能效率"上考虑，为了保障监察机关调查案件的顺利，提高办案效率，更好地实现诉讼效益；普通犯罪案件认罪认罚从宽制度主要是以"人权保障"为核心，从犯罪嫌疑人、被告人知情权、获得律师帮助权、认罪认罚具结书等方面作出明确的规定，以防止犯罪嫌疑人、被告人的合法诉讼权利受到侵犯，将人权保障作为核心价值追求。不论是职务犯罪案件还是普通犯罪案件，二者的认罪认罚从宽制度其实都包含了上述两个价值理念，[①] 都是致力于挽救犯罪嫌疑人（被调查人）、被告人，达到惩治教育的目的，以及提高办理案件的效率，缓解

[①] 郝世坤，郭沙沙. 职务犯罪案件中认罪认罚从宽制度适用现状及反思 [J]. 长江师范学院学报，2021, 37（1）：82-91.

"案多人少"这一突出问题。

（二）都包含了实体性规范和程序性规范

制度的设计都包含了实体性规范和程序性规范。《监察法》对职务犯罪案件认罪认罚从宽制度的规定主要体现在第31条。该条的实体性规范概括如下：如果被调查人内心已经意识到行为的危害性，主动向办案机关认罪认罚，并且同时具有自动投案、真诚悔过并配合办案机关的调查工作、自愿退还违法所得或者具备重大立功表现行为之一情形的，则符合适用认罪认罚从宽制度的条件。程序性规范为，当被调查人的行为符合上述条件，监察机关在经过集体讨论后，报上级监察机关批准，则可以提出从宽处理的建议。普通犯罪案件认罪认罚从宽制度主要规定于《刑事诉讼法》中，其中第15条是适用认罪认罚从宽制度的条件，被称为认罪认罚从宽制度的"引领"条款，规定了若犯罪嫌疑人、被告人向办案机关如实供述自己的罪行并且愿意接受处罚的，则可以适用认罪认罚从宽制度，这是实体性的规范。《刑事诉讼法》的程序性规范较多且较为全面，覆盖了侦查、起诉、审判三个阶段，例如，第120条规定了犯罪嫌疑人如果认罪认罚，则享有的诉讼权利，包括知情权及律师帮助权等。此外，在办案机关的告知义务、法律文书等方面都有明确规定。

（三）都体现了"程序法定"的原则

制度的设立都体现了"程序法定"的原则。该原则主要包含两方面的基本内容：一方面是"有法可依"，即法律必须事先明确规定刑事诉讼的程序；另一方面是"有法必依"，即刑事诉讼过程中的所有活动都应该依照法律的规定，不能违背法律规定的程序。职务犯罪案件和普通犯罪案件的认罪认罚从宽制度都贯彻了该原则，要求适用认罪认罚从宽制度时，首先都必须具备适用认罪认罚从宽制度的条件，其次是否决定适用认罪认罚制度，办案机关必须经过法律规定的程序。因此，二者有关程序性的规范都从程序法定原则出发，制定了程序规范，保障了适用认罪认罚从宽制度的程序法定性。

二、不同之处

（一）认罪认罚标准不一致

职务犯罪案件的认罪认罚从宽条件比较严格，根据《监察法》的规定，若对被调查人适用认罪认罚从宽制度，则需要满足如下两方面的条件：第一，认罪+认罚。第二，主动向办案机关投案，真诚地认罪悔过，意识到自己行为的违法性、危害性；积极配合监察机关完成调查工作，如实供述监察机关尚未掌握的违法犯罪行为；积极返还违法所得，减少了行为所导致的损失；具有重大立功表现或者案件涉及国家重大利益；揭发有关被调查人职务违法犯罪行为，查证属实；或者提供重要线索，有助于调查其他案件。其中第二个条件是满足其中一项即可。所以，职务犯罪案件的认罪认罚标准为"认罪+认罚+特殊条件之一"，① 只有全部满足以上标准才可以适用该制度，如果只是单方面地认罪认罚，承认自己罪行，接受惩罚，但是没有以上特殊情形的，并不能启动适用认罪认罚从宽制度的程序。② 另外，实体规定互有交织，导致不同量刑情节之间边界模糊，相互侵蚀。如前文所述，"从宽处罚建议"的实体规定杂糅了认罪认罚、自首、坦白、立功等规定，③ 架空了本应享有自首、立功的减刑适用范围，这无疑会大大降低职务犯罪被调查人选择认罪认罚的决心。

在开展认罪认罚从宽试点初期，相关政策文件对"认罪""认罚"的概念曾作出规定。④ 2018年《刑事诉讼法》修改，其中第15条也沿用了《认罪认罚从宽制度试点办法》中对"认罪认罚"概念的定义。⑤ "认罪"是指自愿如实供述罪行，承认指控的犯罪事实；"认罚"是指愿意接受处罚。除特殊条件外，满足认罪认罚的前提条件一般应当给予犯罪嫌疑人、被告人从宽处理。⑥《刑事诉讼法》对普通犯罪案件的认罪认罚标准较低，并没有规定额外的特殊条件，只要犯罪嫌疑人、被告人"认罪"，对其中个别细节的辩解也并不影响认定其符合"认罪"标准。与《刑事诉讼法》相比，《监察法》对认罪认罚的适用设置了更高的标准，认罪认罚条件较高。由此导致法律适用的冲突，办案机关适用法律时出现了双重标准，处理案件时会产生分歧，也容易因标准不一

---

① 荚恒武，孙静松. 职务犯罪认罪认罚制度研究［J］. 中国检察官，2017（15）：45-48.
② 参见《监察法》第31条。
③ 詹建红. 认罪认罚从宽制度在职务犯罪案件中的适用困境及其化解［J］. 四川大学学报（哲学社会科学版），2019（2）：21-30.
④《认罪认罚从宽制度试点办法》第1条规定，犯罪嫌疑人、被告人自愿如实供述自己的罪行，对指控的犯罪事实没有异议，同意量刑建议，签署具结书的，可以依法从宽处理。
⑤《刑事诉讼法》第15条规定，犯罪嫌疑人、被告人自愿如实供述自己的罪行，承认指控的犯罪事实，愿意接受处罚的，可以依法从宽处理。
⑥《指导意见》第8条规定，可以从宽不是一律从宽，对犯罪性质和危害后果特别严重、犯罪手段特别残忍、社会影响特别恶劣的犯罪嫌疑人、被告人，认罪认罚不足以从轻处罚的，依法不予从宽处罚。

致而导致判决不公，侵犯了犯罪嫌疑人（被调查人）、被告人的基本权利。

（二）从宽程序设置不同

对于职务犯罪案件，监察机关适用认罪认罚从宽制度的程序主要规定在《监察法》第31条，从该条规定看，监察机关要提出从宽处罚建议需要经过严格的法定程序，即经领导人员集体研究，并报上一级监察机关批准。该条规定了两道程序，第一道程序中的关键点有二：一是研究的主体是"领导人员"，[①]而不是一般的办案人员，但是《监察法》没有明确规定领导人员的范围，从国家监察委员会和各级地方监察委员会的实际情况来看，监察机关的领导成员主要包括监察委主任、副主任和委员；二是研究的方式为"集体研究"，《监察法》对重大事项的决定方式规定为"集体研究"，不是某个领导人员的个人决策，但是对于如何通过一项决定、投票还是互相发表意见进行协商以及意见冲突时的解决办法都没有明确的规定。第二道程序是"上级监察委员会领导下级监察委员会的工作"的体现，对于从宽处罚的建议，经过本级领导人员的集体研究后，还需要报上一级监察机关批准，体现出认罪认罚从宽决定权实质上赋予了上一级监察机关，从某种层面上说，从宽处罚的建议是上一级监察机关意志的显现。因此，监察机关只有经过上述两道程序，才可以在移送检察机关审查起诉时提出从宽处罚的建议。

普通犯罪案件的从宽程序主要规定在《刑事诉讼法》中，如《刑事诉讼法》第162条规定，犯罪嫌疑人在接受讯问过程中自愿认罪的，侦查人员应当记录在案，随案移送并在起诉意见书中写明有关情况。侦查人员适用的结果只是"记录在案"，并不存在与犯罪嫌疑人进行"协商"的情形，当然也没有提出从宽处罚建议的权力，侦查程序只是认罪认罚的准备阶段，让检察机关知悉有认罪认罚这一情况即可。检察机关收到侦查机关移送的案件后，如果要适用认罪认罚从宽制度，需要经过诸多环节，犯罪嫌疑人有认罪认罚的意思表示、检察机关听取相关人员意见、签署认罪认罚具结书等。这其实是一种犯罪嫌疑人与检察机关"协商"的体现，量刑建议不是检察机关直接决定的，而是经过

---

① 瞿目. 职务犯罪调查阶段认罪认罚从宽的探讨——以《监察法》第31条为中心[J]. 华南理工大学学报（社会科学版），2020，22（1）：102-108.

互相讨论、协商出来的结果,① 最终形成认罪认罚具结书和量刑建议书,由检察机关在正式向法院提起公诉时一并移送。

从上述职务犯罪案件和普通犯罪案件关于适用认罪认罚从宽制度的程序上可以看出较为明显的差别。首先,职务犯罪案件中,认罪认罚程序启动的主体主要是监察机关,不管是本级监察机关还是上一级监察机关,它们是程序启动的决定性主体,被调查人并不具备与监察机关协商的权利,这样的规定也是从职务案件的特殊性考虑出发,因为被调查人为国家工作人员,很有可能出现被调查人与监察机关进行钱权交易,因而并没有设置被调查人与监察机关协商的机制;普通犯罪案件中,犯罪嫌疑人是启动认罪认罚程序的关键主体,检察机关若作出认罪认罚从宽的处理决定,必须提前征求犯罪嫌疑人的意见,这样规定是犯罪嫌疑人认罪认罚自愿性的体现,与人权保障的理念相一致,也减少了犯罪嫌疑人在审判阶段反悔的概率,节约诉讼资源,提高了诉讼效率。其次,二者程序的差异也体现在职务犯罪案件认罪认罚从宽的程序,需要上一级监察机关的审批,若上一级监察机关不批准对被调查人适用认罪认罚从宽,本级监察机关就不能向检察机关提出从宽建议;普通犯罪案件中,侦查机关的侦查移送以及检察机关提出量刑建议,都不需要报上一级机关审批,都是本级机关独立意志的体现,虽然职务犯罪案件认罪认罚从宽制度多设置了一道程序,保障了办案机关调查的廉洁性,促进了职务犯罪案件认罪认罚从宽决定作出的谨慎性,但是由于上一级机关的介入,办案机关调查案件的独立性可能会受到干扰,在极少数情况下也可能会出现上级机关的意志强加于下级机关的情况。最后,普通犯罪案件中,负责案件办理的检察官,仅在犯罪嫌疑人罪行较轻且认罪认罚,拟作出不批准逮捕或者不起诉决定时,才报请检察长决定。② 对比以上两种处理程序,我们可以发现检察机关赋予了一线办案人员更多的决定权,即便是涉及不批准逮捕或不起诉,通过本级检察院内部沟通亦可决定,程序流程的简化促使了审查起诉环节认罪认罚从宽制度适用率较高。而职务犯罪案件认罪认罚程序较为复杂,监察机关调查的时间会随之加长,效率可能会随之下降,有可能违背职务犯罪案件认罪认罚从宽制度设立的目的。

---

① 李辰. 认罪认罚从宽语境下职务犯罪案件协商机制的构建 [J]. 法学杂志, 2017, 38 (9): 22-30.
② 参见《认罪认罚案件监督管理办法》第5条、第9条。

(三) 从宽或量刑建议的规定不同

首先，关于办案机关提出从宽或量刑建议的规定，职务犯罪案件的认罪认罚从宽制度中，《监察法》对从宽处罚建议的规定过于粗疏。授权性的程序设置导致监察机关"自由裁量空间"较大，降低了被调查人适用认罪认罚从宽程序的意愿。例如，《监察法》用"可以"一词对监察机关进行授权性规定，监察机关是否提出从宽处罚建议是其权力而非义务，被调查人认罪认罚并不必然享受从宽的处理结果。监察机关在被调查人认罪认罚，并符合特殊条件时，经过两道法定程序后，可以向检察机关提出或不提出从宽建议，并没有强制监察机关必须提出从宽建议，法律赋予了监察机关选择权。但正是由于监察机关的选择自由，被调查人就有可能面临"监察机关没有提出从宽量刑建议"的风险。在被调查人供述自己的罪行，接受惩罚，并具备特殊条件时，被调查人也有可能没有受到从宽处罚的待遇。这样，被调查人主动认罪认罚的积极性会降低，因为被调查人担心，即使认罪认罚，也不一定有从宽的效力。[①] 此外，这种"可以"的授权性的规定，对监察机关还有不利的影响，因为在被调查人认罪认罚后，却没有得到监察机关提出从宽建议的效果，被调查人对监察机关的信任感会降低，更不利于被调查人主动配合监察机关的调查工作，监察机关调查案件的难度会随之加大。普通犯罪案件中，《刑事诉讼法》第176第2款[②]采用"应当"一词，明确了检察机关必须提出量刑建议，而不是由检察机关自行作出决定。在犯罪嫌疑人认罪认罚后，检察机关提出量刑建议是当然的结果，这也表明，犯罪嫌疑人在认罪认罚时，就会明确检察机关会提出量刑建议，增强了犯罪嫌疑人认罪认罚的主动性，节约了考量检察机关是否会提出量刑建议的时间，认罪认罚制度的适用率会提高。相比较职务犯罪案件中对监察机关的"可以提出从宽处罚建议"的规定，普通犯罪案件的规定更能促使犯罪嫌疑人主动认罪认罚，他们认罪认罚的主动性、自愿性会大大提高，无须面对"认罪认罚是否能有效"的困境，检察机关的办案时间也会缩短，进而实现诉讼经济效益。

[①] 潘金贵，王霜. 职务犯罪监察调查中的从宽处罚建议制度研究 [J]. 重庆社会科学，2021（1）：101-115.

[②] 《刑事诉讼法》第176条第2款规定："犯罪嫌疑人认罪认罚的，人民检察院应当就主刑、附加刑、是否适用缓刑等提出量刑建议，并随案移送认罪认罚具结书等材料。"

其次，办案机关提出从宽建议的效力不同。职务犯罪案件中有关监察机关从宽建议效力的问题，《监察法》和《刑事诉讼法》都没有对此作出明确规定，监察机关提出从宽处罚建议的性质以及对检察机关、审判机关的约束力程度，都没有明确的法律依据。因此，法律规定的欠缺会导致两种情形：① 一是检察机关不受监察机关的约束，自己审查案件，根据被调查人的认罪认罚情况，自己向审判机关提出量刑建议；二是检察机关受到监察机关的约束，监察机关的从宽处罚建议的效力较高，检察机关不进行实质性审查，一般采纳监察机关的从宽建议，并移送审判机关。实务中，由于监察机关的职能特殊，即调查公职人员的违法犯罪行为，以及监察机关提出从宽处罚建议需要经过上一级监察机关的审批，从宽处罚的建议包含了上一级监察机关的意志，检察机关往往会采纳监察机关的建议，也会有检察机关直接将监察机关的从宽处罚建议移送到审判机关，审判机关也会直接采纳监察机关的从宽处罚建议。如此，监察机关的从宽处罚效力就逾越到了审判阶段，从宽处罚建议通常带有上级监察机关的意志，下级刑事司法机关易受其影响，这违背了检察机关及审判机关依法办案的独立性原则。普通犯罪案件中，《刑事诉讼法》明确规定对于被告人的认罪认罚案件，人民法院依法作出判决时，一般应当采纳人民检察院指控的罪名和量刑建议，但是有法律规定的特殊情形除外。② 从《刑事诉讼法》第201条的规定可以看出审判机关对待量刑建议的处理态度，审判机关以采纳检察机关指控的罪名和量刑建议为原则，以建议检察机关调整量刑建议为例外。一方面体现出检察机关量刑建议有着明确的效力规定，保证了审判的公正性，防止出现上诉、再审的情形；另一方面表现出审判机关对于认罪认罚案件，必须经过全面审查，才能采纳检察机关的量刑建议，体现了"审判中心主义"的理念。在审判阶段，案件必须经过全面的实质审查，否则不能直接采纳检察机关的量刑建议，保证了审判机关审判案件的独立性。另外，法律也规定如果人民法院经过审查后，

---

① 桂梦美. 职务犯罪调查阶段认罪认罚从宽的制度逻辑与展开 [J]. 苏州大学学报（哲学社会科学版），2020, 41 (5)：48-58.
② 《刑事诉讼法》第201条规定："对于认罪认罚案件，人民法院依法作出判决时，一般应当采纳人民检察院指控的罪名和量刑建议，但有下列情形的除外：（一）被告人的行为不构成犯罪或者不应当追究其刑事责任的；（二）被告人违背意愿认罪认罚的；（三）被告人否认指控的犯罪事实的；（四）起诉指控的罪名与审理认定的罪名不一致的；（五）其他可能影响公正审判的情形。"

认为检察机关提出的量刑建议明显不当，检察机关可以调整量刑建议，如果不调整或者调整后还是明显不当，人民法院就应当作出判决。换言之，检察院与犯罪嫌疑人的量刑协商过程只要不涉及"四种情形"从而影响公正审判的，法院都应当尊重具结书背后体现出的双方意志。这样的规定赋予了人民法院最终是否采纳检察机关量刑建议的权力，相比职务犯罪案件的规定，更能保证案件在经过充分、严谨的审查后作出判决，从而确保最终判决的准确性。

（四）从宽建议的移送方式不同

《监察法》并未规定被调查人认罪认罚后需要与监察机关签订具结书，因而实务中出现了以下三种处理方式：一是监察机关向检察机关提出从宽建议时，采用《关于建议给予（涉嫌职务犯罪的被调查人姓名）从宽处理的函》的形式。函的定义为"不相隶属机关之间商洽工作、询问和答复问题、请求批准和答复审批事项"，但公函并非刑事诉讼法所规定的文书类型，上级机关的批复函件无法在庭审中作为证据使用，此种做法仅是权宜之计。① 在性质上，监察机关的"函"件从现有法律规定来看对检察机关并没有形成强制约束力。虽然理论上是没有约束力的，但是上文提到，由于监察机关本身职能的特殊性以及上级监察机关意志力的无形"压力"，使法律上并没有规定强制约束力的"函"对检察机关产生了相对较强的约束力，因此，监察机关从宽建议的文本需要法律明确的规定。二是某些地方监察机关会将从宽处罚的建议列入移送审查起诉意见书中，作为其中的一部分。实务中，监察机关沿用《认罪认罚从宽制度试点办法》及《指导意见》的有关规定，出现了监察机关与被调查人签署认罪认罚具结书的情形。但是，《监察法》并没有规定监察机关具有与被调查人签署认罪认罚具结书的权力，监察机关在没有法律依据的情况下不能与被调查人签署认罪认罚具结书。认罪认罚具结书签署的条件、签署的方式、签署的程序以及签署后续问题的解决，都需要法律加以规定。《监察法》关于上述事项的规定尚处于空白状态，监察机关在没有法律授权的情况下与被调查人签署认罪认罚具结书，被调查人的认罪认罚自愿性以及认罪认罚的程序规范性都会受到破坏。三是《中华人民共和国监察法实施条例》（以下简称《监察法实施条例》）规定的一般应当

---

① 詹建红. 认罪认罚从宽制度在职务犯罪案件中的适用困境及其化解 [J]. 四川大学学报（哲学社会科学版），2019（2）：21-30.

"采用《起诉意见书》中列明从宽处罚建议"的方式。① 但是，该种方式仍规定，特殊情况下可以在移送审查起诉后，以从宽处罚建议书的形式另行移送，这为监察机关预留了较大的选择空间。普通犯罪案件中，不同诉讼阶段有不同的移送方式要求。《刑事诉讼法》对认罪认罚具结书的适用情形与无须签订情形、记载内容、移送方式、审查重点等内容作出了详尽规定。具结书是双方合意的产物，因此具结书中记载的内容对双方都有约束力。在侦查阶段，普通犯罪案件侦查终结后，侦查机关应当在审查证据的基础上，结合已经了解的犯罪事实，完成起诉意见书，如果犯罪嫌疑人主动认罪认罚的，侦查机关应当在起诉意见书中写明情况，并移送检察机关。② 在审查起诉阶段，普通犯罪案件中犯罪嫌疑人认罪认罚后，除特殊情况外，检察机关应当与其签署认罪认罚具结书。同时，《刑事诉讼法》为检察机关使用的记载文本提供了明确的要求，如果犯罪嫌疑人认罪认罚符合法律规定的，检察机关应当根据法律规定，在辩护人或者值班律师到场的情况下，要求犯罪嫌疑人签署认罪认罚具结书；检察机关向审判机关移送案卷材料时，应当向审判机关提出具体的量刑建议。

法律记载文本是认罪认罚从宽制度的一个重要方面。第一，法律文本对认罪认罚情况的记载是对犯罪嫌疑人、被告人权利的合法保障，如果犯罪嫌疑人、被告人已经认罪认罚，且符合签订认罪认罚具结书的条件，而办案机关没有文本记载这一情况，那么当犯罪嫌疑人、被告人对认罪认罚提出异议并主张权利时，就没有证据来表明犯罪嫌疑人、被告人的异议是否真实存在。第二，法律文本的记载是犯罪嫌疑人、被告人认罪认罚程序公正、合法的重要记录，程序正当原则必须贯彻刑事诉讼的始终，认罪认罚可能面临一种风险，在审判阶段，被告人可能翻供或者表明其认罪认罚是在刑讯逼供的情况下作出的，为有效应对这一风险，对犯罪嫌疑人、被告人认罪认罚的记载就显得尤为重要。因此，法律的记载文本具有一定的"证据"价值，是一项重要的参考文书，在

---

① 《监察法实施条例》第 219 条规定："从宽处罚建议一般应当在移送起诉时作为《起诉意见书》内容一并提出，特殊情况下也可以在案件移送后、人民检察院提起公诉前，单独形成从宽处罚建议书移送人民检察院。对于从宽处罚建议所依据的证据材料，应当一并移送人民检察院。"

② 《刑事诉讼法》第 162 条规定："公安机关侦查终结的案件，应当做到犯罪事实清楚，证据确实、充分，并且写出起诉意见书，连同案卷材料、证据一并移送同级人民检察院审查决定；同时将案件移送情况告知犯罪嫌疑人及其辩护律师。犯罪嫌疑人自愿认罪的，应当记录在案，随案移送，并在起诉意见书中写明有关情况。"

认罪认罚从宽制度里也发挥着不可或缺的作用。然而，从职务犯罪案件和普通犯罪案件关于记载文本的不同之处考察，职务犯罪案件从宽处罚规定的移送文本相对来说还比较原则。

（五）对犯罪嫌疑人（被调查人）权利保障不同

保障人权是认罪认罚从宽制度的核心价值，职务犯罪案件和普通犯罪案件在保障犯罪嫌疑人（被调查人）的规定上有较多不同之处，主要体现在以下几方面。

第一，办案人员的告知义务不同。《监察法》对有关监察机关的告知义务的规定并不详细，告知被调查人享有权利和认罪认罚从宽制度适用的程序及规则过于笼统，导致被调查人的知情权受限。对被调查人来说，其最为关心的内容应为监察机关已经掌握的案件信息和认罪认罚后能够获得的从宽利益。因此，职务犯罪案件中被调查人的知情权缺乏法律的明确保护，会导致部分被调查人对认罪认罚从宽制度认知的欠缺。首先，被调查人虽为国家工作人员，知识水平较高，但是"认罪认罚从宽"制度作为刚实施的制度，并非所有的被调查人都了解认罪认罚制度，目前还有很大一部分国家工作人员并不熟悉认罪认罚从宽制度，[1] 在调查阶段，很多被调查人并不知悉制度的法律规定。例如，认罪认罚的认定标准是什么？认罪认罚适用的结果是什么？被调查人对法律规定的知悉程度较低。其次，《监察法》没有规定职务犯罪案件中律师的介入制度，被调查人在调查阶段不能与外界律师取得联系，获取律师帮助，这使被调查人的知情权保障不足。当被调查人不了解认罪认罚从宽制度的具体规定时，一方面侵犯了被调查人的知情权；另一方面，极少数情况下监察机关可能会暗箱操作，难以保证从宽建议决定的公正性。相比职务犯罪案件认罪认罚从宽制度中被调查人知情权保障缺失的情形，《刑事诉讼法》从多个角度赋予了犯罪嫌疑人、被告人的知情权，设定了办案机关的告知义务，并且贯彻到侦查、审

---

[1] 牟绿叶，张传玺. 职务犯罪调查阶段认罪认罚从宽的制度缺陷与完善路径［J］. 浙江社会科学，2021（8）：62-70.

查起诉和审判各个阶段，属于法律的强制性规定。① 法律规定，在侦查阶段，侦查人员应当允许犯罪嫌疑人作有罪或者无罪的陈述，并且必须告知犯罪嫌疑人有关认罪认罚从宽处理的规定，这是侦查机关侦查案件时必须履行的义务，否则将违反法律的规定，该条法律规定从源头上保障了犯罪嫌疑人可以充分了解认罪认罚从宽制度，并自行考虑是否主动供述罪行。在审查起诉阶段，《刑事诉讼法》第173条规定，人民检察院对于认罪认罚的犯罪嫌疑人，应当告知其享有哪些诉讼权利，以及有关认罪认罚从宽的法律规定。在这一阶段，仍然沿用"应当"的措辞，设定了检察机关的告知义务，使犯罪嫌疑人可以更全面地掌握认罪认罚从宽制度，也可以促使其尽快认罪认罚。审判阶段，人民法院的告知义务也不例外，法律明确规定，如果被告人认罪认罚的，审判长应当告知被告人享有的诉讼权利和认罪认罚的法律规定。因此，对比两者，在普通犯罪案件中，办案人员的告知义务贯穿了刑事诉讼的全过程，法律规定的可操作性较强，使犯罪嫌疑人的知情权在任何一个程序阶段都有着法律的明确保障；监察机关办理的职务犯罪案件中，监察机关的告知义务带有"宣誓性"，缺乏具体可操作性，致使被调查人无法准确理解到认罪认罚从宽制度，降低了其作出认罪认罚的可能程度，进而降低认罪认罚从宽制度的实用价值。

第二，获得律师或值班律师的帮助的相关规定不同。由于职务犯罪案件的特殊性，我国《监察法》并未规定在调查阶段被调查人有权申请律师介入的制度。这一规定可能会影响被调查人认罪认罚的"自愿性"。律师是否可以介入职务犯罪案件的调查阶段，也是学界持续讨论的问题。学界普遍认为，认罪认罚与律师辩护之间须臾不可分离。② 认罪认罚从宽制度的专业性较强，被调查人应当有寻求律师帮助的权利，律师应当参与到认罪认罚的过程中，给予被调查人及时的帮助和指导，以保障被调查人知晓认罪认罚从宽制度的内容，使被调查人尽快作出是否认罪认罚的决定，这也是被调查人自愿性的基本保障。就

---

① 《刑事诉讼法》第120条规定："侦查人员在讯问犯罪嫌疑人的时候，应当首先讯问犯罪嫌疑人是否有犯罪行为，让他陈述有罪的情节或者无罪的辩解，然后向他提出问题。犯罪嫌疑人对侦查人员的提问，应当如实回答。但是对与本案无关的问题，有拒绝回答的权利。侦查人员在讯问犯罪嫌疑人的时候，应当告知犯罪嫌疑人享有的诉讼权利，如实供述自己罪行可以从宽处理和认罪认罚的法律规定。"
② 郑自飞，李美福. 监察机关行使认罪认罚"从宽建议权"的风险及控制 [J]. 警学研究，2019 (4)：14-20.

实务现状来看，律师无法介入调查阶段可能会导致被调查人认罪认罚的自愿性难以得到保障，因为不管是辩护律师还是值班律师，被调查人都无法寻求他们的帮助，法律又没有要求监察机关必须告知被调查人认罪认罚制度的法律规定。这样，一方面致使被调查人在不了解制度的情况下很难会主动认罪认罚；另一方面，即使认罪认罚，其认罪认罚的真实性和自愿性也有待考量。反观普通犯罪案件，值班律师或者辩护人都可以参与到犯罪嫌疑人、被告人认罪认罚的过程中，全程为犯罪嫌疑人、被告人提供帮助和指导。首先，检察机关应当重视辩护人或值班律师的意见。①《刑事诉讼法》规定了检察机关必须充分听取辩护人或值班律师的意见。其次，辩护人或者值班律师在场权。如果犯罪嫌疑人主动供述自己的罪行，并且同意量刑建议以及认罪认罚后的程序适用，必须在辩护人或者值班律师在场的情况下签署认罪认罚具结书。再次，值班律师制度。法律设立了值班律师制度，在犯罪嫌疑人没有委托辩护人，法律援助机构也没有指派律师的情况下，犯罪嫌疑人有权获得值班律师的法律帮助，允许值班律师以法律帮助者的身份介入认罪认罚的普通刑事案件中，值班律师提供的法律帮助范围包括法律咨询、提供案件处理意见、程序选择建议、申请变更强制措施。实践证明，只有在犯罪嫌疑人（被调查人）、被告人充分获得法律帮助、知悉认罪认罚实体及程序利益后，才能更快、更自愿地认罪认罚，同时避免了翻供、反悔的可能。

第三，监督的作用力不同。我国对国家权力的监督具有多样性，有权力监督、行政监督、法律监督和群众监督等。检察机关在国家权力结构中占据重要地位，是国家的法律监督机关。这表明，检察机关在国家的权力架构中担负着"法律监督"的职责，行使着法律监督的职权。然而，在职务犯罪案件中，检察机关并不能提前介入到调查阶段对监察机关的行为进行监督，导致监察机关在被调查人认罪认罚过程中可能会出现违法行为，如采取非法手段获取证据、收受被调查人或其家属的钱财、提出从宽建议违反法定程序等，② 使监察机关

---

① 《刑事诉讼法》规定，检察机关审查案件时，应当听取辩护人或者值班律师的意见，并将意见做好文本记载，辩护人或者值班律师提出书面意见的，应当附卷，一并移送审判机关。另外，检察机关还应当听取辩护律师或值班律师对认罪认罚方面的意见，如果辩护人或者值班律师想要了解案件情况的，检察机关必须提供必要的便利。

② 牟绿叶，张传玺. 职务犯罪调查阶段认罪认罚从宽的制度缺陷与完善路径［J］. 浙江社会科学，2021（8）：62-70.

的行为属于"法外空间",违法行为难以得到有效的制止,可能侵犯被调查人的合法权利,影响国家机关的廉洁性。此外,认罪认罚从宽制度试点改革进程中,犯罪嫌疑人、被告人认罪认罚后又反悔的情形时有发生,甚至引发了关于恶意反悔或技术性反悔的讨论,而《监察法》《监察法实施条例》并未规定被调查人认罪认罚后又反悔的情形及处理程序。这一规定在一定程度上使被调查人主张自己合法权益的途径变得更少,无法得到上级机关的监督保障。权力的行使应当受到来自不同层面的监督,监察机关在办理认罪认罚案件过程中,行使的权力以及作出的一系列行为应当受到监督,尤其是作为国家监督机关的检察机关,应当发挥其应有的监督作用,保证监察机关权力行使的合法性。普通犯罪案件中,检察机关审查案件时,可以要求公安机关提供必要的证据材料,认为可能存在法律规定的以非法方法收集证据情形的,可以要求公安机关对证据收集的合法性作出说明。法律规定从侧面反映出,检察机关应当审查监督公安机关提供的有关犯罪嫌疑人认罪认罚的证据,确保其提供的证据的合法性以及犯罪嫌疑人的认罪认罚符合法律规定。法律监督在依法治国中担任重要的使命,从认罪认罚从宽制度的价值上考虑,在我国依法治国的进程中,检察机关的法律监督,不仅可以维护国家法律统一、促进法律的正确实施、保证司法公正,还可以制约有关国家机关的权力行使以及履职行为。因此,法律应尽快将检察机关的监督贯彻于职务犯罪案件的调查阶段,充分发挥检察机关的监督职能,推动监察机关依法履行职责,保证认罪认罚程序的正当性。

第四节 完善职务犯罪案件认罪认罚从宽制度的构想

前文已述,认罪认罚从宽制度在职务犯罪案件与普通犯罪案件的适用上存在诸多不同,职务犯罪案件调查程序中配套措施尚不完备。因此,有必要对职务犯罪认罪认罚从宽制度予以进一步完善,进而发挥认罪认罚从宽制度的最大效能。

一、完善认罪认罚从宽制度实体性保障措施

(一)统一"认罪""认罚""从宽处罚"的基础性概念

哈特在《法律的概念》一书中曾提到,法律概念的核心意义应当是明确、

概念的不确定性仅存在于法律词汇的边缘含义。换言之,法律概念的内涵应当是明确清晰的。"认罪""认罚""从宽处罚"的内涵未被《监察法》明确规定,为保持监察调查程序和刑事司法程序的顺畅衔接,不同法律程序中的法律概念内涵有必要保持相对统一。第一,明确"认罪认罚"的实质内涵。《监察法》及《监察法实施条例》应当借鉴认罪认罚从宽制度试点工作的经验,① 将"认罪""认罚"的基础性概念纳入条文之中,为各地监察机关开展实际工作提供指引。职务犯罪调查程序中的认罪认罚基础性概念宜与《刑事诉讼法》的规定保持一致,即监察调查中的"认罪认罚"是指被调查人自愿如实供述自己的罪行,对监察机关提出的处罚建议无异议。第二,制定相对统一的"从宽处罚"适用标准。检察机关与监察机关都有权提出处罚建议,前者的表现形式为量刑建议,后者的表现形式为从宽处罚建议。《认罪认罚从宽制度试点办法》及《刑事诉讼法》对量刑建议的内容、执行方式虽有规定,但是实务中各地检察机关尚未对量刑建议的适用情形、幅度形成统一标准,甚至对检察机关应提出确定刑还是幅度刑仍存在不同争论。在普通犯罪案件"从宽"幅度尚未明确的前提下,贸然设定一致的"从宽"标准既不现实,也不符合职务犯罪案件特殊性的要求。笔者认为,首要任务需要明确"从宽处罚"的实质是被调查人有权获得实体、程序、调查措施三方面的从宽处理。在实体层面,需要将从宽处罚建议的适用条件与自首、立功规定相剥离,如果被调查人认罪认罚的同时满足自首、立功的条件,应当按照有利于被调查人的原则提出从宽建议;在程序层面,要求监察机关在《起诉意见书》中一并提出从宽处罚建议;在调查措施层面,要求监察机关从缓适用留置、技术调查等手段,如被调查人认罪认罚并积极配合调查工作的,可以推定其不存在"逃跑、自杀"等妨碍调查工作的情形,可以从宽适用留置措施。同时,根据认罪认罚的时间节点构建阶梯化的从宽幅度,但从宽处理不应超越《刑事诉讼法》的规定。②

---

① 《认罪认罚从宽制度试点办法》第1条规定:"犯罪嫌疑人、被告人自愿如实供述自己的罪行,对指控的犯罪事实没有异议,同意量刑建议,签署具结书的,可以依法从宽处理。"
② 实务中极少数监察机关对"从宽"处理幅度把握不严。例如,某省纪委监委对省公安厅交通警察总队原总队长的通报中提到"其利用职务便利为他人谋取人事方面利益;违反廉洁纪律,以权谋私,本人或亲属收受他人财物",鉴于其主动投案,如实交代违纪违法问题,真诚认错悔错,对其可予从轻、减轻处理。最终仅依据《政务处分法》给予其撤职处分。

（二）允许律师介入监察调查程序

考察《刑事诉讼法》的历次修订，可以发现律师介入刑事司法活动呈现权利扩大、阶段前移的样态。具体来看，在侦查阶段，律师的角色定位由最初法律帮助者扩大成为辩护律师，参与刑事司法活动的时间由"开庭七日前"① 提前到"犯罪嫌疑人第一次被讯问或者采取强制措施之日"。② 而《监察法》并未允许律师介入监察调查活动，这一规定可能会影响被调查人认罪认罚的"自愿性"，也会影响我国的法治进程。学界普遍认为，认罪认罚与律师辩护之间须臾不可分离。③ 为保障被调查人认罪认罚的"自愿性"，允许律师介入监察调查程序是最直接的保障方式之一。律师介入方案有二：一是直接允许辩护律师介入监察调查阶段。由于监察调查行为与侦查行为具有"同质性"，④ 可以参考2012年《刑事诉讼法》对侦查阶段辩护律师会见条件进行适度限缩。具体规定如下：在审查调查期间，辩护律师会见特别重大贿赂犯罪案件的被调查人，应当经监察机关许可。辩护律师会见涉及危害国家安全的职务犯罪案件被调查人的，监察机关有权拒绝。除特别重大贿赂犯罪和危害国家安全犯罪以外的案件，律师持相关证明文件后，监察机关应当及时安排会见。二是允许值班律师以法律帮助者的身份介入监察调查阶段。在普通犯罪案件中，犯罪嫌疑人有权获得值班律师的法律帮助，值班律师提供的法律帮助范围包括法律咨询、提供案件处理意见、程序选择建议、申请变更强制措施。这些服务范围大体上涵盖了犯罪嫌疑人最为关心也最想知悉的内容。在监察调查程序中，也可以设置值班律师提供法律帮助。值班律师的帮助具有中立性、临时性的色彩，其难以帮助被调查人进行串供、毁灭证据、伪造证据的活动，也未接受被调查人的委托，与当事人没有形成依附关系。⑤ 在现行法规范下，值班律师介入监察调

---

① 参见1979年《刑事诉讼法》第110条。
② 参见1996年《刑事诉讼法》第96条、2012年《刑事诉讼法》第33条、2018年《刑事诉讼法》第34条。
③ 潘金贵，王蕾. 职务犯罪监察调查中的从宽处罚建议制度研究[J]. 重庆社会科学，2021（1）：108.
④ 褚福民. 以审判为中心与国家监察体制改革[J]. 比较法研究，2019（1）：41-54.
⑤ 汪海燕. 职务犯罪案件认罪认罚从宽制度研究[J]. 环球法律评论，2020，42（2）：52-67.

查的方案有两种：其一是明确被调查人的留置地点应为看守所。根据相关规定，① 被调查人可以享受看守所中的值班律师提供的法律帮助。其二是直接在监察机关工作地点内设置值班律师工作站，这样的做法也符合保障被调查人认罪认罚"自愿性"的要求，有助于值班律师及时了解被调查人状况，第一时间提供法律帮助。

（三）探索审查调查阶段的证据开示制度

证据开示制度并不是一项新事物，2012年《刑事诉讼法》就明文规定了刑事诉讼过程中的证据开示。只不过传统的证据开示仅存在于检察机关与辩护人之间，犯罪嫌疑人、被告人常常作为追诉的客体而存在，立法自然忽略了其应作为开示主体所享有的基本权利。完善认罪认罚从宽制度是一个转变契机，"两高三部"在《指导意见》中提到，探索证据开示制度用以保障犯罪嫌疑人、被告人的知情权和认罪认罚的"自愿性"。探索监察调查阶段的证据开示制度可以从四方面入手：第一，开示的主体。有实务人士认为，证据开示只应向辩护律师开示，不应向犯罪嫌疑人（被调查人）开示，因为这样会造成犯罪嫌疑人（被调查人）的侥幸心理——证据"好"就认罪认罚，证据"不好"就百般狡辩。② 但是，笔者认为该观点有违认罪认罚从宽制度的设计初衷。监察调查的证据开示具有"双向性"。以负责案件办理的监察人员为开示主体，开示对象包括被调查人及值班律师或辩护律师。向被调查人本人的直接开示使其能够及时、清楚地了解监察机关掌握的现有证据，向值班律师、辩护律师的开示能够使其帮助被调查人分析现状，作出最优抉择。被调查人、值班律师或辩护律师仅在特殊情况下才具备向监察办案人员开示证据的义务。第二，开示的范围。证据开示的范围应从正向开示、反向排除两方面加以规定。正向开示包括办案机关掌握的有利、不利证据，定罪、量刑等证据；反向排除开示包括开示会造成串供、毁灭、伪造证据或造成国家利益、社会利益等公众利益受损的证据可以豁免，无须开示。并且办案人员可以分多次开示证据，首次展示不利于被调查人的"不利证据"，削弱心理防线，促成认罪认罚；再次展示有利

---

① 《法律援助值班律师工作办法》第2条规定："本办法所称值班律师，是指法律援助机构在看守所、人民检察院、人民法院等场所设立法律援助工作站，通过派驻或安排的方式，为没有辩护人的犯罪嫌疑人、被告人提供法律帮助的律师。"
② 李辰. 认罪认罚从宽语境下职务犯罪案件协商机制的构建［J］. 法学杂志，2017，38（9）：28.

于被调查人的"有利证据"等全部开示范围内的证据,充分还原案件全貌,保证辩护方得以进行有效辩护。① 第三,开示的流程。启动证据开示程序后,首先,办案人员应当制作证据开示清单,清单应当列明证据的种类、来源并在清单后附证据材料;其次,被调查人和值班律师或辩护律师可以查阅、摘抄、复制证据清单和证据并进行单独商讨,决定是否认罪认罚;最后,被调查人、值班律师或辩护律师均应当签字确认,表明已经知悉相关证据材料。第四,开示的效果。法律效果包括肯定效果与否定效果两方面。肯定效果指在法庭审理过程中经过开示的证据,控辩双方对开示程序无异议的,法庭可以简化举证、质证程序,也可以直接采纳该证据。否定效果指违反证据开示规定的不利后果。对监察委员会一方来说,未展示的证据如果对被调查人作出自愿认罪认罚有重大影响的,法官可以认为该认罪认罚属于非自愿,使监察机关前期工作归于无效;对被调查人一方来说,违反证据开示义务本身就是其"认罪悔罪"不真诚的体现,被调查人可能将面临撤销从宽处罚建议的后果。

(四) 健全监察委员会的不立案、撤案制度

我国《刑事诉讼法》规定了特殊情形下的撤销案件、不起诉制度,② 但该制度的设计规则较为严苛。该程序仅适用于犯罪嫌疑人供述涉及重大立功或者国家重大利益,且经过最高人民检察院核准的情形,因而该项制度在实务中较少被激活适用。健全监察委员会在职务犯罪案件中不立案、撤案制度,需要注重下列四方面。

第一,从适用对象看,该制度适用于三类人员:其一是尚未被监察委员会立案,仅处于线索初核阶段的涉案人员;其二是被监察委员会正式立案调查的人员;其三是污点证人,职务犯罪线索隐蔽,取证难度大,在被调查人不配合的情况下,要注重发挥污点证人的作用,因此污点证人应当是不立案、撤销案件制度的重点适用对象。

第二,从适用范围看,该制度应汲取《刑事诉讼法》第182条的立法缺陷,适度扩大适用范围、降低适用门槛。考虑到职务犯罪案件中的被调查人通常为公职人员、党员领导干部,这些群体在履行职务中具有接触国家秘密的

---

① 郭建坡,赵春秀. 刑事证据开示制度的价值基础及法律重构 [J]. 河北法学,2010,28(4):162.
② 《刑事诉讼法》第182条规定:"犯罪嫌疑人自愿如实供述涉嫌犯罪的事实,有重大立功或者案件涉及国家重大利益的,经最高人民检察院核准,公安机关可以撤销案件,人民检察院可以作出不起诉决定,也可以对涉嫌数罪中的一项或者多项不起诉。"

"天然优势",但并不是任何公职岗位都能够接触涉及"国家重大利益"的材料,并且在我国刑法理论中也未对"国家重大利益"作出明确规定,因此监察调查中适用该制度时可以对"国家重大利益"适度放宽,可以修改为,被调查人选择认罪认罚,且供述的犯罪事实涉及国家利益,有关机关依据其供述开展调查,有效避免了危害结果的发生或对防止危害结果扩大有重要贡献的,监察委员会可以对其作出撤销案件的决定。

第三,从决定程序看,为避免监察委员会不规范行使不立案、撤销案件的权力,应从程序角度对其进行限制。程序控制可以分为两个层级,即省级及以下监察委员会决定不立案或者撤销案件的,需要报上一级监察委员会批准,国家监察委有权自行决定不立案或者撤销案件,相关情况应当及时向社会公众披露。

第四,从适用后果看,监察机关作出不立案、撤销案件的决定即免除被调查人的刑事责任,但被调查人不得依据《监察法实施条例》第280条第1项的规定申请国家赔偿。① 另外,在具体办案过程中,监察委员会可以依据被调查人的配合程度、供述态度,综合运用"四种形态"处置手段给予处置。② 换言之,被调查人配合程度高、态度好,监察机关对被调查人可以从"第四种形态"开除党籍、公职并移送司法机关处理向"第三种形态"重处分、重大职务调整转化。对于拟做出不追究刑事责任的涉案人员,其行为如有违反《中国共产党纪律处分条例》《中国共产党纪律检查机关监督执纪工作规则》《公职人员政务处分法》规定的,仍要给予其违纪、违法处分。

(五) 建立监察调查阶段的认罪认罚反悔机制

认罪认罚从宽制度试点及正式实施过程中,犯罪嫌疑人、被告人认罪认罚后又反悔的情形时有发生,甚至引发了学界关于恶意反悔或技术性反悔的讨论。立法者对此问题也最为关心。《指导意见》第51条至第54条规定了普通犯罪案件中犯罪嫌疑人、被告人认罪认罚后反悔的处理程序。处理反悔的原则是犯罪嫌疑人、被告人反悔后即视为认罪认罚从未发生,检察机关在全面审查事实证据的基础上,依法提起公诉,审判机关根据审理查明的事实,依法作出裁判。而《监察法》《监察法实施条例》并未规定被调查人认罪认罚后又反悔

---

① 被调查人被采取留置措施后,监察机关又撤销案件的,受害人可以据此提出国家赔偿。
② 参见《中国共产党党内监督条例》第7条、《中国共产党纪律检查委员会工作条例》第31条。

的情形及处理程序,是立法有意回避还是立法疏忽,我们不得而知,但是建立监察调查阶段的认罪认罚反悔机制是现实需要。可以从四方面构建认罪认罚反悔机制。第一,赋予被调查人反悔的权利。应当赋予被调查人单方面反悔与撤回认罪认罚的权利;除非特殊情况,监察机关不具备单方面撤销认罪认罚的权力。第二,明确规定反悔的条件。当满足下列情形时,被调查人即可行使反悔权:其一是认罪认罚有违"自愿性",认罪认罚非自愿的背后常常伴随着违法调查、强迫认罪等情形,认罪认罚的基础被严重动摇;其二是未获得律师的有效帮助,如监察机关未安排值班律师会见,证据开示的范围、时间、内容与法律规定不符。第三,明确规定反悔的效力。被调查人撤回认罪认罚的,监察机关应当视为认罪认罚从未发生,被调查人因认罪认罚获得的实体及程序利益应当撤销:被调查人已经获得从宽处罚建议的,监察机关应当及时报批准机关撤销该从宽处罚建议;下级监察机关已经提出从宽处罚建议而上级监察机关尚未批准的,下级监察机关可以撤回申请;被调查人因认罪认罚而未被采取留置等措施的,监察机关视实际需要可以决定恢复适用。第四,明确规定反悔的时间节点。被调查人反悔需在移送审查起诉前作出,这样《监察法》和《刑事诉讼法》能够在反悔程序处理上做到态度一致。被调查人的反悔次数不应作出特别限制。毋庸置疑的是,被调查人无限制的反悔必然会大量消耗办案资源,也会损害监察机关的权威。但是,考虑到在监察调查阶段,被调查人行使反悔权对后续司法进程影响并不显著,且《刑事诉讼法》也并未限制犯罪嫌疑人、被告人的反悔次数,因此监察调查阶段不限定反悔权的行使次数不仅能够实现"法法"衔接,更是保障被调查人认罪认罚"自愿性"的重要途径。

二、完善认罪认罚从宽制度程序性保障措施

(一)制定阶梯化的从宽处罚标准

目前,被调查人选择认罪认罚后的从宽幅度并不明确,不同机关制定所负责阶段的从宽处罚标准,导致"监、检、法"三机关的从宽处罚标准有"自说自话"之嫌。然而实务中,检察机关和审判机关一般都会采纳监察机关提出的从宽处罚建议,这种做法极易侵蚀刑事司法机关独立审查从宽处罚建议合法性及合理性的职能。同时,认罪认罚作为一个独立的量刑情节,它的从宽标准和幅度并没有细化。① 笔者认为,构建阶梯化的职务犯罪从宽处罚标准需要"监、检、法"三机关配合协作,制定统一适用的从宽处罚标准,共同织密打击贪腐犯罪的安全网。继续落实"认罪认罚越早、从宽幅度越大"的理念,被调查人越早选择认罪认罚,其节约的司法资源越多,因此其享受的从宽幅度应越大。

(二) 简化从宽处罚建议程序

监察机关提出从宽处罚建议的程序设置较为复杂,一是本级机关综合研判、集体审议;二是上一级监察机关批准。一方面,由于基层办案人员并不享有从宽处罚的提出权与决定权,容易导致认罪认罚协商中被调查人对监察机关出现信任危机;另一方面,从宽处罚建议的设置程序表明,从宽处罚建议通常带有上级监察机关的意志,下级刑事司法机关易受其影响,影响办案独立性。在普通犯罪案件中,负责案件办理的检察官有权提出并决定量刑建议,仅在犯罪嫌疑人罪行较轻且认罪认罚,拟作出不批准逮捕或者不起诉决定时,才报请检察长决定。② 对比两种处理程序,我们可以发现检察机关赋予了一线办案人员更多的决定权,即便是涉及不批准逮捕或不起诉,通过本级检察院内部沟通亦可决定,程序流程的简化促使审查起诉环节认罪认罚的适用率较高。③ 考虑到目前反腐败形势与工作要求,贸然赋予基层办案人员从宽处罚建议决定权的条件尚未成熟,笔者认为,可以规定负责办理案件的监察官有权提出从宽处罚建议,经集体研讨后可以作出是否批准的决定,批准该从宽处罚建议的,应报上一级监察机关备案,未批准该从宽处罚建议的,办理案件的监察官有权修改从宽处罚建议后再行提交讨论。

---

① 《指导意见》第9条规定:"从宽幅度的把握。办理认罪认罚案件,应当区别认罪认罚的不同诉讼阶段、对查明案件事实的价值和意义、是否确有悔罪表现,以及罪行严重程度等,综合考量确定从宽的限度和幅度。在刑罚评价上,主动认罪优于被动认罪,早认罪优于晚认罪,彻底认罪优于不彻底认罪,稳定认罪优于不稳定认罪。认罪认罚的从宽幅度一般应当大于仅有坦白,或者虽认罪但不认罚的从宽幅度。对犯罪嫌疑人、被告人具有自首、坦白情节,同时认罪认罚的,应当在法定刑幅度内给予相对更大的从宽幅度。认罪认罚与自首、坦白不作重复评价。对罪行较轻、人身危险性较小的,特别是初犯、偶犯,从宽幅度可以大一些;罪行较重、人身危险性较大的,以及累犯、再犯,从宽幅度应当从严把握。"
② 参见《认罪认罚案件监督管理办法》第5条、第9条。
③ 2020年以来认罪认罚从宽制度适用率超过了85%。(张军. 最高人民检察院工作报告——2022年3月8日在第十三届全国人民代表大会第五次会议上 [R/OL]. 中华人民共和国最高人民检察院网站,2022-03-15.)

(三) 改进从宽处罚建议的移送形式

《监察法》并未在从宽处罚建议的移送形式上与《刑事诉讼法》保持一致，没有采用认罪认罚具结书的移送形式，因而实务中出现了三种处理方式，前文已述，在此不再赘述。立法者注意到了实务中的不足，并希望在后续出台的《监察法实施条例》对此问题加以明确，但遗憾的是，《监察法实施条例》仍无法跳出以"函"移送的弊端。笔者认为，为确保监察调查与刑事司法程序有效衔接，监察机关可以沿用"函"的形式对从宽处罚进行上下级沟通请示，但在调查终结移送审查起诉时，无论上级机关是否批准从宽处罚，监察机关一律应当采用在《起诉意见书》中列明的方式写明认罪认罚情况或移送从宽处罚建议。

(四) 明确规定从宽处罚建议的效力

《刑事诉讼法》明确规定了检察机关量刑建议的效力问题，并未规定监察委员会从宽处罚建议的效力问题。分析《刑事诉讼法》第201条可以看出审判机关对待量刑建议的处理态度，审判机关以采纳检察机关指控的罪名和量刑建议为原则，以建议检察机关调整量刑建议为例外。换言之，检察院与犯罪嫌疑人、被告人的量刑协商过程只要不涉及"四种情形"从而影响公正审判的，[①] 法院都应当尊重具结书背后体现出的双方意志。但是，监察机关从宽处罚建议对法院、检察院处理案件的效力是实务中的棘手问题。在某些地区，法院、检察院对监察委员会的从宽处罚建议"照单全收"，从宽处罚建议严重侵蚀检察权、审判权，极易形成"监察中心主义"的倾向。笔者认为，监察体制改革中应明确从宽处罚建议的效力问题。从宽处罚建议与量刑建议具有同向性，从宽处罚建议可以为量刑建议提供意见，从而得以顺利追究被调查人的刑事责任。从这个维度讲，检察机关应当受到从宽处罚建议的制约，但也不能据此架空检察机关的审查权，赋予检察机关有限的审查权仍有必要。具体可以增设如下规定：除犯罪嫌疑人不构成犯罪或不应当追究其刑事责任以及从宽处罚建议明显不当的以外，检察机关一般应当接受监察委员会的从宽处罚建议，并以此作为量刑建议的依据。

[①] 《刑事诉讼法》第201条规定："对于认罪认罚案件，人民法院依法作出判决时，一般应当采纳人民检察院指控的罪名和量刑建议，但有下列情形的除外：（一）被告人的行为不构成犯罪或者不应当追究其刑事责任的；（二）被告人违背意愿认罪认罚的；（三）被告人否认指控的犯罪事实的；（四）起诉指控的罪名与审理认定的罪名不一致的；（五）其他可能影响公正审判的情形。"

第八章

以合规为核心的企业认罪认罚从宽制度构建

随着涉案企业合规改革工作在全国范围内的全面铺开,学界和司法实务界已经意识到,指导当前合规改革工作的涉企犯罪治理理念与认罪认罚从宽制度在功能价值、手段路径等层面具有高度契合性。然而,我国认罪认罚从宽制度在设计之初即呈现以规制自然人犯罪为核心的特征,亟待在法人犯罪的治理层面作出深耕探索。将认罪认罚从宽制度与企业刑事合规激励体系成功对接,是实现涉案企业合规改革制度化、法治化的现实选择。因此,为顺应我国刑事诉讼的发展潮流,笔者将在本章中整合认罪认罚从宽制度和刑事合规的程序激励机制,针对企业犯罪治理的特点,构建出以合规为核心的企业认罪认罚从宽制度,以此回应各方关切、弥补现行法律的部分缺位。

第一节 涉企犯罪治理理念的革新

我国调整市场经济的法治模式是以刑法为主的控制型经济管理模式。[①] 此模式下,企业尤其是民营企业的刑事法律风险增加。原因有二:其一,我国刑法设置的"法网"严密。目前,刑法通过多个修正案的方式,已将单位犯罪的罪名数量从"1997年刑法"的125个增加到163个。其中,民营企业常见的刑事法律风险可能涉及50多个罪名,比较典型的有非法吸收公众存款罪、集资诈骗罪、非法经营罪、虚开增值税专用发票罪、擅自发行股票、公司、企业债

---

① 陈卫东. 从实体到程序:刑事合规与企业"非罪化"治理 [J]. 中国刑事法杂志, 2021 (2):114-126.

券罪、行贿罪等，①涵盖了企业融资、税收缴纳、对外公关等多个经营环节。其二，我国刑法在规制破坏社会主义市场经济秩序罪层面出现了一些"口袋罪"，导致一些办案人员对行为进行扩大解释，甚至类推解释。例如，非法吸收公众存款罪中的"非法性"问题，因具有开放性而为该罪演变为"口袋罪"提供了土壤。在定罪量刑的过程中，极少数办案机关容易受到宏观政策层面对非法集资行为坚决禁止和取缔态度的影响，无视罪名打击半径的固定长度，对某些行为进行扩大解释，甚至类推解释，导致非法吸收公众存款罪在适用过程中扩大化的同时，使其滋生为"口袋罪"。②此种注重事后惩戒、刑法调控为主的涉企犯罪治理模式，对企业产生了诸多负面影响。企业一旦受到刑罚制裁，可能因难以承受的巨大经济损失而面临破产，内部员工失业、第三方合作伙伴利益受损等附随后果接踵而至，产生所谓的"水波效应"，增加社会的不稳定因素。即使企业暂时未破产倒闭，日后谋求正常发展也将举步维艰，尤其在融资方面。监管部门要求国有商业银行加大风险识别力度；在放贷过程中，银行对融资风险的判断很大程度上依赖于融资主体的征信记录，而犯罪记录是不良征信记录的主要部分。③因此，企业一旦获罪，其正常经营活动将会因信用不良而难以维系。有数据显示，2016年中国民营企业的投资增速出现严重下滑，1~4月的民间固定资产投资增速出现明显下滑；2018年资产大于100万美元的高净值人群在全球流动的数据表明，中国是净流出国家，其中相当一部分是企业家和技术创新者。④投资遇冷、企业家外流，表明我国企业的生存情况面临严重困境，长此以往，将严重影响经济社会发展。

此外，虽然刑事法网严密，但是我国目前企业犯罪的治理状况并不佳。例如，刑法对涉罪单位仅能判处罚金刑且规定的数额普遍不高，远低于犯罪的违法所得，甚至低于合法经营所需缴纳的税款，导致单位犯罪频发、再犯的问题难以解决。侧重于对事后已然之罪施以刑罚的传统观念难以取得良好的治理犯

---

① 卢勤忠.民营企业的刑事合规及刑事法风险防范探析［J］.法学论坛，2020，35（4）：130.
② 王新.非法吸收公众存款罪的规范适用［J］.法学，2019（5）：108.
③ 李本灿.认罪认罚从宽处理机制的完善：企业犯罪视角的展开［J］.法学评论（双月刊），2018，36（3）：111-121.
④ 李玉华.以合规为核心的企业认罪认罚从宽制度［J］.浙江工商大学学报，2021（1）：61-71.

罪效果，在域外法国家涉企犯罪治理实践中亦得到论证。早在 20 世纪 80 年代，澳大利亚学者布雷斯韦特（Braithwaite）就通过实证研究发现，传统的刑事惩罚对公司的威慑作用有限。此观点回应了美国学者考菲（Coffee）提出的"威慑陷阱"理论，即国家层面对于公司施加刑罚制裁并产生实质威慑力往往会处于两难的境地，较温和的刑罚难以发挥实质威慑力，而能产生实质威慑力的惩罚往往又超出公司自身承受能力的上限。① 目前涉企犯罪治理现状除了难以避免再犯发生的问题，还存在侦查取证困难的情况，后者给公安司法机关侦破案件、认定犯罪带来了不小压力。随着人工智能、云计算、大数据等信息技术的蓬勃发展，互联网犯罪案件数量近几年呈上升态势，但网络犯罪的侦办工作难度较大。在 2017 年举办的"互联网法律大会·未来论坛"中，有检察系统的同志指出："网络犯罪具有隐蔽性、智能性和产业化、链条化的特点，给传统办案模式带来前所未有的挑战。挑战可归结为三方面，即对网络犯罪行为的认知难；网络犯罪取证难、固证难；网络犯罪定性难。"② 总之，面对传统涉企犯罪治理模式中对企业造成的负面影响较深、犯罪治理效益并不显著等问题，亟待转变企业犯罪的治理思路。

基于此，需要以新的理念回应现代社会的企业犯罪治理需求。首先，面对传统犯罪治理极易产生"水波效应"的问题，应在差异化视角下考察涉企犯罪中的多元化法益。企业犯罪行为所侵害的国家法益仅是一个侧面，"员工权益""企业发展""科技创新"等多元化法益亦应得到相应关注，"法益结构"需要在一定程度上由"国家本位"向"社会本位"转型。③ 其次，针对企业犯罪治理效果不佳的现状，出于避免其再次犯罪的考虑，需要进行思路调整，将事后惩戒以实现消极一般预防的思路转变为引导企业遵纪守法、强调事前积极的一般预防思路。"刑罚的目的是面向未来的，科以刑罚本身并非刑罚目的，而是教导人们遵守规则。"④ 此外，由于企业犯罪侦查、认定难度大，可探索将国

---

① 林静. 刑事合规的模式及合规计划之证明 [J]. 法学家，2021（3）：47-61，191-192.
② 田苗. 浙江实践中的互联网法制建设 [EB/OL]. 微信公众号"互联网法律大会"，2018-05-07.
③ 卫跃宁. 由"国家在场"到"社会在场"：合规不起诉实践中的法益结构研究 [J]. 法学杂志，2021，42（1）：42-45.
④ 孙国祥. 刑事合规的理念、机能和中国的构建 [J]. 中国刑事法杂志，2019（2）：3-24.

家单方治理转变为"国—企共治",企业的共同参与,在保障诉讼效率的同时,可使涉罪主体在其中得以反思行为、受到教育,实现加害恢复的目的。目前,革新涉企犯罪治理理念已经受到相关部门的高度重视。2020年7月,习近平总书记在主持召开企业家座谈会时强调:"要扎实做好'六稳'工作、落实'六保'任务……使广大市场主体不仅能够正常生存,而且能够实现更大发展。"①保障企业正常生存并谋求良性发展,在刑事法律和政策层面,要求兼顾涉案企业的多重权益诉求,扭转事后惩戒的单一制裁思路,注重关怀、帮扶企业做好事前预防工作,以求在稳定中实现企业的可持续化发展。最高人民检察院党组亦提出鲜明的司法政策,在办理涉及民营企业案件时,依法"能不捕的不捕、能不诉的不诉、能不判实刑的就提出适用缓刑的建议";同时还提出,检察机关要做服务保障民营企业发展的"老娘舅",即为守法经营而管、为健康发展而究。②

第二节 认罪认罚从宽制度与涉企犯罪治理新理念的契合

对企业犯罪治理思路进行转变已经得到国家层面的高度关注,但目前尚需扭转过度依赖政策的问题;将政策上升至法律,才能给企业家以预期和信心。笔者认为,涉企犯罪治理法治化的新路径即为建立健全企业认罪认罚从宽制度,转变当下认罪认罚从宽制度以规制自然人犯罪为中心的局面,探索其在治理企业犯罪层面的效用。认罪认罚从宽制度与涉企犯罪治理新理念在如下三方面存在高度契合。

第一,均体现了宽严相济的刑事政策。前文已述,为兼顾涉案企业的多重权益诉求,保障企业的生存与发展,公安司法机关办理涉企犯罪案件时强调"能不捕的不捕、能不诉的不诉、能不判实刑的就提出适用缓刑的建议",此侧重于在充分考虑犯罪本身社会危害性的基础上,实现挽救企业的目的。而对于

---

① 习近平. 在企业家座谈会上的讲话 [N]. 人民日报, 2020-07-22 (2).
② 徐日丹, 戴佳, 闫晶晶. 中共中央《意见》强调: 依法维护企业合法权益 [EB/OL]. 最高人民检察院网, 2021-08-10.

认罪认罚从宽制度，《指导意见》开宗明义地指出，该制度贯彻的基本原则是宽严相济的刑事政策。从宽处理既包括实体上的从宽处罚，也包括程序上的从简处理。认罪认罚从宽制度将"从宽"的理念渗透到了刑事诉讼活动的诸多关键环节中，如强制措施的从宽、扩大相对不起诉的适用、提出从宽处罚的量刑建议、对符合条件的案件适用简化的诉讼程序办理等。将涉企犯罪治理新理念植入认罪认罚从宽制度中，构建企业认罪认罚从宽制度，企业和内部负责人可以通过宽缓的强制措施适用、不起诉适用、从宽量刑等多项刑事激励手段，维持组织体正常运营，防止出现"水波效应"或部分经营资格丧失的情况；而相对简化的诉讼程序，亦使企业可早日摆脱刑事诉讼的桎梏，降低刑事诉讼对企业经营的影响，从而使企业尽快实现正常化经营，减少经营损失。

第二，二者在价值追求层面存在多重契合。首先，均强调涉罪主体的深度参与，追求涉罪主体与公权力机关展开协商、对话的诉讼价值。涉企犯罪治理希冀打造"国—企共治"的格局，以促进企业主体对自身行为的反思，增强其社会责任，从而提升犯罪治理效果。协商性司法恰好为这一思路提供了制度设计。企业通过修复受损法益并与检察机关交换意见、签署具结书等方式合理参与诉讼活动，是以自身表现影响诉讼实体结果、达到从宽处遇目的的过程，亦是对犯罪行为自我再剖析、再觉醒的过程。其次，涉企犯罪治理的新思路要求企业作为社会主体，应承担起应有的社会责任，通过受损法益的修复以及自身企业文化的重建，重塑自身形象、防范违法行为再发生。认罪认罚从宽制度中蕴含的恢复性司法理念以及侧重对犯罪进行特殊预防的逻辑与之不谋而合。例如，张家港市 L 公司污染环境案中，L 公司在造成严重环境污染后积极认罪认罚，并主动接受来自税务、生态环境、应急管理等部门对合规计划进行的有针对性的专业评估；整改完成后，企业又依据《中华人民共和国水污染防治法》的规定承担了行政责任以弥补自身行为所造成的损害。这些补救、完善措施，使 L 公司改变了野蛮粗放的发展运营模式，实现了快速转型发展。[①] 由此可见，企业适用认罪认罚从宽制度，在实现刑罚的报应刑目的的同时，更加注重对被侵害法益的修复，以实现预防犯罪的目的。

---

① 最高人民检察院网上发布厅. 最高检发布企业合规改革试点典型案例［EB/OL］. 最高人民检察院网，2021-06-03.

第三节　合规嵌入企业认罪认罚从宽制度的必要性

企业合规是一种新型的公司治理方式，在我国发展最早、普及程度最高的行业是银行业。2001年我国加入世贸组织以来，各大商业银行就逐步意识到构建合规管理制度的重要性。银监会在2006年发布的《商业银行合规风险管理指引》进一步推动了我国银行业合规管理制度的建设。随着国家"一带一路"倡议的推进，加之我国企业在"走出去"过程中不断受到某些西方国家的调查与处罚，2018年以来，国家层面开始全面关注到刑事合规制度对于企业犯罪预防和治理的关键意义，行政部门也在对企业监管的过程中全面引入了合规的理念。构建企业认罪认罚从宽制度，需要合规理念的嵌入。有学者也认为，如果将企业认罪认罚比作初级阶段，那么以合规为核心的企业认罪认罚从宽制度应当是其高级阶段。①

一、合规理念的嵌入有利于提升企业犯罪预防的效果

企业合规最初仅以一项"企业自我监管举措"的概念出现。1991年美国《联邦量刑指南》通过定义制度、明确法律激励机制、确立有效合规计划判断标准，将企业合规制度化进而全面引入司法实践。理论界通常对企业刑事合规的定义是在阐释《联邦量刑指南》的基础上进行的，即企业刑事合规为一种合理设计、实施和执行的内部控制机制，需要其尽最大可能地预防、发现和制止犯罪，并且促进企业形成合规运营的组织文化。由此可见，以风险控制为主要功能的企业刑事合规制度，以外部刑事法律为基础，以满足刑事法律义务、避免刑事法律责任为建构的核心目标，② 有利于增强企业抵御刑事风险的能力，从而达到企业事前预防犯罪的目的。最早将暂缓起诉协议制度作为企业刑事诉讼从宽激励措施之一的美国，以及后来确立这一制度的英国、法国等，无一例

---

① 李玉华. 以合规为核心的企业认罪认罚从宽制度 [J]. 浙江工商大学学报，2021（1）：61-71.
② 韩轶. 企业刑事合规的风险防控与建构路径 [J]. 法学杂志，2019，40（9）：2.

外地将企业完善合规计划作为这一协议的主要内容。① 涉案企业建立合规计划，是适用暂缓起诉协议制度的前提条件之一；协议的内容通常需要企业承诺在有效合规计划最低标准的基础上，弥补合规管理体系漏洞，完善合规内控机制；在整个重塑合规内控机制的考验期限内，由检察机关主导，通过多个主体、多种方式对企业合规进行持续监督。域外法国家和地区将合规作为企业刑事诉讼的重点环节，并以其为核心塑造企业认罪答辩的从宽激励机制，目的是希望在公权力机关和企业共同协商、对话的基础上，将刑事"污名化"惩罚转化为帮扶、监督企业建立并完善合规体系；通过企业自身的"去罪化"改造，树立起依法依规经营的理念，提升抵抗刑事风险的能力，最终达到对犯罪实现特殊预防和一般预防的效果。其中，西门子系列贿赂事件是典型的通过合规换取刑事指控减免并有效实现预防再犯效果的例证。西门子公司在以合规为条件与美国政府达成放弃刑事指控的协议之后，重新组建了合规团队，并任命独立合规官持续监督公司在合规方面的改进情况。目前西门子公司已建立了独立而权威的合规组织体系，并将刑事风险内控工作集中在反腐败、反垄断、数据保护和反洗钱等四大领域。② 西门子公司在完善合规体系后得到了声誉上的恢复，并对外强调只做廉洁的业务。由此可见，刑事合规在风险防控层面发挥的功能与将事后惩罚转变为事前积极预防的涉企犯罪治理新思路相一致，故其应是构建企业认罪认罚从宽制度过程中不可忽视的组成部分。

二、合规理念的嵌入有利于诉讼效率的提升和受损法益的修复

面对时下企业犯罪侦查难、认定难等现实困境，以合规为基础的企业刑事诉讼从宽激励措施均要求企业有义务配合公权力机关进行执法调查，这是裁量是否给予涉罪企业以从宽处遇的关键因素。美国 1999 年发布的"霍尔德备忘录"重点关注企业合规方面，并载明了检察官裁量是否对企业提起刑事诉讼时应考虑的 8 项因素。其中，第 4 条为"企业是否及时自愿披露不当行为，愿意合作配合执法调查，必要时放弃律师——客户特权和产品保护特权"。此后，在 2008 年发布的"菲利普备忘录"中又重申了"企业及时、自愿地披露不法行为"和"愿意合作配合调查"的要求，并将其作为是否提起刑事诉讼的关

---

① 陈瑞华. 企业合规视野下的暂缓起诉协议制度 [J]. 比较法研究，2020（1）：1-18.
② 陈瑞华. 论企业合规的性质 [J]. 浙江工商大学学报，2021（1）：47.

键考量因素。① 企业主动披露犯罪行为，愿意配合执法调查，是其真诚悔罪、希冀日后依法合规经营的表现，同时能够有效化解当前企业犯罪侦破面临的司法瓶颈，有利于诉讼效率的提升。

此外，在企业合规管理的背后亦存在一种超越经济效益的价值，此种价值虽然不会为企业直接创造经济收益，甚至需要牺牲短期利益，但这是目前诸多企业自发构建合规体系、行政和司法部门鼓励企业进行合规建设的原因所在。西方法学界提出的"企业社会责任理论"有效地回应了合规体系背后的超越性价值。② 倘若有效的合规计划能够促进企业承担更多的社会责任，将根本性地治理其在经营过程中出现的一些边缘性的违法违规行为，进而完成对受损法益的修复，亦能促进企业在其他方面负担起作为社会主体所应担负的社会责任。在前文已述的张家港市 L 公司污染环境案中，L 公司系省级高科技民营企业，拥有多项专利，部分产品突破外国垄断。检察机关在综合考量后，指导该公司开展合规建设。通过合规体系构建，L 公司改变了原有粗放式的发展模式，实现了转型发展，弥补了对当地生态环境可能造成潜在损害的经营漏洞。不仅如此，L 公司的转型发展为其科技创新实力的提高提供了新的更高的平台，并且推动了当地税收的增长。企业通过在自身专业领域的深耕实践，有效带动社会发展，增进社会福祉。

三、合规理念的嵌入有利于中小企业构建现代化公司治理结构

合规具有优化企业内部治理结构的功能。企业通过构建合规计划并有效实施，对管理层而言，可以提升各决策部门相互间的权力制约程度，防止因权力滥用而出现"越轨"行为。同时，各个业务执行部门可实现监管力度的强化，对已经实施或可能实施违法违规行为的员工进行惩戒或警告。但与域外法国家和地区合规从宽激励措施多适用于已拥有现代公司治理机构的企业所不同的是，我国广泛存在着家族化特征明显的中小企业，且这些企业是我国目前合规改革试点的主要对象。部分学者曾质疑，这类企业主体不具备建立合规体系的

---

① 万方. 企业合规刑事化的发展及启示 [J]. 中国刑事法杂志，2019（2）：47-67.
② 陈瑞华. 论企业合规的基本价值 [J]. 法学论坛，2021，36（6）：7.

组织和资源条件，即使在形式上确立内部合规机制，也难以有效发挥作用。①我们当然应当正视中小企业与大型企业相比在管理现代化层面的差距，但亦不能否认中小企业外部的刑事风险压力和内部的管理升级压力，使其更具优化治理结构的必要和潜力。②我国多家大型国有公司、中外合资公司早已通过制定合规管理办法优化了内部治理结构。类似前文所述，早在我国"入世"之时，商业银行业已经开展了合规管理制度的建设，实现了内部治理体系的升级。从世界企业的发展历程可知，从家族式组织形态完成向现代化治理结构的转变，是各国家地区企业的必然道路；企业若想获得长久发展，就需要对内部治理结构进行现代化变革。对此，虽然目前大多中小企业受到自身条件的限制，构建完整且"程式化"程度较高的合规体系具有一定现实难度，但这并不妨碍将合规理念、部分切实可行的合规要素融入中小企业犯罪的个案治理中，推动其内部现代化治理结构的发展。

第四节 以合规为核心的企业认罪认罚从宽制度构建原则

以合规为核心的企业认罪认罚从宽制度的具体设计，并不是说将原有自然人认罪认罚从宽的体系"生搬硬套"地移植到涉企犯罪案件的治理中，亦不是将刑事合规与认罪认罚进行简单的相加。在企业犯罪治理与认罪认罚从宽制度以及刑事合规理念相融合的过程中，需要遵守一些基本原则，并以此为指导设计出涉企犯罪案件适用认罪认罚从宽制度的有效路径。

一、全阶段贯彻合规理念原则

合规的理念与其对量刑的激励效果，需在企业认罪认罚案件中的所有诉讼阶段以及实体和程序的处理措施中得到体现。具体而言，首先，企业认罪认罚

---

① 陈瑞华.企业合规不起诉改革的八大争议问题［J］.中国法律评论，2021（4）：1-29.；陈卫东.从实体到程序：刑事合规与企业"非罪化"治理［J］.中国刑事法杂志，2021（2）：114-126.

② 谢安平，刘琦.协商性司法下的企业刑事诉讼新规制——以中小微企业适用合规不起诉为视角［J］.中国检察官，2022（5）：37-41.

的标准应反映出合规的理念,将企业建立或完善合规内控机制作为"认罚"的考察对象之一,且此承诺应在认罪认罚具结书中有所包含。其次,注重企业涉罪前合规计划建设和实施情况对于从宽处遇的影响作用。在域外法国家和地区,司法机关大多将企业拥有事前合规计划作为评价是否签署暂缓起诉协议或不起诉协议的关键因素;我国亦可将此因素融入"从宽"幅度的考量标准之中,使其成为企业认罪认罚梯度式从宽量刑的参考因素之一。而针对目前各地方试点合规不起诉制度所探索采用的"相对不起诉+合规整改检察建议"模式和附条件不起诉模式,企业是否拥有事前合规计划以及实施效果,亦须成为检察机关进行两种模式裁量适用的考量因素之一。最后,建立或完善合规计划的承诺,可以作为对企业负责人实施非羁押性强制措施的评估要件,将其视作社会危险性降低的典型表现,纳入审查批捕或变更强制措施的考察视野中。

二、各类企业主体平等适用原则

前文已述,中小型企业因具有优化内部治理结构的必要性和潜力,更需要在涉罪后通过认罪认罚从宽制度植入合规的理念和要素,实质性改造管理体系,激活内部自我监管机制,以维系企业的可持续发展。换言之,中小企业具有在认罪认罚基础上开展合规建设的内生动力,因此各类企业主体均可平等地通过建立并完善合规计划换取量刑减免。习近平总书记在主持召开企业家座谈会时指出:"依法平等保护国有、民营、外资等各种所有制企业产权和自主经营权。"2019年发布的《中共中央国务院关于营造更好发展环境支持民营企业改革发展的意见》第19条中亦指出:"民营企业要筑牢守法合规经营底线,依法经营、依法治企、依法维权,认真履行环境保护、安全生产、职工权益保障等责任。"由此可见,我国构建以合规为核心的企业认罪认罚从宽制度,不需要也不能将中小企业排除在外;相反,中央对中小企业合规具有较高的期待。

三、个别化设计原则

在各类企业主体均能平等通过认罪认罚、建立并完善内部控制机制以换取从宽处遇的前提下,亦需要考虑到中小企业合规能力的现实局限,以个别化为原则,在个案中因地制宜地设定合规整改项目和考察验收标准。目前,全国工商联、最高人民检察院、司法部等九部门已经联合制定了《涉案企业合规建设、评估和审查办法（试行）》，其中对于涉案企业合规建设的评估，明确要求"评估指标的权重可以依据涉案企业类型、规模、业务范围、行业特点以及涉罪行为等因素设置，并适当提高合规管理的重点领域、薄弱环节和重要岗位等方面指标的权重。"因此，承办案件的人民检察院和第三方监督评估组织应当重点关注企业的业务领域与实际经营状况，并以此为基础有针对性地开展合规计划的监督考察和合规报告的审查。2022年4月2日，最高人民检察院会同全国工商联专门召开的"全国检察机关全面推开涉案企业合规改革试点工作部署会"，特别强调了合规计划要针对不同类型企业、涉嫌不同犯罪，做到个别化、差异化；同时，合规整改既不能仅仅"头痛医头、脚痛医脚"，也不能盲目求大求全、烦冗复杂，背离企业经营和司法机关办案实际。① 在学界，诸多学者亦对"因案明规"、合规整改的个别化问题作了深入的研究。有学者认为，整改和验收标准的设置需要体现专门性，确保实现"去犯罪化"的目标。与此同时，应当针对不同性质和规模的企业，确立不同的合规计划版本。例如，可以考虑为中小企业制定有效合规计划的"简易版本"。② 亦有学者认为，有效合规计划必须具备预防、识别和反应三个机制，但针对处于合规初级阶段的中小企业而言，其中核心要素的具体要求可以视情况而有所降低。③

第五节　以合规为核心的企业认罪认罚从宽
　　　　制度构建的具体路径设计

一、涉罪企业认罪认罚的成立标准

认罪认罚从宽制度中，"认罪"与"认罚"是获得从宽处理结果的基础，需要进行重点把握。目前，在侧重于规制自然人犯罪的认罪认罚从宽制度中，对于"认罪"的成立标准，法学研究和各地方前期试点存在三种不同观点，即

---

① 徐日丹. 涉案企业合规改革试点全面推开！这次部署会释放哪些重要信号？[EB/OL]. 最高人民检察院网，2022-04-02.
② 陈瑞华. 企业合规不起诉改革的八大争议问题[J]. 中国法律评论，2021（4）：1-29.
③ 李玉华. 有效刑事合规的基本标准[J]. 中国刑事法杂志，2021（1）：16.

"认事说""认事+认罪说"和"认事+认罪+认罪名说"。① 这三种观点对"认罪"的要求依次递增，反映了对"认罪"从抽象到具象的考察变化过程。笔者认为，企业对自身违法行为的"认罪"，应当以"认事+认罪+认罪名说"的最高标准要求。原因如下：首先，"认罪说"和"认事+认罪说"的存在，均考虑到了犯罪嫌疑人作为非法律专业领域的主体，具有认知的局限性。对"认罪"的标准设定过高，可能制约制度的发展，也阻碍了司法人权保障目标的实现。对此，笔者亦持相同观点。但与自然人主体不同的是，企业作为一个资源相对完善、信息获取渠道相对广泛的诉讼主体，具备理性认知的条件，否则其也不可能实施诸多隐蔽性高、难度较大的违法犯罪行为。并且企业在涉案前内部的法务人员和涉案后聘请的专门律师团队，可以针对违法违规事项为其作出详细的法律评估。因此，企业的"认罪"标准设定应当不同于自然人主体。其次，涉企犯罪适用认罪认罚从宽制度的核心在于促进企业合规经营，企业建立并完善合规计划的重中之重又在于有效落实，而非仅仅利用"纸面合规计划"作为与公权力机关讨价还价的筹码，以获取从宽处遇。"认事+认罪+认罪名说"反映了涉罪企业真诚悔罪的一种态度。倘若企业在认罪认罚从宽制度的开启阶段即不愿意真诚反思自身的犯罪行为，对事实或行为性质的承认加以保留，那么后续企业较大可能也不会自愿选择建立并落实合规计划。合规作为涉企犯罪适用认罪认罚从宽制度的核心，若缺少合规，则皮之不存，毛将焉附？即使涉罪企业作出合规承诺，合规方案也有可能最终沦为形式化的"纸面计划"。

对于"认罚"的成立标准，域外法国家相关法律文件中所认同的某些参考要素可以适当融入我国涉企犯罪"认罚"的标准设置中。"菲利普备忘录"显示，检察官在决定是否起诉企业时应考虑以下因素：第一，企业及时、自愿地披露不法行为，愿意合作配合调查；第二，企业的补救措施包括努力实施有效的企业合规计划（或改善现有合规计划），代之以管理举措，处罚或者解雇违法者，给予赔偿，并与执法机构合作。② 由此可见，企业积极配合、有效补救等行为，是域外法国家和地区检察机构对涉案企业进行第一次审查（即审查是

---

① 孙长永. 认罪认罚从宽制度的基本内涵 [J]. 中国法学, 2019 (3)：205-206.
② 万方. 企业合规刑事化的发展及启示 [J]. 中国刑事法杂志, 2019 (2)：47-67.

否符合合规考察条件、是否可将其纳入合规考察程序）时的重要考量因素，[①]若企业无相应的保障性措施，检察机关就不会启动以合规为中心的一系列刑事激励程序。笔者认为，我国企业犯罪"认罚"标准的设置，应当在涉案企业真诚悔罪、愿意接受处罚的基础上，综合考察其是否主动配合公安司法机关展开对违法违规行为的调查；是否自愿承诺建立并完善合规内控机制；是否对受损法益展开合理修复。这种认定标准是在考虑到涉企犯罪侦破难度大、治理效果欠佳等现实困境基础上所作出的必要设计。

二、在单位犯罪归责方式重塑基础上，实现合规不起诉的模式选择

（一）我国刑事合规视域下单位犯罪的刑法教义学重塑

英美法最早确立了企业作为具有法律拟制人格的主体，可以独立承担刑事责任。迄今为止，英美法所确立并适用的企业刑事归责原则依旧以替代责任原则和同一视原则为主。[②] 二者虽然在表现形式上有所不同，但均是以企业中自然人（而非企业自身）的意志和行为为基础来探讨企业自身刑事责任的。[③] 我国《刑法》在第30条明文规定公司、企业等组织形态可以独立承担刑事责任的前提下，以"主客观相统一"为原则，并不承认替代责任原则和同一视原则，但在单位犯罪的认定问题上缺乏进一步明确规定。司法实践倾向于事后的单位追责模式，即从司法追责的角度，探讨单位在什么条件下对其业务活动中出现的违法行为和结果担责。[④] 相关司法解释规定，以单位名义实施犯罪，违法所得归单位所有的，是单位犯罪。[⑤] 此外，为遵循"主客观相统一"原则，在单位意志要素层面，将单位的法定代表人、主要负责人、主管人员和其他直接人员的个人意志，经过一定法定程序上升而成的意志，认定为单位意志。此

[①] 陈瑞华. 企业合规出罪的三种模式 [J]. 比较法研究，2021（3）：69-88.
[②] 替代责任原则，即企业对员工或代理人在职务范围内为实现企业利益所实施的犯罪行为，应承担相同性质的刑事责任；同一视原则，即企业内部的董事、经理等高级管理人员可被归属高级代理人范畴，只有他们为实现企业利益所实施的犯罪行为，才应当由企业与他们共同承担责任。(陈瑞华. 企业合规出罪的三种模式 [J]. 比较法研究，2021（3）：69-88.）
[③] 黎宏. 合规计划与企业刑事责任 [J]. 法学杂志，2019，40（9）：9-19.
[④] 黎宏. 组织体刑事责任论及其应用 [J]. 法学研究，2020，42（2）：71-88.
[⑤] 《最高人民法院关于印发〈全国法院审理金融犯罪案件工作座谈会纪要〉的通知》（法 [2001] 8号）.

种解释虽然在形式上体现了"主客观相统一"原则，但实质上和英美法国家一样，也是通过特定自然人的行为和意志追究企业刑事责任的，[①] 评判标准在本质上没有绕开组织体中的关联人员。这种做法违背近代刑法的责任原理、与当今企业犯罪实际情况有较大出入，将会不当扩大或限缩企业犯罪成立的范围。首先，如果对于"单位意志"的认定仅考量企业集体决策或经法定程序认证的负责人决定这两方面，而不考量集体决策或负责人决定是不是在单位宗旨、规章制度的框架下进行的，则会将诸多有违单位运行规范的非法行为划归为企业责任，从而不当扩大单位犯罪成立的范围，甚至变相将企业责任划定为一种转嫁责任。其次，在规模较大且现代化程度较高的企业中，可能因分权或授权的管理方式而造成决策机制的复杂、决策责任的分散。在此情况下，可以体现单位意志的要素除关联人员个人意志之外，还有包括决策机制或默认规则在内的其他不容忽视的客观因素。若仅以关联人员个人意志作为评价单位意志的唯一要素，则现代化程度较高的大企业可能因管理模式等原因造成单位意志的难以认定，从而完全规避了刑事责任，不当限缩了企业犯罪的成立范围。

　　基于以自然人意志和行为为基础评判企业自身刑事责任的实践弊端，晚近时期，以"组织体刑事责任论"为代表的一系列单位固有犯罪论登上历史舞台。"组织体刑事责任论"旨在摆脱转嫁责任的束缚，独立考察企业的刑事归责问题。从哲学上看，主流观点已不拘泥于"自然人个体才可拥有思维和意志"的观点，承认并积极建构了集体意向。现代社会中的企业已然不是传统意义上人或物的集合，其内在运营机制中业务范围、政策规定、防范措施、利润目标以及组织结构等要素，对其中关联人员的行为和意志发挥了重要的影响作用。[②] 如果将单位过错的构造比作一个函数关系的话，单位过错即是主、客观混合的产物；单位自身的犯罪意志既有自变量（单位中自然人意志）的主观底色，也深受函数关系（决策机制或默认规则）的客观影响。[③] 换言之，企业决策者等管理人员意志、企业自身制度文化均能影响其自身的主观意志，并共同作用、综合导致企业犯罪。

　　将组织体刑事责任论与我国传统上以自然人为适用对象的现行刑法进行整

[①] 黎宏. 合规计划与企业刑事责任 [J]. 法学杂志, 2019, 40 (9): 9-19.
[②] 黎宏. 组织体刑事责任论及其应用 [J]. 法学研究, 2020, 42 (2): 71-88.
[③] 史蔚. 组织体罪责理念下单位故意的认定：以污染环境罪为例 [J]. 政治与法律, 2020 (5): 56-70.

合，判断涉罪企业自身的主观过错可依据以下标准。首先，可基于以下两方面对企业故意犯罪进行认定：一方面，当决策事项集权程度较高时，企业决策者等管理人员鼓励、教唆、纵容、默许的意志可以归属于企业故意的主观意志，基于此主观故意支配而实施的危害行为和产生的法益侵害结果，应认可其构成企业故意犯罪；另一方面，当企业没有正式作出违法决策，但结合其他实物证据可以证明其自身存在鼓励、教唆、纵容、默许违法行为的政策倾向或企业文化时，企业亦呈现出故意罪过形态。其次，在企业过失犯罪的认定层面，除决策者因决策失误导致内部自然人实施某种"法律规定为成立单位过失犯罪"的情形外，容易被研究所忽视但实践中较为常见的是，当内部人员在业务活动中引起了法益侵害结果，如果企业不具备鼓励、教唆、纵容、默许的故意犯罪意志，只是因疏于管理致使危害结果发生，企业成立监督过失的主观过错。我国目前已针对特定领域设定了企业管理过失类犯罪，较为典型的是《刑法修正案（九）》新增的"拒不履行信息网络安全义务罪"，但这仅是局限在个罪中讨论企业监管过失的犯罪形态。企业刑事责任的内涵不仅包括决策或制度宗旨中为实现法人利益而产生犯罪故意并最终付诸实施的法益侵害行为，也应包括企业针对关联人员的违法违规问题没有尽到足够的管理义务，基于主观过失所产生的失职性犯罪。据此，有学者主张，应在我国刑法体系中增设企业管理过失的犯罪。[1] 虽然亦有学者持相反意见，认为增设一般性的业务监管过失犯罪体现的是"治乱世用重典"的思路，[2] 但是逐步填补企业监督过失责任在现行刑法中的缺位是必要的。由于现行刑法对管理过失的企业犯罪仅在个罪中探讨并尚未完全铺开，导致司法实践过程中容易走向两种极端，即将企业意志任意定性为犯罪故意致使处罚不当，抑或未能给予因企业犯罪意志造成的失范行为以足够的否定性评价。例如，在某钟表工业有限公司污染环境罪案中，第一审判决书中直接将负责日常管理的经理郭某因雇用缺乏操作经验的工人、没有认真落实公司规定对污水处理设备定期开展检查等原因所导致的排污过程中重金属污染物浓度超标结果归属于企业，在企业主观故意层面讨论其构成污染环境罪。[3] 然而，从判决书中的表述可知，该公司确实存在相关规定，要求负责人

---

[1] 孙国祥. 刑事合规的刑法教义学思考 [J]. 东方法学，2020（5）：26.
[2] 熊亚文. 理性建构刑事合规的中国路径 [J]. 比较法研究，2022（3）：74-91.
[3] 广东省汕头市龙湖区人民法院（2018）粤 0507 刑初 35 号一审刑事判决书.

对污水处理设备定期开展检查；案发后涉事企业为消除污染亦积极采取紧急措施，更换故障设备。这些证据可以证明该公司不存在排放污染物浓度超标污水的犯罪故意，企业过错在过失范围内加以讨论更为妥当。但是，正因企业过失性犯罪在现行刑法中的规制范围过于狭窄，导致某些案件中简单地把自然人行为归结为企业行为，忽视了在主观意志层面的精准考量，进而要求企业在故意层面承担刑事责任。针对某些司法实践中未能给予企业失范行为以足够否定性评价的情况，最高人民检察院印发的第二批《企业合规典型案例》可以提供一定论据。例如，在随州市Z公司康某某等人重大责任事故案[①]中，检察院认定涉案企业存在安全生产管理制度不健全、操作规程执行不到位等问题。这些问题是导致内部责任人员与承包方签订合同以及工程实施期间把关不严，未认真履行相关工作职责，未及时发现事故隐患，从而造成较大生产安全事故发生的关键因素。由于我国刑法未将单位规定为构成重大责任事故罪的主体，公安机关仅将相关责任人员移送审查起诉。这可能诱发两个问题：第一，承办该案的检察院在企业自身并未被追诉的情况下对其审查启动合规考察并组织第三方监督评估，其出发点固然值得肯定，但可能面临启动企业合规考察的理由根据不充分的局面。第二，合规不起诉的运行逻辑即是要求涉罪企业通过建立或完善合规机制换取程序出罪的刑事激励，以提高企业犯罪的治理效果。如果不将企业放置在"胡萝卜加大棒"的模式之下并且没有刑法否定性评价的压力存在，那么企业缺乏获取刑事激励的动机，其合规整改的动力将大打折扣。即使存在外部监督，合规整改也可能因企业自身缺乏强劲的内生动力而流于形式。上述两个问题的发生，归根结底是由于现行刑法未对企业监管过失的犯罪形态给予足够的重视，导致合规整改工作在部分案件中的法律供给不足并缺少充分的激励效能。总之，为避免涉企犯罪治理实践中出现两种极端情形，应将企业监管过失的犯罪在刑法中进行合理定位，循序渐进地将局限在个罪中的讨论进行全面铺开。譬如，在部分单位犯罪罪名中认可可以由过失的过错形态构成，在某些罪名中增设单位为犯罪主体，在重点领域进一步规定以企业为犯罪主体的监督过失犯罪，等等。由此满足企业合规改革工作的刑法需要。

在应用组织体刑事责任论完成对传统单位犯罪制度的改造、厘清单位故

[①] 最高人民检察院网上发布厅. 企业合规典型案例（第二批）[EB/OL]. 最高人民检察院网，2021-12-15.

意、过失犯罪认定规则的基础上,需要将刑事合规要素融入单位犯罪的基本构造中,以进一步完成对单位犯罪的刑法教义学重塑。第一,针对企业可能存在鼓励、教唆、纵容、默许违法行为的政策文化进而导致关联人员实施"越轨"行为并产生危害结果的场合,企业通过提出存在合规计划并妥善执行的一系列证据,即可显示出不鼓励,甚至禁止违法违规行为的主观意图,关联人员在实施犯罪行为过程中所反映的主观态度已不再体现企业自身的主观意识和主观意志。换言之,企业建立并实施合规计划可以在此种涉企故意犯罪案件中排除企业具有主观故意的意图。第二,在企业监管过失的犯罪场合,企业可能因相关规章制度没有建立或疏于执行规范而被推定对违法行为负有监管过失责任。倘若企业建立了足够有效的防止其内部成员违法犯罪的合规计划,即可表明其整体意志中不想实施犯罪并在竭尽全力防止关联人员违法犯罪。企业建构并落实合规计划等举措,可以为认定企业业务活动中的行为是否构成组织体过失犯罪提供有价值的素材。此外,如果企业的事前合规计划中存在瑕疵漏洞,导致原本可以预见的刑事风险没有被预见并提出对应性的防范措施,或者企业依据合规计划对刑事风险有所防范但合规计划落实不到位,由此产生的员工犯罪,企业即使不能完全实现合规出罪,但也可因合规计划的存在排除故意犯罪的主观意图,通过在过失犯罪框架下进行刑罚讨论,在一定程度上可产生减轻量刑的刑事激励效果。

(二) 合规不起诉的模式选择

作为依托企业认罪认罚从宽制度所运行的刑事激励措施之一的合规不起诉制度,目前各地方试点所探索的两种模式分别为"相对不起诉+合规整改检察建议"模式和附条件不起诉模式。附条件不起诉模式是2012年《刑事诉讼法》增设的"未成年人刑事案件诉讼程序"制度。这一特别程序制度受到了一些学者的质疑。其中比较有代表性的观点是,2012年《刑事诉讼法》所采纳的交叉式制度①设置模式,导致附条件不起诉之适用范围过于狭窄,既无法充分发

---

① 交叉式,即在保留原先相对不起诉的案件适用范围基础上,另行设立附条件不起诉的案件适用范围,并将其适用于特殊主体。就2012年《刑事诉讼法》之设计而言,附条件不起诉的案件适用范围局限于刑法分则第4、5、6章所规定之罪,同时把可能判处的刑罚控制在1年有期徒刑以下刑罚;附条件不起诉的适用主体限制在未成年犯罪嫌疑人。

挥起诉裁量主义价值，亦使相对不起诉与附条件不起诉之间的关系含混不清。① 由此可见，若要完成附条件不起诉模式在涉企犯罪案件治理中的移植，首先应在正确认识相对不起诉与附条件不起诉各自的功能价值前提下，厘清二者之间的应然关系，在合理设置模式裁量权行使所必须考虑的因素的基础上，允许检察官根据具体案情选择适用一种不起诉模式，以彰显涉企犯罪治理的程序出罪效果。

"相对不起诉可以说是在起诉法定原则之下，因无害于一般预防的刑罚目的，兼顾司法资源有效利用所允许的例外情形。"② 无害于一般预防的刑罚目的，要求办案机关在审前阶段应以犯罪的一般预防为主要考察目标，只有在不妨害社会公益的情况下，才能兼顾特殊预防的应用。因此，相对不起诉强调适用范围必须限于"微罪"，要求罪刑法定原则在相对不起诉框架下始终得以严格遵守。相比之下，附条件不起诉制度是"预防的综合思想"的具体实践，更加突出了刑罚的特殊预防功能。一方面，检察机关通过附条件不起诉对犯罪主体依据刑事政策进行刑罚个别化的考量，可以实现较好的犯罪主体再社会化效果。另一方面，附条件不起诉以附带不起诉条件、设置相应考验期和应当遵守的相关规定为基础，相较于相对不起诉更有利于对被不起诉主体进行适当监管，弥补了因相对不起诉具有"一次性行为"性质所造成的无法有效约束被不起诉主体、不利于发挥刑罚特殊预防功能等固有缺陷。因此，基于预防再犯的特殊预防目的、刑罚个别化等因素的综合考量，附条件不起诉不但可以适用于可能判处相对较重刑罚的主体，也可以适用于可能判处较轻刑罚但主观恶性较强的主体。③

总之，影响企业犯罪应用两种不起诉模式裁量选择的因素大抵可以包括三方面：其一，犯罪行为的社会危害性程度，即犯罪行为对社会关系所造成的实际损害；其二，根据犯罪构成要件中主观方面故意、过失所反映出的企业自身的主观恶性程度；其三，涉案企业有无建立并执行事前合规计划。值得一提的

---

① 李辞. 论附条件不起诉与酌定不起诉的关系 [J]. 法学论坛, 2014, 29 (4): 115-122.
② 刘学敏. 检察机关附条件不起诉裁量权运用之探讨 [J]. 中国法学, 2014 (6): 205-219.
③ 葛琳. 附条件不起诉之三种立法路径评析——兼评刑诉法修正案草案中附条件不起诉之立法模式 [J]. 国家检察官学院学报, 2011, 19 (6): 97-102.

是，在应用组织体刑事责任论完成对传统单位犯罪制度改造的基础上，企业的事前合规计划不仅可以作用于企业自身主观过错的认定判断，进而达到影响犯罪构成的效果；也可以通过影响企业的再犯可能性，从而降低个案中对特殊预防的需求程度，以达到减轻预防刑的目的。事前合规计划也因此成为合规不起诉模式裁量选择的考察因素之一。从特殊预防的角度来看，企业的事前合规计划会在某种程度上降低其再次涉罪的概率。对于已经建立并在一定程度上实施合规计划的涉案企业，相较没有任何内部刑事合规计划的企业而言，违法犯罪情况的发生并非其本意，加之已采取一定措施对内部员工的行为予以约束，其发生再犯的可能性本就较低；面对当前新出现的犯罪情况，企业必将更为积极地完善刑事合规计划，堵塞运营过程中的制度瑕疵漏洞，此又进一步降低了其日后再次犯罪的可能性。[①] 既然两种不起诉模式在犯罪特殊预防层面的功能价值各有侧重，涉案企业事前合规计划对刑罚特殊预防的影响作用，就会使其成为不起诉模式裁量过程中重要的评判因素。对于涉罪前拥有合规计划的企业，检察机关需要从刑罚特殊预防的角度，考察其是否有适用附条件不起诉而非直接适用占用司法资源更少的相对不起诉的必要。

个案中对于认罪认罚企业在裁量适用程序出罪的刑事激励手段过程中，可以依据上述三个层面的评估因素作出是否适用合规不起诉、如何在不起诉内部进行合理取舍的选择，即所谓"诉与不诉""如何不诉"的裁量。首先，针对企业领导者决策（或集体决策）以及内部政策文化中存在鼓励、教唆、纵容、默许的犯罪主观意图并最终导致法益侵害结果产生的企业故意犯罪场合，企业自身的主观恶性程度较深，即使其存在事前合规计划，此要素也较难实质影响对于"诉与不诉"和"如何不诉"的裁量。原因在于，此类案件中企业具有实施犯罪行为的"主观意志"，事前合规计划俨然成为"纸面合规计划"，且难以得到执行而形式化程度较高。因此，对空有"形"而无"实"的事前合规计划而言，使其成为影响企业程序出罪的评价要素显然并不妥当。原则上，对此类可归结为企业故意犯罪的案件而言，一般不应适用合规不起诉制度进行程序出罪的刑事激励。但对于犯罪行为社会危害性较小、可能适用较低档次法定刑或可能被判处较轻宣告刑的涉罪企业，可以根据个案实际情况，裁量适用

---

① 李会彬. 刑事合规制度与我国刑法的衔接问题研究[J]. 北方法学，2022，16（1）：79-89.

附条件不起诉模式进行审前的转向处遇。原因在于，此类情节轻微的企业犯罪案件依然可以划归在我国检察官运用起诉裁量权的范畴中；但由于企业自身的主观恶性较深，人身危险性和再犯可能性较大，基于刑罚特殊预防的要求，需要适用附条件不起诉模式对企业施加力度更强的监督管理措施，以达成良好的犯罪治理效果。其次，针对企业过失犯罪，可以进一步作出如下区分：第一，当涉罪企业拥有事前合规计划，其仅因合规计划中存在瑕疵漏洞，导致原本可以预见的刑事风险没有被预见并提出对应性的防范措施，或者企业依据合规计划对刑事风险有所防范但并没有足够落实到位，组织体基于这两种情形致使自身需要对犯罪行为承担过失责任。此时，企业因合规计划的存在并在一定程度上付诸实施，可以证明其自身的主观恶性较小。同时，由于合规计划的事前建设，企业已经结合自身经营范围和运行情况对常见的刑事风险点进行了一定程度的识别与预防，其在涉罪后只需通过合规整改对先前的合规计划进行查缺补漏并加强贯彻实施的刚性制约力。因此，对于符合上述条件的涉罪企业，适宜采取"相对不起诉+合规整改检察建议"模式，可在最大程度节省司法资源的基础上保障合规整改的有效性。第二，当涉罪企业需要承担过失责任且没有事前合规计划或者合规计划缺乏有效执行沦为"纸面合规"时，检察机关对企业是否能有效避免再犯缺少较大把握，且检察机关需要帮扶并监督企业针对管理漏洞、制度隐患和主要刑事风险点作出有效的合规整改，这种情况下需要耗费一定的时间和司法资源成本。因此，需要在个案中将此类企业划定为适用附条件不起诉的对象主体。

值得注意的是，上述对于合规不起诉模式裁量选择的分类讨论，是建立在将刑罚条件限定在对直接责任人可能判处三年有期徒刑以下的企业犯罪案件范围内的。换言之，即使是可适用于判处刑罚相对较重案件的附条件不起诉模式，检察机关的不起诉裁量权也不能超过"三年有期徒刑"的上限。这种限制在一定程度上反映了当下不少检察机关在进行合规不起诉制度试验过程中所持的谨慎态度，[①] 也反映了附条件不起诉模式自2012年《刑事诉讼法》在未成年刑事案件特别诉讼程序中进行规制以来到企业合规不起诉试点实施过程中部

---

① 陈瑞华. 企业合规出罪的三种模式 [J]. 比较法研究，2021 (3)：69-88.

分学者对刑罚条件限定的态度。① 对此，笔者原则上表示认同。出于维护以罪刑法定原则为核心的刑法秩序以及我国检察机关在公诉方面的自由裁量权受到严格制约等因素的考量，对情节轻微的企业故意犯罪案件适用附条件不起诉模式、一般情况下的企业过失犯罪适用合规不起诉制度而言，应将刑罚幅度范围的上限确定为"三年有期徒刑"。但对部分企业因决策失误或监管疏忽所致的过失犯罪案件而言，笔者认为可以适当扩大检察机关的裁量权。在对行为人可能判处三年以上十年以下有期徒刑刑罚、企业需要承担过失责任的情形中，综合个案具体情况，若企业具备事前合规计划并承诺进行合规整改，且其所侵犯的法益不属于高风险领域，则可以适用合规不起诉，并通过附条件不起诉模式进行合规出罪的考察。实际上，扩大在企业过失犯罪中适用附条件不起诉模式以强调特殊预防的作用，并不等于放弃报应刑理念下的罪刑均衡。起诉便宜原则的发展使检察官通过分担法官的审判任务得以进行职能调整，针对犯罪事实明确的案件，犯罪人的事后表现影响罪责判断时，可以以审判程序外的制裁措施代替审判程序对案件作个别化考量。② 换言之，审前附条件不起诉中包含的非刑罚制裁可以发挥与定罪判刑同样的制裁效果，非刑罚制裁却额外产生了对犯罪主体去标签化的效益，故有必要秉持谦抑原则，鼓励适用附条件不起诉等多元化的刑事制裁方式。具体到企业犯罪适用附条件不起诉模式而言，企业承诺建立并完善合规计划即为涉企犯罪治理过程中的非刑罚制裁方式。有学者认为，合规计划建设本身就具有较强的制裁性，并围绕此观点阐述了四方面的论据：第一，合规计划的建设需要大量的成本投入；第二，合规整改通常需要向多方主体支付不菲的服务费用；第三，合规整改过程中牵涉到对企业治理结构和商业模式的改造；第四，合规整改过程中可能涉及对违规责任人的惩戒。③

---

① 在2012年《刑事诉讼法》首次规制附条件不起诉模式、将适用主体仅限于未成年犯罪嫌疑人之时，有学者即认为附条件不起诉的刑度范围应是"三年有期徒刑以下刑罚"。(李辞. 论附条件不起诉与酌定不起诉的关系 [J]. 法学论坛, 2014, 29 (4): 115-122.) 在刑事合规不起诉试点开展以来，有学者在展望企业附条件不起诉立法设计之时，亦将刑罚条件限定在"三年有期徒刑以下"。(李勇. 企业附条件不起诉的立法建议 [J]. 中国刑事法杂志, 2021 (2): 139.)
② 刘学敏. 检察机关附条件不起诉裁量权运用之探讨 [J]. 中国法学, 2014 (6): 205-219.
③ 刘艳红. 企业合规不起诉改革的刑法教义学根基 [J]. 中国刑事法杂志, 2022 (1): 107-123.

因此，在企业过失犯罪案件中，将合规不起诉制度的适用范围扩延至重罪范畴，由于合规整改同样可以发挥实质的制裁效果，故不必过于担心对此类重罪不起诉会引发罪刑法定原则的危机。针对检察机关因合规不起诉适用范围扩大而可能出现违法使用裁量权进行权力寻租的问题，笔者认为，可以以《人民检察院审查案件听证工作规定》为依据，深挖"案件审查的听证制约"这一监督方式；检察机关需要通过听证听取不同领域专业人士的意见，并主动接纳来自社会的广泛监督。[1] 此外，还可以在某些情况下借鉴德国量刑协商中的法官参与模式，允许法官介入企业认罪认罚案件的审前协商具结活动，对不起诉的适用问题、模式选择问题以及合规整改的具体细节问题进行协商参与。但笔者认为是否借鉴以英国为代表的"对适用附条件不起诉案件进行司法审查"的做法，尚需在能否适合我国刑事司法实践、能否有效发挥司法审查作用等层面作出深层次的理论探讨。

三、完善涉企犯罪案件的侦诉程序衔接

公安机关在对企业犯罪进行刑事侦查期间，通常会对涉案企业负责人采取刑事强制措施，对涉案财产采取强制性措施。此类程序性措施呈现出时间长、覆盖范围广等特点，对企业的生产经营活动会造成不可逆的影响，并且阻碍了涉罪企业选择认罪认罚从宽制度进行刑事激励的实施效果。因此，构建以合规为核心的企业认罪认罚从宽制度，尚需完善侦查、起诉程序衔接等配套性保障制度的设置。为解决上述实践问题，可以采取以下完善方式：第一，公安机关需要强化系统思维，树立系统观念。[2] 涉企犯罪案件大多涉嫌的罪名为破坏社会主义市场经济秩序类犯罪，且诸多属于法定犯范畴。因此，在企业选择认罪认罚并涉及后续合规整改的前提下，其适用认罪认罚从宽制度必将牵涉更多主体，需要企业、检察机关、行政监管机关、第三方监管人员等多元主体的协同配合。公安机关应摆脱传统"流水线性"诉讼模式所带来的沉疴痼疾，换言之，其需要摒弃"各管一段"的思维，树立起以有效治理企业犯罪为目标导向的系统化思维。只有这样，公安机关在适用强制（性）措施的过程中，才能保

---

[1] 谢安平，刘琦. 协商性司法下的企业刑事诉讼新规制——以中小微企业适用合规不起诉为视角 [J]. 中国检察官，2022（5）：37-41.
[2] 朱孝清. 企业合规中的若干疑难问题 [J]. 法治研究，2021（5）：8.

证必要的谦抑性，不会因过度追求对证据的收集固定而使企业合规治理的空间被人为限缩。第二，需对涉案财物作出规范化管理，保障企业的合规整改、生产经营可平稳进行。现阶段，被查封、扣押的财物大多不能达到妥善保存的效果，此为认罪认罚从宽制度适用后的企业合规整改、合规经营造成了不小的客观障碍。有学者指出，针对涉案财物的妥善管理，相关部门可以委托具有专业处置资质和独立保管能力的第三方公司参与到管理工作中。① 应当说，引入社会力量，是在多部门利益相互制衡等因素考量下的现实选择。第三，针对符合企业认罪认罚从宽制度适用条件的涉企犯罪案件，应加强检察机关提前介入、公诉指导侦查的力度。检察机关提前介入、公诉指导侦查是近年来刑事诉讼制度改革的一项关键内容；企业犯罪案件专业性强、牵涉主体多、影响范围广，在一定程度上需要检察机关提前介入，规范证据收集固定程序、把控案件证明标准、监督强制（性）措施实施，为审查起诉阶段可能适用的审前转处机制和合规整改做好前期铺垫。

---

① 孙长永.中国刑事诉讼法制四十年：回顾、反思与展望[M].北京：中国政法大学出版社，2021：555-556.

参考文献

一、著作类

[1] 宋善铭. 认罪认罚从宽制度的实证分析与模式选择 [M]. 北京：法律出版社，2020.

[2] 陈瑞华. 刑事诉讼的中国模式 [M]. 北京：法律出版社，2018.

[3] 马明亮. 协商性司法——一种新程序主义理念 [M]. 北京：法律出版社，2007.

[4] 陈瑞华. 刑事审判原理论 [M]. 北京：法律出版社，2020.

[5] 胡云腾. 认罪认罚从宽制度的理解与适用 [M] 北京：人民法院出版社，2018.

[6] 杨万明. 新刑事诉讼法司法适用解答 [M] 北京：人民法院出版社，2018.

[7] 闫召华. 口供中心主义研究 [M] 北京：法律出版社，2013.

[8] 马克昌. 宽严相济刑事政策研究 [M] 北京：清华大学出版社，2012.

[9] 周辅成. 西方伦理学名著选辑（上卷）[M]. 北京：商务印书馆，1961.

[10] 亚里士多德. 尼各马科伦理学 [M]. 苗力田，译. 北京：中国社会科学出版社，1990.

[11] 孟德斯鸠. 论法的精神（上册）[M]. 北京：商务印书馆，1961.

[12] 列奥·施特劳斯，约瑟夫·科罗波西. 政治哲学史（上册）[M]. 李天然，译. 石家庄：河北人民出版社，1993.

[13] 亚里士多德. 政治学 [M]. 吴寿彭，译. 北京：商务印书馆，1965.

[14] 霍布斯. 利维坦 [M]. 北京：商务印书馆，1985.

[15] 洛克. 政府论（下）[M]. 瞿菊农, 叶启芳, 译. 北京: 商务印书馆, 1982.

[16] 孟德斯鸠. 论法的精神（下册）[M]. 北京: 商务印书馆, 1963.

[17] 罗纳尔多·V. 戴尔卡. 美国刑事诉讼——法律和实践 [M]. 张洪巍, 译. 湖北: 武汉大学出版社, 2006.

[18] 德国刑事诉讼法典 [M]. 李昌珂, 译. 北京: 中国政法大学出版社, 1995.

[19] 李寿伟.《中华人民共和国刑事诉讼法》解读 [M]. 北京: 中国法制出版社, 2019.

[20] 左卫民. 简易刑事程序研究 [M]. 北京: 法律出版社, 2005.

[21] 中国法学会. 中国法律年鉴（2020）[M]. 北京:《中国法律年鉴》社, 2020.

[22] 中国法学会. 中国法律年鉴（2021）[M]. 北京:《中国法律年鉴》社, 2021.

[23] 中国法学会. 中国法律年鉴（2000）[M]. 北京:《中国法律年鉴》社, 2000.

[24] 乔治·费希尔. 辩诉交易的胜利——美国辩诉交易史 [M]. 郭志媛, 译. 北京: 中国政法大学出版社, 2012.

[25] 谢安平, 郭华. 证据法学 [M]. 北京: 法律出版社, 2014.

[26] 陈瑞华. 比较刑事诉讼法 [M]. 北京: 北京大学出版社, 2021.

[27] 孙长永. 中国刑事诉讼法制四十年: 回顾、反思与展望 [M]. 北京: 中国政法大学出版社, 2021.

二、期刊论文类

[1] 胡云腾. 完善认罪认罚从宽制度改革的几个问题 [J]. 中国法律评论, 2020（3）: 75-86.

[2] 熊秋红. 比较法视野下的认罪认罚从宽制度——兼论刑事诉讼"第四范式"[J]. 比较法研究, 2019（5）: 80-101.

[3] 顾永忠. 关于"完善认罪认罚从宽制度"的几个理论问题 [J]. 当代法学, 2016, 30（6）: 129-137.

[4] 北京市海淀区人民法院刑一庭、研究室. 刑事普通程序简便审模式初探 [J]. 人民司法, 2001 (10): 15-18.

[5] 李昌盛. 德国刑事协商制度研究 [J]. 现代法学, 2011, 33 (6): 148-160.

[6] 陈瑞华. 论协商性的程序正义 [J]. 比较法研究, 2021 (1): 1-20.

[7] 曹坚, 顾琳娜. 法律监督视野中的刑事上诉工作实证分析——以某分院刑事上诉案件为例 [J]. 中国检察官, 2013 (2): 38-42.

[8] 顾永忠. 一场未完成的讨论: 关于"以审判为中心"的几个问题 [J]. 法治研究, 2020 (1): 109-117.

[9] 李建明, 许克军. "以审判为中心"与"认罪认罚从宽"的冲突与协调 [J]. 江苏社会科学, 2021 (1): 119-128.

[10] 郭烁. 控辩主导下的"一般应当": 量刑建议的效力转型 [J]. 国家检察官学院学报, 2020, 28 (3): 16-27.

[11] 蔡军, 潘智源. 黑恶势力犯罪案件中认罪认罚从宽制度的合理适用 [J]. 河南财经政法大学学报, 2020, 35 (4): 74-82.

[12] 史立梅. 认罪认罚从宽制度中的修复性逻辑之证成 [J]. 法学杂志, 2021, 42 (3): 14-23.

[13] 闫召华. "合作司法"中的恢复逻辑: 认罪认罚案件被害人参与及其限度 [J]. 法学评论, 2021, 39 (5): 185-196.

[14] 杨立新. 认罪认罚从宽制度核心要素解读 [J]. 中国检察官, 2019 (1): 3.

[15] 张相军, 周颖. 在试点成果基础上全面实行认罪认罚从宽制度 [J]. 人民检察, 2019 (4): 51-55.

[16] 苗生明, 卢楠. 重罪案件适用认罪认罚从宽制度的理论与实践 [J]. 人民检察, 2018 (17): 36-40.

[17] 王锐国. 认罪认罚从宽制度在毒品犯罪案件中的具体适用 [J]. 中国刑警学院学报, 2017 (6): 13-18.

[18] 王子毅. 降低审前羁押率的影响因素分析与对策研究 [J]. 中国刑事法杂志, 2021 (4): 101-124.

[19] 祁建建. 美国辩诉交易中的有效辩护权 [J]. 比较法研究, 2015 (6): 126-142.

[20] 顾永忠. 刑事辩护制度改革实证研究 [J]. 中国刑事法杂志, 2019 (5): 129-144.

[21] 中国政法大学课题组. 值班律师制度的规范化——湖北省武汉市汉阳区值班律师试点工作纪实 [J]. 人民检察, 2018 (10): 49-51.

[22] 陈瑞华. 企业合规不起诉改革的八大争议问题 [J]. 中国法律评论, 2021 (4): 1-29.

[23] 杨立新. 认罪认罚从宽制度理解与适用 [J]. 国家检察官学院学报, 2019, 27 (1): 51-63.

[24] 陈卫东. 认罪认罚从宽制度研究 [J]. 中国法学, 2016 (2): 76.

[25] 陈光中, 马康. 认罪认罚从宽制度若干重要问题探讨 [J]. 法学, 2016 (8): 9.

[26] 钱春. 认罪认罚从宽制度的检视与完善 [J]. 政治与法律, 2018 (2): 150-177.

[27] 郭志媛. 认罪认罚从宽制度的理论解析与改革前瞻 [J]. 法律适用, 2017 (19): 48-53.

[28] 陈瑞华. "认罪认罚从宽"改革的理论反思——基于刑事速裁程序运行经验的考察 [J]. 当代法学, 2016, 30 (4): 3-13.

[29] 樊崇义. 认罪认罚从宽与自首坦白 [J]. 人民法治, 2019 (1): 54.

[30] 北京市海淀区人民法院课题组. 关于北京市海淀区全流程刑事案件速裁程序试点的调研——以认罪认罚为基础的资源配置模式 [J]. 法律适用, 2016 (4): 31-37.

[31] 张吉喜. 被告人认罪案件处理程序的比较法考察 [J]. 时代法学, 2009, 7 (3): 24-32.

[32] 左卫民. 认罪认罚何以从宽: 误区与正解——反思效率优先的改革主张 [J]. 中国检察官, 2017 (15): 80.

[33] 陈卫东. 认罪认罚从宽制度的理论问题再探讨 [J]. 环球法律评论, 2020, 42 (2): 23-36.

[34] 熊秋红. 认罪认罚从宽的理论审视与制度完善 [J]. 法学, 2016 (10): 97-110.

[35] 谢登科, 周凯东. 被告人认罪认罚自愿性及其实现机制 [J]. 学术交流, 2018 (4): 95-100.

[36] 朱孝清. 认罪认罚从宽制度中的几个理论问题 [J]. 法学杂志, 2017, 38 (9): 10-21.

[37] 卢建平. 刑事政策视野中的认罪认罚从宽 [J]. 中外法学, 2017, 29 (4): 1000-1023.

[38] 周光权. 论刑法与认罪认罚从宽制度的衔接 [J]. 清华法学, 2019, 13 (3): 28-41.

[39] 顾永忠, 肖沛权. "完善认罪认罚从宽制度"的亲历观察与思考、建议——基于福清市等地刑事速裁程序中认罪认罚从宽制度的调研 [J]. 法治研究, 2017 (1): 56-70.

[40] 史立梅. 美国有罪答辩的事实基础制度对我国的启示 [J]. 国家检察官学院学报, 2017, 25 (1): 31-42.

[41] 孙长永. 认罪认罚从宽案件的证明标准 [J]. 法学研究, 2018, 40 (1): 167-187.

[42] 黄河. 德国刑事诉讼中协商制度浅析 [J]. 环球法律评论, 2010, 32 (1): 123-131.

[43] 谢登科. 论刑事简易程序中的证明标准 [J]. 当代法学, 2015, 29 (3): 135-143.

[44] 汪海燕. 认罪认罚从宽案件证明标准研究 [J]. 比较法研究, 2018 (5): 71-81.

[45] 贾宇. 认罪认罚从宽制度与检察官在刑事诉讼中的主导地位 [J]. 法学评论, 2020, 38 (3): 1-11.

[46] 周长军. 公诉权的概念新释与权能分析 [J]. 烟台大学学报 (哲学社会科学版), 2016, 29 (6): 10-18.

[47] 张智辉. 公诉权论 [J]. 中国法学, 2006 (6): 109-121.

[48] 卞建林, 钱程. 认罪认罚从宽制度下量刑建议生成机制研究 [J]. 云南社会科学, 2022 (1): 99-107.

[49] 汉斯-约格·阿尔布莱希特, 印波, 郑肖垚. 德国量刑制度: 理论基石与规则演绎 [J]. 人民检察, 2018 (3): 67-69.

[50] 郭烁. 认罪认罚背景下屈从型自愿的防范——以确立供述失权规则为例 [J]. 法商研究, 2020, 37 (6): 127-138.

[51] 王迎龙. 协商性刑事司法错误: 问题、经验与应对 [J]. 政法论坛,

2020, 38 (5): 46-63.

[52] 杜磊. 论认罪认罚自愿性判断标准 [J]. 政治与法律, 2020 (6): 148-160.

[53] 韩旭. "扫黑除恶"专项斗争中的程序问题 [J]. 贵州民族大学学报（哲学社会科学版）, 2021 (3): 142-158.

[54] 陈永生. 逮捕的中国问题与制度应对——以 2012 年刑事诉讼法对逮捕制度的修改为中心 [J]. 政法论坛, 2013, 31 (4): 17-18.

[55] 周新. 公安机关办理认罪认罚案件的实证审思——以 G 市、S 市为考察样本 [J]. 现代法学, 2019, 41 (5): 152-167.

[56] 鲍文强. 认罪认罚案件中的证据开示制度 [J]. 国家检察官学院学报, 2020, 28 (6): 115-127.

[57] 刘甜甜. 认罪认罚从宽案件中的证据开示制度研究 [J]. 中国政法大学学报, 2021 (5): 257-268.

[58] 汪海燕. 共同犯罪案件认罪认罚从宽程序问题研究 [J]. 法学, 2021 (8): 71-82.

[59] 揭萍, 吴逸涵. 共同犯罪案件适用认罪认罚从宽实证研究 [J]. 中国人民公安大学学报（社会科学版）, 2021, 37 (4): 65-74.

[60] 朱孝清. 检察的内涵及其启示 [J]. 法学研究, 2010, 32 (2): 123-135.

[61] 龙宗智. 检察官客观公正义务的理据与内容 [J]. 人民检察, 2020 (13): 7-14.

[62] 龙宗智. 完善认罪认罚从宽制度的关键是控辩平衡 [J]. 环球法律评论, 2020, 42 (2): 5-22.

[63] 王敏远, 顾永忠, 孙长永. 刑事诉讼法三人谈: 认罪认罚从宽制度中的刑事辩护 [J]. 中国法律评论, 2020 (1): 1-21.

[64] 汪海燕. 三重悖离: 认罪认罚从宽程序中值班律师制度的困境 [J]. 法学杂志, 2019, 40 (12): 12-23.

[65] 魏晓娜. 认罪认罚从宽制度中的诉辩关系 [J]. 中国刑事法杂志, 2021 (6): 52-66.

[66] 黄翀. 以审判为中心的刑事侦诉关系的反思与重构 [J]. 东方法学, 2017 (4): 142-152.

[67] 施鹏鹏. "新职权主义"与中国刑事诉讼改革的基本路径 [J]. 比较法研究, 2020 (2): 72-89.

[68] 肖沛权. 论我国值班律师的法律定位及其权利保障 [J]. 浙江工商大学学报, 2021 (4): 144-152.

[69] 吴宏耀. 我国值班律师制度的法律定位及其制度构建 [J]. 法学杂志, 2018, 39 (9): 25-32.

[70] 郭婕. 法律援助值班律师制度比较研究 [J]. 中国司法, 2008 (2): 101-105.

[71] 王迎龙. 值班律师制度的结构性分析——以"有权获得法律帮助"为理论线索 [J]. 内蒙古社会科学, 2020, 41 (5): 98-106.

[72] 熊秋红. 认罪认罚从宽制度中的量刑建议 [J]. 中外法学, 2020, 32 (5): 1168-1186.

[73] 冀祥德. 量刑建议权的理论基础与价值基础 [J]. 烟台大学学报（哲学社会科学版）, 2004 (3): 286-290.

[74] 闫召华. 论认罪认罚案件量刑建议的裁判制约力 [J]. 中国刑事法杂志, 2020 (1): 17-28.

[75] 林喜芬. 论量刑建议制度的规范结构与模式——从《刑事诉讼法》到《指导意见》[J]. 中国刑事法杂志, 2020 (1): 3-16.

[76] 杨立新. 对认罪认罚从宽制度中量刑建议问题的思考 [J]. 人民司法, 2020 (1): 9-14+30.

[77] 韩旭. 认罪认罚从宽案件中的"骑墙式辩护" [J]. 西南民族大学学报（人文社会科学版）. 2022, 43 (2): 78-86.

[78] 陈虎. 律师与当事人决策权的分配——以英美法为中心的分析 [J]. 中外法学, 2016, 28 (2): 447-461.

[79] 高洁. 论相对独立的辩护观——以辩护律师与被告人的关系为视角 [J]. 时代法学, 2013, 11 (4): 76-84.

[80] 方柏兴. 论辩护冲突中的权利保留原则——一种协调被告人与辩护律师关系的新思路 [J]. 当代法学, 2016, 30 (6): 138-147.

[81] 闫召华. 辩护冲突中的意见独立原则：以认罪认罚案件为中心 [J]. 法学家, 2020 (5): 133-147.

[82] 宋远升. 律师独立辩护的有限适用 [J]. 法学, 2014 (8):

114-122.

[83] 陈瑞华. 独立辩护人理论的反思与重构 [J]. 政法论坛, 2013, 31 (6): 13-24.

[84] 陈磊. 认罪认罚从宽制度被害人权益保护困境与纾解 [J]. 中国检察官, 2021 (6): 48-53.

[85] 宁佳, 卢乐云. 重罪认罪认罚案件中被害人权利的有限扩张 [J]. 西南民族大学学报 (人文社会科学版), 2021, 42 (8): 62-68.

[86] 汪海燕. 被追诉人认罪认罚的撤回 [J]. 法学研究, 2020, 42 (5): 17.

[87] 马明亮, 张宏宇. 认罪认罚从宽制度中被追诉人反悔问题研究 [J]. 中国人民公安大学学报 (社会科学版), 2018, 34 (4): 93-101.

[88] 秦宗文. 认罪认罚案件被追诉人反悔问题研究 [J]. 内蒙古社会科学 (汉文版), 2019, 40 (3): 125-131.

[89] 康景文. 论认罪认罚从宽制度中认罪供述的撤回——以证据排除为视角 [J]. 河南大学学报 (社会科学版), 2022, 62 (2): 41-47.

[90] 田力男, 杨振媛. 认罪认罚反悔后有罪供述适用问题探究——以"司法契约"理论下有罪供述撤回为切入点 [J]. 公安学研究, 2019, 2 (4): 77-90+124.

[91] 孙皓. 量刑建议的"高采纳率"误区 [J]. 中外法学, 2021, 33 (6): 1503-1522.

[92] 马运立. 控审分离原则之法理探析 [J]. 政法论丛, 2012 (1): 117-123.

[93] 冀祥德. 控辩平等之现代内涵解读 [J]. 政法论坛, 2007 (6): 89-101.

[94] 闵春雷. 认罪认罚案件中的有效辩护 [J]. 当代法学, 2017, 31 (4): 27-37.

[95] 吴纪奎. 对抗式刑事诉讼改革与有效辩护 [J]. 中国刑事法杂志, 2011 (5): 60-66.

[96] 吴羽. 论刑事法律援助全覆盖 [J]. 中南民族大学学报 (人文社会科学版), 2021, 41 (8): 120-127.

[97] 陈光中, 魏伊慧. 论我国法律援助辩护之完善 [J]. 浙江工商大学

学报，2020（1）：5.

[98] 顾永忠. 法律援助机构的设立、职能及人员构成之立法讨论 [J]. 江西社会科学，2021，41（6）：179-187.

[99] 吴宏耀，余鹏文. 构建多元化的法律援助服务提供模式 [J]. 中国司法，2020（6）：73-79.

[100] 樊崇义. 刑事证据规则立法建议报告 [J]. 中外法学，2016，28（2）：285-315.

[101] 纵博. 认罪认罚案件中口供判断的若干问题 [J]. 中国刑事法杂志，2019（6）：110-125.

[102] 李训虎. 变迁中的英美补强规则 [J]. 环球法律评论，2017，39（5）：121-141.

[103] 李昌盛. 虚假供述的第二道防线：口供实质补强规则 [J]. 东方法学，2014（4）：105-121.

[104] 魏晓娜. 冲突与融合：认罪认罚从宽制度的本土化 [J]. 中外法学，2020，32（5）：1211-1230.

[105] 刘伟琦. 认罪认罚阶梯式从宽量刑精准化研究——兼评《关于适用认罪认罚从宽制度的指导意见》[J]. 北方法学，2020，14（1）：130-145.

[106] 李建东. 美国辩诉交易程序中被害人权利保障制度及其启示——以三起联邦典型辩诉交易案件为视角 [J]. 河南师范大学学报（哲学社会科学版），2020，47（4）：51-61.

[107] 万毅. 解读逮捕制度三个关键词——"社会危险性""逮捕必要性"与"羁押必要性"[J]. 中国刑事法杂志，2021（4）：65-80.

[108] 郭松. 认罪认罚从宽制度中的认罪答辩撤回：从法理到实证的考察 [J]. 政法论坛，2020，38（1）：106-119.

[109] 卞建林，谢澍. 职权主义诉讼模式中的认罪认罚从宽——以中德刑事司法理论与实践为线索 [J]. 比较法研究，2018（3）：119-129.

[110] 郝万爽. 论被告人撤回有罪供述的证据能力构建——美国410规则对我国的启迪 [J]. 证据科学，2021，29（2）：179-194.

[111] 陕西省人民检察院课题组. 认罪认罚案件量刑建议精准化——内涵新解及采纳规则重构 [J]. 法律科学（西北政法大学学报），2021，39（3）：142-152.

[112] 詹建红. 认罪认罚从宽制度在职务犯罪案件中的适用困境及其化解 [J]. 四川大学学报（哲学社会科学版），2019（2）：21-30.

[113] 韩成军. 职务犯罪认罪认罚从宽检察工作机制亟待完善 [J]. 河南社会科学，2016，24（7）：37-43.

[114] 牟绿叶，张传玺. 职务犯罪调查阶段认罪认罚从宽的制度缺陷与完善路径 [J]. 浙江社会科学，2021（8）：62-70.

[115] 褚福民. 以审判为中心与国家监察体制改革 [J]. 比较法研究，2019（1）：41-54.

[116] 汪海燕. 职务犯罪案件认罪认罚从宽制度研究 [J]. 环球法律评论，2020，42（2）：52-67.

[117] 陈卫东. 从实体到程序：刑事合规与企业"非罪化"治理 [J]. 中国刑事法杂志，2021（2）：114-126.

[118] 李本灿. 认罪认罚从宽处理机制的完善：企业犯罪视角的展开 [J]. 法学评论（双月刊），2018，36（3）：111-121.

[119] 李玉华. 以合规为核心的企业认罪认罚从宽制度 [J]. 浙江工商大学学报，2021（1）：61-71.

[120] 林静. 刑事合规的模式及合规计划之证明 [J]. 法学家，2021（3）：47-61，191-192.

[121] 卫跃宁. 由"国家在场"到"社会在场"：合规不起诉实践中的法益结构研究 [J]. 法学杂志，2021，42（1）：42-50.

[122] 孙国祥. 刑事合规的理念、机能和中国的构建 [J]. 中国刑事法杂志，2019（2）：3-24.

[123] 陈瑞华. 企业合规视野下的暂缓起诉协议制度 [J]. 比较法研究，2020（1）：1-18.

[124] 万方. 企业合规刑事化的发展及启示 [J]. 中国刑事法杂志，2019（2）：47-67.

[125] 谢安平，刘琦. 协商性司法下的企业刑事诉讼新规制——以中小微企业适用合规不起诉为视角 [J]. 中国检察官，2022（5）：37-41.

[126] 黎宏. 合规计划与企业刑事责任 [J]. 法学杂志，2019，40（9）：9-19.

[127] 黎宏. 组织体刑事责任论及其应用 [J]. 法学研究，2020，42

（2）：71-88.

[128] 史蔚. 组织体罪责理念下单位故意的认定：以污染环境罪为例[J]. 政治与法律，2020（5）：56-70.

[129] 熊亚文. 理性建构刑事合规的中国路径[J]. 比较法研究，2022（3）：74-91.

[130] 李辞. 论附条件不起诉与酌定不起诉的关系[J]. 法学论坛，2014，29（4）：115-122.

[131] 刘学敏. 检察机关附条件不起诉裁量权运用之探讨[J]. 中国法学，2014（6）：205-219.

[132] 葛琳. 附条件不起诉之三种立法路径评析——兼评刑诉法修正案草案中附条件不起诉之立法模式[J]. 国家检察官学院学报，2011，19（6）：97-102.

[133] 李会彬. 刑事合规制度与我国刑法的衔接问题研究[J]. 北方法学，2022，16（1）：78-89.

[134] 陈瑞华. 企业合规出罪的三种模式[J]. 比较法研究，2021（3）：69-88.

[135] 刘艳红. 企业合规不起诉改革的刑法教义学根基[J]. 中国刑事法杂志，2022（1）：107-123.